国家商务部联合研究项目（2016SWBZD12）
2021 年度贵州财经大学校级科研基金重点项目（2021KYZD07）

喀斯特山区低碳经济发展理论与实践

魏 媛 吴长勇 李静静 乔清亮 简小玉 方 倩 著

科学出版社
北 京

内 容 简 介

本书围绕新时期绿色低碳发展的主题，以喀斯特山区低碳经济发展为切入点，分析贵州经济发展、能源消耗、土地开发利用及碳排放的现状和变化趋势；在低碳经济、绿色发展等理论指导下，全面分析低碳经济发展模式、碳税和碳交易机制及其兼容性、低碳城市与智慧城市交互发展；对贵州能源消费碳足迹和植被碳承载力、土地利用碳排放效应及风险评价、低碳经济发展绩效评价及影响因素进行深入研究，建立以经济、能源、碳排放、人口等为主要素的低碳经济系统，探讨贵州低碳经济系统要素的特征，构建贵州低碳经济发展的系统动力学模型并对其进行情景分析；运用计量模型对贵州低碳经济系统与生态环境系统的耦合协调发展进行评价及预测，探索在五大发展理念的指导下如何培育绿色高效的经济发展模式，提出促进贵州低碳经济发展的路径及对策建议。

本书适合土地资源管理，人口、资源与环境经济学，以及管理科学与工程等相关学科的师生参阅，也可为政府部门的决策、科研机构及高校同行的相关研究提供借鉴参考。

图书在版编目(CIP)数据

喀斯特山区低碳经济发展理论与实践／魏媛等著．—北京：科学出版社，2022. 3

ISBN 978-7-03-069629-8

Ⅰ. ①喀…　Ⅱ. ①魏…　Ⅲ. ①喀斯特地区-山区-低碳经济-经济发展-研究-贵州　Ⅳ. ①F127. 73

中国版本图书馆 CIP 数据核字（2021）第 172143 号

责任编辑：杨逢渤／责任校对：樊雅琼

责任印制：吴兆东／封面设计：无极书装

科学出版社 出版

北京东黄城根北街 16 号

邮政编码：100717

http://www.sciencep.com

北京捷迅佳彩印刷有限公司 印刷

科学出版社发行　各地新华书店经销

*

2022 年 3 月第　一　版　开本：720×1000　B5

2022 年 3 月第一次印刷　印张：17

字数：350 000

定价：198. 00 元

（如有印装质量问题，我社负责调换）

前　言

全球气候变暖既是环境问题，也关乎发展问题。高碳能源消费产生的高碳排放给人类赖以生存的生态环境带来了严重威胁，而低碳经济发展模式给传统经济发展方式的转变带来了契机。节能减排和可再生清洁新能源的研发利用成为应对气候变暖的重要举措之一。随着城镇化和工业化进程的快速推进，我国资源环境压力越来越大，绿色低碳发展是解决经济增长与生态环境之间矛盾冲突的路径。贵州是我国典型的喀斯特地区，生态环境脆弱、人口数量大、经济发展水平落后，但矿产资源及森林资源丰富，发展低碳经济具有独特优势但又面临实际困境。贵州喀斯特山区的特征和经济发展的状况决定其在经济发展过程中必须走绿色低碳发展的道路。

本书围绕新时期绿色低碳发展这一主题，以喀斯特山区低碳经济发展为切入点，以贵州低碳经济发展为实证研究对象，分析贵州经济发展、能源消耗、土地开发利用及碳排放的现状和变化趋势；在低碳经济理论、绿色发展理论、生态经济学理论、系统发展理论及可持续发展理论等相关理论的指导下，以资料梳理为基础，全面对比分析低碳经济发展模式、碳税和碳交易机制及其兼容性、低碳城市与智慧城市交互发展；基于理论研究和实地调研成果，对贵州能源消费碳足迹和植被碳承载力、土地利用碳排放效应及风险评价、低碳经济发展绩效评价及影响因素进行深入全面实证研究，建立以经济、能源、碳排放、人口等为主要素的低碳经济系统，探讨贵州低碳经济系统要素的特征，构建贵州低碳经济发展的系统动力学模型并对其进行情景分析；运用计量模型对贵州低碳经济系统与生态环境系统的耦合协调发展进行评价及预测，根据理论和实证研究成果，探索贵州在“创新、协调、绿色、开放、共享”五大发展理念的指导下如何培育绿色低碳高效的经济发展模式，提出促进贵州低碳经济发展的路径及对策建议，以加快贵州经济发展低碳绿色化转型的进程。

本书的主要内容包括：①相关概念的辨析和理论基础。对研究区域及低碳经济与低熵经济等相关概念的辨析；对全球气候变化理论、脱钩发展理论及经济系统控制论等相关理论的分析；对低碳经济的内涵、评价方法及发展模式、碳税和碳交易机制的对比分析及其兼容性、低碳城市与智慧城市交互发展等的梳理研究。②经济发展与碳排放研究。对贵州能源消费、碳排放与经济增长现状、贵州能源消费碳足迹和植被碳承载力、贵州低碳经济发展绩效评价及影响因素进行分析，并基于系统动力学模型对贵州低碳经济发展进行分析。③土地利用变化与碳排放研究。对贵州土地利用现状及动态变化进行调查研究，针对不同土地利用类型进行碳排放风险评价；对贵州土地利用与碳排放量的关系进行深入分析；对贵州土地利用类型变化趋势进行预测分析；对贵州不同土地利用直接碳排放、间接碳排放及碳排放总量进行预测分析。④低碳经济与生态环境耦合协调发展及预测研究。一是在低碳经济与生态环境耦合协调发展机理研究的基础上，对两者的耦合协调发展进行评价；二是运用灰色预测模型对典型喀斯特山区低碳经济与生态环境的耦合协调发展进行预测。⑤根据理论研究和实证研究结果，探索典型喀斯特山区——贵州低碳经济发展的路径选择；结合贵州实际，提出具有可操作性的喀斯特山区低碳经济发展的对策建议。

本书基于新时期推进绿色发展及生态文明建设的迫切需要，研究成果拓展了低碳经济理论的空间，赋予了喀斯特山区绿色可持续发展新的学术内涵，对推动贵州加快经济发展转型、形成低碳经济发展路径与经济社会需求良好匹配的动态生态系统，以及推进喀斯特山区低碳经济与区域经济、社会、生态环境的协调可持续发展，具有重要的理论和现实意义。

目　录

第1章 绪论

全球气候变暖既是环境问题，也关乎发展问题。高碳能源消费产生的高碳排放给人类赖以生存的生态环境带来了严重威胁，而低碳经济发展模式给传统经济发展方式的转变带来了契机。节能减排和可再生清洁新能源的研发利用成为应对气候变暖的重要举措之一。随着城镇化和工业化进程的快速推进，我国资源环境压力越来越大，绿色低碳发展是解决经济增长与生态环境之间矛盾冲突的路径。贵州是我国典型的喀斯特地区，生态环境脆弱、人口数量大、经济发展水平落后，但矿产资源及森林资源丰富，发展低碳经济具有独特优势但又面临实际困境。贵州喀斯特山区的特征和经济发展的状况决定其在经济发展过程中必须走绿色低碳发展的道路。

1.1 研究背景及研究意义

对于欠发达的喀斯特山区省份来说，绿色低碳之路是必然选择，绿色低碳发展既是解决经济增长与生态环境之间矛盾冲突的路径，也是突破资源环境瓶颈制约的必然选择，是调整优化产业结构、能源消费结构、土地利用结构，转变经济发展方式，实现可持续发展的必然选择。因此，对喀斯特山区低碳经济发展进行理论和实践应用研究，协调喀斯特山区经济发展、土地开发利用与生态环境保护之间的关系，实现经济发展与土地开发利用的低碳化、高效化和生态化，培育绿色低碳高效的经济发展模式和土地利用模式，确保经济社会低碳可持续发展成为一个非常有价值和意义的选题。

1.1.1 研究背景与问题的提出

随着全球人口和经济规模的不断增长，能源消费带来的生态环境问题及其诱因不断地为人们所认识，全球气候变暖已给人类生存和发展带来了严峻的挑战。在当今全球气候变暖的背景下，以低耗能、低污染、低排放为基础的低碳经济模式成为学术界研究的热点领域。低碳经济是一种以可持续健康发展理论为核心的经济发展模式，正日益发展为可持续性科学的重要研究范式之一，交叉学科的综合集成研究将成为低碳经济研究的新热点。党的十八大提出2020年全国全面建成小康社会、实现整体脱贫目标；党的十九大报告中指出“坚持人与自然和谐共生”“必须树立和践行绿水青山就是金山银山的理念，坚持节约资源和保护环境的基本国策，像对待生命一样对待生态环境”。喀斯特山区人口密度大、经济欠发达，是我国西部典型的生态脆弱区，迫切需要加速经济发展，而快速的经济发展将会带来资源能源的大量消耗及生态环境破坏。2020年贫困人口全面脱贫的宏伟目标实现后，喀斯特山区如何进一步协调经济发展与自然资源环境的关系，如何在经济发展的过程中既考虑增长速度，又考虑与资源环境相互协调这一困境，确保生活与生产领域的节能、降耗、减排、经济发展的低碳转型，驱动实现区域低碳绿色可持续发展是值得全面深入研究的前瞻性问题。

1.1.2 研究的目的

低碳经济以减少温室气体的排放为目标，在低能耗、低污染、低排放的基础上，构筑以低碳能源系统、低碳技术系统和低碳产业系统为特征的经济发展体系。发展低碳经济是实现可持续发展的内在要求。本书对典型喀斯特山区——贵州低碳经济发展理论及实践应用进行全面深入的研究，探索贵州发展高新技术、低能耗、高附加值产业的经济发展路径选择，提出实现喀斯特山区经济绿色低碳可持续发展的对策建议，旨在优化调整产业结构和能源结构，解决资源短缺问题，缓解不可再生能源的枯竭和温室效应的恶化，推进喀斯特山区在新一轮西部大开发中实现经济社会绿色化、低碳化、高效化及生态化的转型，培育绿色低碳高效的经济发展模式，真正构建资源节约型、环境友好型社会体系，建设创新型贵州并提高其核心竞争力及对经济风险的抵御能力。

1.1.3 研究的意义

在以绿色发展为主流的新时代，如何驱动实现区域经济低碳绿色发展是值得全面深入研究的前瞻性问题。本书基于新时期推进绿色发展及生态文明建设的迫切需要，从喀斯特山区低碳经济发展的相关理论，贵州经济发展、土地利用、能源消费及碳排放的现状和动态变化，经济发展与碳排放、土地利用与碳排放的关系及发展趋势预测，低碳经济系统与生态环境系统耦合协调发展评价，以及低碳经济发展系统动力学仿真模拟与预测分析等方面，多维度、多层面调查分析了贵州低碳经济发展与实践应用问题，运用系统动力学研究范式深入阐释了贵州低碳经济系统的运行机理与发展规律，多模式、多路径深入探寻了贵州低碳经济发展的路径选择和对策建议。研究成果拓展了低碳经济理论的空间，赋予了喀斯特山区绿色可持续发展新的学术内涵，对推动贵州加快经济发展转型、形成低碳经济发展路径与经济社会需求良好匹配的动态生态系统，以及推进喀斯特山区低碳经济与区域经济、社会、生态环境的协调可持续发展，具有重要的理论和现实意义。

1.2 国内外研究现状及发展趋势

基于国内外研究现状能总结出该领域的发展历程、研究重点及未来走向，本节主要对低碳经济发展及其理论、实践应用进行现状梳理。

1.2.1 国外研究

"低碳经济"一词于 2003 年在英国政府发布的主题报告《我们能源的未来——创建一个低碳经济体》中提出，该概念的提出引发国内外热议，低碳经济开始被当作专门的研究对象。国外学者对低碳经济的研究主要集中在低碳经济与经济增长之间的能动关系，有学者认为节能减排、发展低碳经济能够有效促进德国经济持续稳定增长（Treffers et al., 2005）；同时，有学者提出碳税的实行有利于借助市场的自我调节实现碳减排，并实现低碳经济发展的路径研究（Andrew et al., 2010）。英国学者鲁宾斯德认为，低碳经济的实现路径需要依靠制度创新来提高能源资源的利用效率，减少温室气体排放，传统的资源利用制度存在弊端，是造成高碳的主要原因之一。Omer（2007）提出，低碳技术的发展对低碳经济的发展具有重大作用；Foxon 等（2008）提出，各国制定相关政策及提升技术时，要结合本国国情及发展水平。

国外对低碳经济评价起步较早，主要采用投入-产出效率模型、脱钩理论、VAR 模型等，其中 VAR 模型为给定置信区间内持有的最坏预期损失的测度，Soytas 和 Sari（2009）在研究碳排放和能源消耗之间的关系时，利用 VAR 模型对美国的碳排放进行研究，发现能源消耗是造成碳排放的原因之一；Parikh 等（2009）在研究印度低碳经济发展时，使用投入-产出效率模型对研究区间的 25 个生产部门和 10 个家庭的碳排放量进行了测试，发现印度的二氧化碳主要来自生产部门和家庭；脱钩模型应用较广泛，可研究经济增长与能源消耗之间的耦合与脱钩关系，当经济增长率大于能源消费量（又称能耗）或碳排放量增长率时，产生脱钩关系，揭示低碳经济发展的转折点。此外，其他学者还采用 Lotka-Volterra 模型、库兹涅茨曲线等对不同国家或地区进行低碳经济发展研究。

在低碳经济、能源消费与碳排放的关系上，国内外学者主要就三者之间的动态关系进行了研究。Wu 等（2016）就城市化率、能源碳排放强度、人口之间的关系进行耦合测度，研究表明，城市化率越高能源消费越高，导致碳排放量增加，模拟从工业结构、技术提升及节能减排目标着手，拟达成经济增长与减排关系之间的平衡，实现低碳经济发展的蓝图。

1.2.2 国内研究

与国外相比，国内研究低碳经济起步较晚，自改革开放以来，我国经济得到快速发展，同步带来的是十分严重的环境影响，十九届四中全会提出坚持和完善生态文明制度体系，创造一条经济与环境协同发展的新型道路，推动绿色发展，促进人与自然和谐共生。庄贵阳（2005）提出，调整能源结构、提高能源效率、调整产业结构、遏制奢侈浪费、发挥碳汇潜力及国际经济技术合作才能应对温室气体危机，发展低碳经济，促进可持续发展。同时，要厘清低碳经济与其他相关概念的异同，这有利于准确找到经济发展与碳排放之间的显性与隐性关系（陈浩和付皓，2013）。此外，从多视角研究低碳经济是国内研究的重点之一，如从生产模式、生活方式、生态保护等方面研究低碳经济的发展（李兴涛，2013）。强调低碳意识对人类的重要性，树立低碳的价值观念，才能实现低碳经济。

在低碳经济的评价上，国内研究选用碳排放系数、因子分析法、综合评价法、DPSIR（驱动力-压力-状态-影响-响应）评价等对我国不同的研究区进行评价。郑伟（2014）采用综合评价指标体系打分，并根据分值情况，对我国低碳经济发展进行评价研究；陈芳琴等（2016）在研究江西低碳经济综合评价及发展路径时，从经济、技术、产出、生态四个维度建立指标层，选取 24 项指标构建了低碳水平综合评价指标体系，根据评价的结果，提出优化产业结构、推动技术进步、农业低碳发展及低碳生活理念等低碳经济发展实现路径；潘文砚和王宗军（2016）选用 DPSIR 模型构建低碳经济发展水平指标体系，对我国各地区低碳经济发展情况进行对比分析，认为我国各省（自治区、直辖市）的低碳经济发展水平存在较大差异，且总体表现为东部地区高于西部地区、南部地区高于北部地区。

在低碳经济、能源消费与碳排放的关系上，国内学者对三者的联动关系进行了研究。郝芳等（2017）从社会、经济、资源环境及能源四个角度建立系统，以此对我国进行绿色经济增长研究，研究结果发现现有的生态水平不能实现我国的绿色发展目标，要全面提升各领域生态承载力，提高生态创新能力才能实现经济绿色可持续发展；宋宝琳等（2018）对经济增长、能源消耗与产业结构升级之间的关系进行研究，表明在一定时间内，经济增长与能源消费成正向关系，但从长远来看，两者结果刚好相反，同时得出产业结构升级和经济增长能够有效降低能源消耗及碳排放的结论。

1.2.3　研究述评

纵观国内外学者对低碳经济发展及其理论、研究方法、实践应用的梳理和分析，已取得丰硕的成果。国外学者对低碳经济的研究侧重具体的经济问题，涉及节能减排、低碳经济发展水平，提倡制度创新和技术进步等；国内学者对低碳经济发展的研究侧重低碳经济发展水平的测度，由于我国国情较为复杂，低碳经济制度创新需要结合各地区特点制定，在低碳经济水平的测度上选用层次分析法、综合评价法、熵值法等方法进行分析及预测，能够反映现阶段下的低碳经济制度及提出相应政策，但研究方法有限，对不同地区进行测度时指标体系考虑不够全面，极易出现偏差。国内对低碳经济地区的研究多集中在东部及发达地区，对欠发达的西部及喀斯特山区的研究有待深入，本书拟在综合考虑贵州各系统的共性与特性的背景下，结合不同的政策影响因素，设定不同发展模式对低碳经济发展进行仿真模拟，相较于传统的低碳经济发展评价，以动态发展的视角提出贵州低碳经济发展及可持续发展路径。

本书认为发展低碳经济，以绿色发展为出发点，不断丰富和完善低碳经济指标体系，从经济发展、能源消费、碳排放角度，结合人文环境、区位因素、人民生活质量、智慧城市构建等差异性因素进行研究，立足生态文明可持续，形成有特色的喀斯特山区低碳经济发展模式，可为西南喀斯特山区提供可复制的低碳经济发展模式经验借鉴。

1.3　研究的主要内容

本书的研究内容分为以下 5 个部分。

1.3.1　理论基础研究

1）相关概念的辨析和理论基础。一是对研究区域及低碳经济与低熵经济、碳排放与碳减排、碳源与碳汇、碳足迹与植被碳承载力、碳交易与碳税、碳市场与碳金融、碳盈余与碳赤字、碳标识与碳隐含、碳壁垒与碳转移、碳达峰与碳中和等相关概念进行辨析；二是对全球气候变化理论、低碳经济理论、生态经济理论、系统发展理论、绿色发展理论、可持续发展理论、清洁生产理论、脱钩发展理论及经济系统控制论等相关理论进行分析，在阐释这些理论的具体内涵及其在本研究中的指导意义的基础上，着重阐明本书的撰写与这些经典理论的结合视角，探索并厘清这些理论在本书研究区域范围的具体要求与运用方法，为本书的撰写提供科学的科学理论指导。

2）低碳经济的内涵、评价方法及发展模式。一是对低碳经济系统的内涵及基本特征进行理解和掌握，在此基础上，对低碳经济与循环经济、生态经济、绿色经济发展之间的关系进行深入分析；二是总结梳理低碳经济现有的评价方法；为本书的撰写提供科学的研究方法；三是通过查阅资料，对国内外低碳经济的发展模式进行归纳和梳理，深入分析贵州低碳经济现有的发展模式，运用 SWOT 分析法对贵州低碳经济发展进行全面系统分析，对低碳经济发展的框架进行分析。

3）碳税和碳交易机制的对比分析及兼容性研究。一是在碳税和碳交易概念及理论研究的基础上，对碳税和碳交易模式进行对比分析；二是对碳税和碳交易机制进行分析；三是对碳税和碳交易模式的兼容性进行分析。

4）低碳城市与智慧城市交互发展研究。一是对智慧城市视角下的低碳绿色城市建设进行研究；二是对以绿色低碳发展为导向的智慧城市建设进行研究；三是对低碳城市与智慧城市交互发展进行研究。

1.3.2 经济发展、碳排放与低碳经济研究

1）贵州能源消费、碳排放与经济增长现状。一是通过数据的收集与整理分析，对贵州经济增长现状进行分析；二是对贵州能源消费现状进行分析；三是对贵州碳排放现状进行分析。

2）贵州能源消费碳足迹和植被碳承载力。一是对贵州能源消费、碳排放与经济增长现状进行深入分析；二是对能源消费碳足迹变化及其影响因素进行分析；三是对植被碳承载力进行动态分析；四是对碳赤字、人均碳赤字及碳生态压力指数进行动态分析。

3）贵州低碳经济发展绩效评价及影响因素分析。一是运用数据包络分析（data envelopment analysis，DEA）模型对低碳经济发展绩效进行评价分析；二是从碳排放影响因素及能源消费影响因素两个方面分析贵州低碳经济发展的影响因素。

4）基于系统动力学模型的贵州低碳经济发展研究。一是对低碳经济发展要素进行分析；二是构建贵州低碳经济发展的系统动力学模型；三是从强脱钩、扩张性负脱钩、弱脱钩及脱钩指数综合分析等方面对贵州低碳经济发展情景进行分析。

1.3.3　土地开发利用与碳排放研究

1）贵州土地利用碳排放效应及风险评价。一是对贵州土地利用现状及动态变化进行调查研究；二是对不同土地利用碳排放进行风险评价。

2）贵州土地利用变化与碳排放量的关系及预测。一是运用灰色关联分析模型对贵州土地利用与碳排放量的关系进行深入分析；二是对贵州土地利用类型变化趋势进行预测分析；三是对贵州不同土地利用直接碳排放、间接碳排放及碳排放总量进行预测分析。

1.3.4　低碳经济与生态环境耦合协调发展及预测研究

主要研究内容：一是在低碳经济与生态环境耦合协调发展机理研究的基础上，对二者耦合协调发展进行评价；二是运用灰色预测模型对典型喀斯山区低碳经济与生态环境耦合协调发展进行预测。

1.3.5　路径选择及对策建议

主要研究内容：根据理论研究和实证研究结果，一是探索典型喀斯特山区——贵州低碳经济发展的路径选择；二是结合贵州实际，提出具有可操作性的发展喀斯特山区低碳经济的对策建议。

1.4　研究的主要目标

本书从研究如何驱动实现低碳绿色经济发展的目的出发，在相关理论研究的基础上，以典型喀斯特山区——贵州为例，试图在分析喀斯特山区经济发展、能源消耗、土地开发利用及碳排放的现状和动态变化的基础上，识别喀斯特山区低碳经济发展的影响因素，进而预测分析喀斯特山区低碳经济发展趋势、探索其实践路径，提出喀斯特山区低碳经济发展的实践路径选择和对策建议。研究的开展可为推动区域低碳经济发展提供理论依据、实践指导与决策参考。具体目标分为以下 3 个方面。

1.4.1 低碳经济发展的理论分析

在相关概念辨析界定及相关理论分析的基础上，对低碳经济的内涵、评价方法、发展模式、碳税和碳交易机制的对比分析及兼容性、低碳城市与智慧城市交互发展进行全面深入系统研究，掌握低碳经济发展的相关理论，为低碳经济发展的实践应用提供理论依据。

1.4.2 低碳经济发展的实践应用

科学有效地运用低碳经济发展的理论研究成果，在典型喀斯特山区——贵州进行系统的实证研究与应用检验，系统阐释理论成果的实践内涵与应用思路，为本研究的理论研究成果提供有效的实践检验，为推动区域低碳经济发展提供实践指导与决策参考。

1.4.3 低碳经济发展的路径选择

根据项目的理论研究和实证研究结果，探索典型喀斯特山区——贵州低碳经济发展的路径选择，从实践应用层面探讨喀斯特山区低碳经济发展的对策建议，从而更有效地促进喀斯特山区低碳经济发展实践应用，推动区域绿色可持续发展的实现进程。

1.5 研究的基本思路和方法

本书采取分章节的逻辑研究思路，综合运用文献研究、多学科交叉研究及实证研究等方法，对典型喀斯特山区——贵州低碳经济发展理论与实践应用进行全面系统和深入的研究。

1.5.1 研究的基本思路

根据研究内容、研究目标，本书研究按照“发展理论研究—实践应用研究—路径选择及对策建议研究”的思路开展。具体研究思路为在归纳梳理国内低碳经济发展相关文献的基础上，借鉴国内外研究方法、经验，对典型喀斯特山区——贵州低碳经济发展的相关概念进行界定，并对相关基础理论进行梳理，在此基础上分析贵州经济发展、能源消耗、土地开发利用及碳排放的现状和变化趋势；在全球气候变化理论、低碳经济理论、绿色发展理论、生态经济学理论、系统发展理论及可持续发展理论等相关理论指导思想下，以资料梳理为基础，全面深入地分析低碳经济的发展模式、碳税和碳交易机制及其兼容性，以及低碳城市与智慧城市的交互发展；基于理论研究和实地调研成果，对贵州能源消费碳足迹和植被碳承载力、土地利用碳排放效应及风险评价、低碳经济发展绩效评价及影响因素进行深入全面实证研究，建立了以经济、能源、碳排放、人口等为主要素的低碳经济系统，探讨贵州低碳经济系统要素的特征，构建贵州低碳经济发展的系统动力学模型并对其进行情景分析；运用计量模型对贵州低碳经济与生态环境耦合协调发展进行评价及预测，根据理论和实证研究成果，探索贵州在“创新、协调、绿色、开放、共享”五大发展理念的指导下如何培育绿色低碳高效的经济发展模式，提出促进贵州低碳经济发展的路径及对策建议，从而更有效地推动贵州低碳经济可持续发展实践，从绿色发展的视角和思维出发，使经济发展、土地利用、能源消费过程中低碳环保的实践效果得以有效和显著提升，大大加快贵州经济发展低碳绿色化转型的进程。

1.5.2　研究的主要方法

根据本书的总体设计框架、研究目标、研究内容与拟解决的关键问题，拟采取如下研究方法。

1）文献研究分析法。本书搜集大量经济发展、土地利用、能源消费与低碳发展研究的国内外研究文献及资料，系统梳理目前关于低碳经济研究评价的理论、方法及实践经验。基于低碳经济发展相关概念的界定、基础理论的分析，在全球气候变化理论、低碳经济理论、绿色发展理论、生态经济学理论、系统发展理论及可持续发展理论等相关理论指导思想下，以资料梳理为基础，全面深入分析低碳经济的发展模式、碳税和碳交易机制及兼容性、低碳城市与智慧城市的交互发展。结合国内外最新研究，了解国家有关低碳绿色发展的战略部署，准确把握新时期促进喀斯特山区低碳转型发展的宏观政策背景，为完成本研究奠定坚实的理论基础。

2）多学科交叉研究法。研究对象涉及经济学、管理学、土地科学、环境科学、生态学、计量经济学、统计学、系统科学等多学科理论与方法，仅依赖一种理论及方法难以开展理论与实证研究。本书顺应协同创新的国际新趋势，结合不同领域专家和研究人员的理论、思维与方法手段，统筹考虑来研究典型喀斯特山区——贵州低碳经济发展理论与实践应用研究问题，以提升喀斯特山区低碳绿色发展路径选择的科学性和系统性。

3）理论与实证研究研究法。通过国内外低碳经济发展的相关理论研究与论证分析，归纳梳理出正确的理论与方法思路，在此基础上，对典型喀斯特山区——贵州进行深入全面有效的实证研究和实践检验，以确保理论研究成果的有效运用并指导具体实践。

4）定性与定量研究法。运用文献研究分析法对国内外低碳经济发展的相关理论、方法及实践经验进行梳理与归纳、逻辑论证等定性分析，在此基础上，采用统计分析与计量模型对贵州经济发展、土地利用、能源消费、碳排放、低碳经济系统与生态环境系统耦合协调发展等方面进行定量研究，以确保完成研究任务，并有利于提高研究成果的科学性、精确性与可操作性。

1.5.3 研究的逻辑框架

本书在相关理论研究的基础上，结合贵州实际，根据研究目标、研究内容、拟解决的关键问题，综合运用多学科交叉的研究方法，围绕低碳经济发展的理论研究及其实践应用，阐释贵州低碳经济系统的运行机理与发展规律，多模式、多路径深入探寻贵州低碳经济增长路径，研究的逻辑框架如图 1-1 所示。

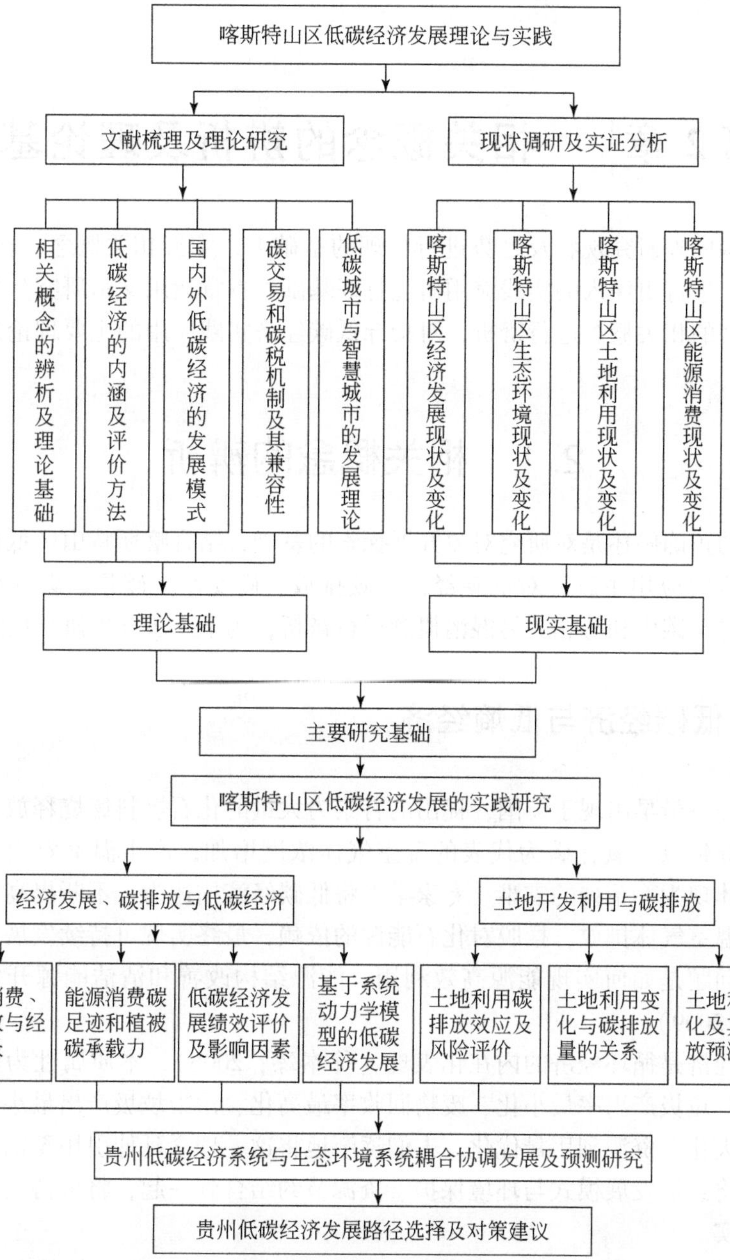
喀斯特山区低碳经济发展理论与实践
文献梳理及理论研究
现状调研及实证分析
相关概念的辨析及理论基础
低碳经济的内涵及评价方法
国内外低碳经济的发展模式
碳交易和碳税机制及其兼容性
低碳城市与智慧城市的发展理论
喀斯特山区经济发展现状及变化
喀斯特山区生态环境现状及变化
喀斯特山区土地利用现状及变化
喀斯特山区能源消费现状及变化
理论基础
现实基础
主要研究基础
喀斯特山区低碳经济发展的实践研究
经济发展、碳排放与低碳经济
土地开发利用与碳排放
能源消费、碳排放与经济增长
能源消费碳足迹和植被碳承载力
低碳经济发展绩效评价及影响因素
基于系统动力学模型的低碳经济发展
土地利用碳排放效应及风险评价
土地利用变化与碳排放量的关系
土地利用变化及其碳排放预测
贵州低碳经济系统与生态环境系统耦合协调发展及预测研究
贵州低碳经济发展路径选择及对策建议

图 1-1　研究的逻辑框架

第2章 相关概念的辨析及理论基础

在对国内外研究现状及趋势进行梳理的基础上，掌握相关概念、理论基础，可为下一步进行更深入的实践应用研究打好基础。本章运用文献研究分析法对低碳经济发展的相关概念进行辨析，对指导低碳经济实践应用的主要理论进行归纳总结。

2.1 相关概念的辨析

概念的正确阐述是对研究对象开展探索的基础，结合喀斯特山区低碳经济发展理论与实践应用主题，对低碳经济、碳排放、碳交易、碳税、碳壁垒与碳转移、碳达峰与碳中和等相关易混淆概念进行辨析，为下一步开展研究奠定基础。

2.1.1 低碳经济与低熵经济

低碳经济最早出现于英国，提出的背景为大量的化石燃料燃烧释放大量的二氧化碳，导致以二氧化碳为代表的温室气体浓度增加，产生温室效应、气候变化，最终体现为一系列的灾难。专家学者将低碳经济描述为，不断提高能源利用效率减少温室气体排放，摆脱对化石能源的依赖，最终实现可持续发展。低碳经济研究的问题是如何实现能源高效利用、能源结构改善和清洁能源开发的问题（杨春平，2009）。

低熵经济是循环经济的内在化表现（徐奉臻，2006），本质属性为资源利用率最大化、垃圾产出率最小化、废物回收率最高化、污染垃圾产出最小化、废弃物回收最大化、资源利用最优化。人们逐渐地将这一理念延伸引用至消费、建设等领域，将经济发展模式与环境保护、资源节约结合到一起，将可持续发展从理念变为现实。

低碳经济与低熵经济在经济发展中的愿景都是最终实现可持续发展，但两者侧重点略有不同，低碳经济聚焦于经济发展与气候变化，实现低碳经济主要着力于改善能源结构、提高能源效率、减少温室气体排放等措施；低熵经济追求经济发展、资源节约、环境友好三位一体，注重全局，强调整体，注重所有废弃物排放。

2.1.2 碳排放与碳减排

温室气体中最主要的气体是二氧化碳，故选用碳作为代表让大众理解该词含义。碳排放多来源于世界工业发展及汽车尾气等，主要涉及化石能源消耗产生的温室气体，涉及的概念有碳源、碳汇、碳交易、碳排放量测度等，通过一系列方法对研究区进行碳排放水平评价，找到实现低碳经济的路径与对策。

碳减排是以实现减排、降低碳密集生产和消费为目标，通过一系列措施，实现二氧化碳排放量的减少。实现经济的可持续发展，节能减排是一种重要的方式和手段，减排侧重于污染排放物的减少、温室气体的减少。碳减排是应对温室气体减排国际压力、能源供需矛盾和生态环境恶化问题的主要手段，通过减排目标、减排政策、能源结构调整、碳税等实现。

碳排放与碳减排都属于低碳经济的研究内容，碳排放为经济发展能源消耗所产生的温室气体，碳减排为实现经济发展与碳排放降低所采取的措施，两者在经济发展阶段出现的顺序有差异，但是随着可持续发展目标的提出，碳减排与碳排放同时作用于经济发展，只有碳减排措施才可能作用于碳排放，达到碳中和状态，最终实现低碳经济发展。

2.1.3 碳源与碳汇

碳源被定义为向大气中释放二氧化碳的过程、活动或机制，是自然界中释放温室气体的母体，释放碳源的温室气体主要来自海洋、土壤、岩石、工业及人类生活，由于工业的快速发展，化石能源消耗较大，碳排放与碳吸收失去平衡，产生温室效应，影响全球气候变化。

碳汇被定义为空气中清除二氧化碳的过程、活动或机制，或者可将其理解为森林吸收并储存二氧化碳的能力。碳汇是指通过植树造林、植被恢复等措施，借助光合作用吸收大气中的二氧化碳，并将其固定在植物体内的过程。森林是陆地生态系统中最大的碳汇库，具有降低大气中温室气体浓度、减缓气候变暖的功能。除此之外，还有草地碳汇、耕地碳汇、海洋碳汇等。

碳源与碳汇存在于温室气体产生、减少与消除的过程中。当碳源的种类多，且碳源超过了碳汇的承载能力时，需要通过物理固碳及生物固碳等人为方式吸收碳源排放的更多的碳，促进碳平衡，缓解温室效应。

2.1.4　碳交易与碳税

碳交易又称碳排放权交易。从经济学角度来看，是将二氧化碳排放权作为一种商品，将其置于市场中，进行买卖，原理为碳排放获批额度的直接减少，使温室气体同步减少。目前，我国参与的是碳交易体系中的清洁发展机制，并在北京等七个省（直辖市）开展试点工作。

碳税是一项针对二氧化碳排放而征收的环境税，以环境保护为目的，通过征收碳税，削减二氧化碳排放，改善温室效应。碳税的主要征收对象为煤炭、石油、天然气等化石燃料。从欧美国家征收碳税情况来看，碳税对温室气体的减排和国家低碳经济转型等发挥了积极作用。

碳交易与碳税的着力点均为控制温室气体排放，促进节能减排，发展低碳经济，通过价值与价格之间的关系实现减排的目的。两种措施都是市场调控的手段，碳税是由政府相关部门制定的税收手段。税率确定时，市场可根据自身发展及供求决定碳排放权的时间，但易造成相对一段时间内，碳排放量的不可控场景。碳交易则为政府确定碳排放总量的经济手段。碳交易价格随着市场的配额、供需进行浮动，碳交易权力的被购买能力随着市场的波动而波动。故碳税被称为基于价格的经济手段，碳交易被称为基于数量的经济手段。

2.1.5　碳市场与碳金融

碳市场是碳排放权交易市场的简称。《京都议定书》颁布后，减排目标更具有法律约束力，由于减排温室气体需要投资成本，温室气体有了价值，气候变化调节的领域出现了以温室气体为商品的市场，而温室气体又以二氧化碳为主导，故该市场称为碳市场。碳市场主要有以欧盟为主导的欧盟排放贸易体系、发展中国家的清洁发展机制及其他碳交易体系，如美国芝加哥气候交易所等。

碳金融是碳市场发展衍生出的金融产品，是经济从传统经济过渡到低碳经济的催化剂。狭义的碳金融指碳排放所产生的金融衍生产品，如碳排放期权期货等；而广义的碳金融则泛指开展的一切落脚点为减少温室气体排放的金融衍生工具产品、活动，包括碳排放权的交易、买卖、投资，以及低碳项目开发涉及的投融资等；我国学者将碳金融看作应对气候变化提供的金融解决方案。现阶段，我国暂未开放碳期权与期货交易，碳金融还未大规模进入金融市场。

碳市场与碳金融为包含与被包含关系，碳市场包含碳金融；碳金融在碳市场中产生，是金融化的碳市场。碳金融在成熟条件下能刺激碳市场，随着碳排放总量的控制及减排配额的变化，碳交易下的市场及金融模式，会成为全球气候治理领域、能源结构调整、可持续发展的重要路径之一。

2.1.6 碳足迹与植被碳承载力

碳足迹是在生态足迹概念的基础上提出来的，是人类在生产和生活活动过程中所产生的并能被测量的二氧化碳排放总量。其中，“碳”是石油、煤炭、木材等由碳元素构成的自然资源；碳耗用得多，导致全球变暖的二氧化碳也排放得多。碳足迹用于表示以人或团体为单位的“碳消费量”，也指企业结构、产品引起的温室气体排放的总量集合，一般用二氧化碳排放总量来表示，排放渠道为交通、食品生产与消费、能源消耗使用等。

计算碳足迹的方法有生命周期评估方法、化石能源燃料排放量法、投入产出方法及 Kaya 恒等式法等。

众多学者将植被碳承载力定义为某一区域内各种植被进行光合作用固定二氧化碳的量，植被碳承载一般考虑森林、灌丛、草地及农作物。测算植被碳承载力的目的是探究碳排放与碳平衡之间的平衡关系。

碳足迹与植被碳承载力存在紧密的联系，当植被碳承载力大于碳足迹时，出现碳盈余，一方面表示生态环境友好，另一方面暗示该区域工业欠发达或工业产业结构良好。当碳足迹大于植被碳承载力时，出现碳赤字，表明温室气体排放超出自身标准，需采取低碳环境保护，同时从制度体系上采取相应措施。

2.1.7 碳标识与碳隐含

碳标识指所生产产品的碳足迹标识，碳足迹分为国家、个人、企业及产品。产品的研究范围最广，故一般情况下，碳标识表示为产品生产制造的生命周期内产生的温室气体排放标识，附加于产品上显示其碳足迹的标识过程。碳标识的目的是企业与消费者进行沟通，展示产品对温室气体、气候的不同影响程度，同时有的碳标识还提示消费者如何使用、处置产品，并提出对气候友好的建议指引。

碳隐含指产品在原材料开采到加工制造成产品的全产业链中，所释放的温室气体。中国作为加工出口大国，其碳隐含也随之增加，是碳隐含进出口大国。有研究建议，出于对发展中国家的考虑，碳隐含计算应以国界为标准，即以消费国家为衡量依据，平衡全球碳隐含量。

碳标识与碳隐含中存在产品生命周期理论，利用投入与产出的关系，比较不同产品或原材料在生产各个阶段产生的碳排放问题，碳隐含是碳标识的基础，确定隐含碳的排放过程对碳标识或碳标签的方法论起到铺垫作用。

2.1.8 碳盈余与碳赤字

碳盈余指碳足迹与植被碳承载力之间的差值，当植被碳承载力大于碳足迹时，将其定义为碳盈余，碳盈余为生态平衡的重要指标，主要出现在森林植被覆盖高、工业产业不发达地区。当碳足迹大于植被碳承载力、二者差值为正值时，将其定义为碳赤字。长期碳赤字会促进气候变暖，从而使环境处于碳危机状态；碳赤字是衡量碳排放与碳平衡的重要指标。

碳盈余与碳赤字两者为对立关系，按照国家“一盘棋”思想，地区或省域之间通过碳转移支付的形式，如欠发达地区通过接受发达地区对碳排放的购买，实现碳平衡。

2.1.9 碳壁垒与碳转移

碳壁垒表现形式为碳税，是一些经济实体以环境保护的名义设置的贸易壁垒，即在产品加工生产过程中收取的环境税种，在实际发生的交易中一般采用能源税的形式体现。

碳转移与碳隐含相似，即产品生产后通过贸易形式销往世界各地，通过将碳排放量的衡量区域定义为消费产生的国界，实现碳排放量从发展中国家向发达国家的转移。

碳壁垒与碳转移均为缓解发展中国家碳排放量的手段之一，碳壁垒通过税收形式体现，碳转移通过消费产品国家划分体现，最终目的皆为实现全球碳排放平衡，缓解温室气体效应，实现可持续发展。

2.1.10 碳达峰与碳中和

在全球气候变暖的大背景下，碳达峰与碳中和成为社会热词。碳达峰是指在人类社会发展的过程中，在人们能动地保护和尊重自然环境的前提下，二氧化碳排放量会经历一个由低到高再由高到低的过程，而在这个过程中会出现拐点，这个拐点是二氧化碳排放量的最高值，即碳达峰。碳中和是指当二氧化碳排放量达到峰值后，为促使人类与自然和谐相处，使社会形成良性发展，人们会采取相应的节能减排措施（如植树造林等）去抵消排放在大气中的二氧化碳，从而降低大气中二氧化碳的含量，也可从根源着手，减少二氧化碳的排放量，实现零碳排放（李永明等，2021）。通过两者的定义及内涵可知，碳达峰在前，碳中和在后。碳达峰的形成时间和峰值会影响碳中和的难度和压力；碳中和是碳达峰的最终归宿和目的。基于发达国家的发展路径和经验可知，当实现碳达峰后，会有一个从碳达峰向碳中和的过渡期。在这个过渡期，伴随着相关碳减排政策的实施和节能技术的提高，碳排放水平会降低，最终实现碳中和。碳中和的实现不是某个国家或者地区所要实现的目标，它是一个全球性的战略目标，各国或者地区都需要采取相应的措施实现碳中和。

2.2 理论基础

2.2.1 全球气候变化经济理论

全球气候变化经济学研究始于 20 世纪 70 年代，发展于 90 年代，典型标志为广泛引用 Cline（1992）论著。随着气候变化在全球内逐渐频繁，人们对气候变化的重视逐渐加深，世界银行前首席经济师斯恩特的《斯恩特报告》成为广泛研究焦点。

气候变化经济学赞同《斯恩特报告》将未来的损失贴现到当前，形成贴现率这一说法，其目的为解决气候变化问题。经济学家从国际环境入手，提出主权国家的环境合作问题，国际环境合作必定是自我执行，必定能够获得收益，通过此，达到持久减排的目标，从而实现扼制全球气候变化趋势、改善全球环境的目的。此外，《斯恩特报告》还强调气候变化作为一种公共物品，需要世界各国冲破思想束缚，从机制设计角度寻求解决气候变暖问题的方法和路径。

应对气候变化的经济学手段主要为碳税、碳交易、碳市场的许可及国际合作机制，同时还有碳市场衍生出的碳金融市场。作为现代经济学前沿中最活跃的气候变化研究，全球气候变化经济学涉及经济学中众多的基础概念，从总体的角度出发，全球气候变化经济学就是经济学的最新研究成果在气候变化上的体现与应用，并作用于温室气体减排的政策选择，同时与世界各国的经济实践活动紧密相关。

2.2.2 生态经济理论

生态经济学是从经济学角度研究生态系统与经济系统所构成的复合系统及其

功能行为的经济学分支学科，一般用于研究经济及生态两个系统的矛盾与相互影响作用，突出经济、社会、生态三位一体的可持续发展，同时力求找到经济、社会、资源、生态之间的内在联系，实现生态经济协同发展。

经济学家 Ayres 等（2003）认为，生态经济是一门强调人类经济社会活动与其带来的资源和环境变化之间的关系的学科，强调两者融会贯通。国内不少学者也对生态经济理论进行了定义。王松霈（1992）提出，生态经济的研究主体——生态经济系统是由生态系统和经济系统相互作用、相互交织、相互渗透而形成的具有一定结构和功能的复合系统；张明军等（2006）认为，生态经济理论应包含经济增长与生态可持续，以及实现经济系统与生态系统协同发展的最佳路径等。

在生态经济的研究方法上，目前主要使用的有社会评价方法、情景分析方法、系统分析方法及价值研究方法。社会评价方法主要侧重于经济价值及多维系统，如投入产出、生态服务等；情景分析方法主要是以情景模拟的方法对目前状态进行自由延伸，观察其发展趋势；系统分析方法为生态模型、空间模型或经济模型，运用系统的方法联系经济、社会、生态等系统；价值研究方法则通过价值之间的关系建立联系，或者在其效用或功能之间建立联系，如影子价格等。

生态经济学涵盖生态研究的各个方面，从生态的视角去解决生态环境保护与经济发展之间的矛盾问题，将人类社会与生存的经济系统之间的内在联系互动性加以利用，促进生态经济复合系统平衡，达到生态系统的平衡。此外，要考虑不同地区的资源禀赋，根据资源环境与经济的差异性，做到因地制宜、精准施策。生态经济的价值体现为生态与经济之间的关系具有前瞻性，经济上追求长远利益，生态上追求长期和谐，通过研究生态保护、资源节约、环境友好促进经济可持续发展。

2.2.3 循环经济理论

循环经济理论由美国经济学家博尔丁于 20 世纪 60 年代提出，循环经济学不以开发新能源、稀有资源为目标，而是通过发展现有自然资源、寻求合理的资源配置来促进经济增长。循环经济学重点研究的是合理地提升经济效益，减少经济活动中产生的废弃物，强调经济活动中资源能源的循环利用。

循环经济理论的基础为生态经济理论，生态经济强调尊重生态原理与经济规律，实现经济与生态全面协调发展；而循环经济侧重于物质的循环应用，强调生态利用率，注重产品生产、流通、消费全过程的资源重复利用。生态经济的原理体现着循环经济的要求，是循环经济的理论基础。

循环经济是资源、人、技术三者共同作用的结果，要求将三者视为一个大系统，形成新的系统观，采取战略性、综合性措施，降低经济活动对资源环境的负面影响，将经济循环与生态循环相结合，实现物质流、能量流、资金流的系统优化配置。新的系统观要求社会主体反映新经济观、新价值观及新生产观。

2.2.4 低碳经济理论

"低碳经济"一词源于 2003 年英国政府发布的主题报告《我们能源的未来——创建一个低碳经济体》，该概念的提出引发国内外热议，低碳经济开始被当作专门的研究对象。低碳经济的核心为碳的低排放，具体表现为随着经济增长，科技投入加大、技术进步、新能源开发等促进人们对化石能源等高碳资源的使用，尽可能地减少温室气体排放，实现经济发展与环境保护双赢局面。

低碳经济理论主要包含的低碳经济措施有低碳的能源系统、低碳产业及低碳技术，三者有机统一（冯之浚等，2009）。发展低碳经济要求政府积极调整经济产业结构，大力发展新兴工业产业，不断建设生态文明。低碳经济的实质为清洁能源与能源利用的问题，核心是创新能源技术，发展低碳经济，减缓气候变化，促进可持续发展。

低碳经济的发展要求是经济社会发展与资源保护共同作用的选择，发展低碳经济根本上是建立低碳能源系统、低碳产业技术体系，并引导建立相应的生活消费方式。发展低碳经济同时要求政府积极承担环境保护责任，构建相关低碳经济发展政策、法律法规和市场体制。

2.2.5 系统发展理论

"系统"一词，源于古希腊语，定义为若干要素基于某种功能的有机整体，体现了要素与系统及环境之间的关系。系统发展理论把事物看作系统，从系统的结构与功能考虑其演化规律。系统的基本命题是：万事万物都存在于一个系统，都能用系统的观点来考察，系统的发展着眼于系统的整体性，并以此探讨整体衍生出的条件、机制、规律等。

任何系统都包含整体性、相关性、目的性及环境适应性特征。整体性体现在系统的整体不是简单的各要素之和，而是整体大于部分之和；相关性体现在系统内各要素之间的相互作用的联系与联动作用，旨在维持系统内部平衡；目的性表现在系统的发展方向不仅取决于系统表现的偶然状态，更取决于自身所决定的方向性；环境适应性主要是指系统能够与环境相互作用，同时交换物质、信息等，使内外部达到同步平衡的最佳状态。

在系统发展的视角下，将喀斯特低碳经济与人类活动视作一个整体，内部诸要素看作是其子系统，通过不断协调实现整个系统的可持续发展。

2.2.6 绿色发展理论

绿色发展是对发展规律的科学反映，其理论基础源于《自然辩证法》中的自然观。

最早提出的绿色发展概念是绿色经济，1993 年英国环境学家 Pearce 和 Atkinson 在《绿色经济的蓝图》中提出“绿色经济”的概念，“从社会及其生态条件出发建立起来的‘可承受的经济’——自然环境和人的自身能够承受的、不因人类盲目追求经济增长而导致生态危机和社会分裂，不因自然资源耗尽而使经济不可持续发展的经济模式”。只有正确认识人类社会与自然的辩证统一关系，尊重自然、遵循自然法则，才能更好地实现绿色发展。

绿色发展是以效率、和谐、持续为目标的经济增长和社会发展方式。绿色发展过程中需要遵循自然界发展规律，保护生态环境。就中国而言，绿色发展需要做到科技创新、制度保障、绿色消费的有机统一，即以创新驱动绿色发展、以制度保障绿色发展、以绿色消费推进绿色发展。创新科技主要表现为在全球经济大背景下，我国经济发展不能走先污染后治理的道路，需要通过创新驱动、科学技术进步、发展方式转变，推进我国经济绿色可持续发展；制度保障绿色发展，主要指将绿色发展上升为国家意志，通过政治导向的约束性和强制性，制定相关政策促进绿色发展，与绿色经济发展相呼应，更加有力地推进绿色发展建设；绿色消费促进绿色发展，表现为消费健康绿色产品、转变消费观念，关注对资源的集约高效利用和对环境的保护，以及提高废弃物和副产品的综合利用效率等，三者相互统一，以推进我国绿色发展目标实现的进程。

2.2.7 可持续发展理论

可持续发展理论可简单概括为：既满足当代人的需要，又不对后代人满足需求构成威胁的发展，遵循公平性、持续性、共同性三大基本原则。

可持续发展理论的形成经历了漫长的历史过程，《寂静的春天》一书的作者描绘了一幅农药污染的可怕景象，警示人们将失去“春光明媚的春天”，在这之后《只有一个地球》《增长的极限》等著作相继问世，明确提出“持续增长”和“合理的持久的均衡发展”的概念，1987 年，联合国世界环境与发展委员会发表的一份报告《我们共同的未来》明确提出可持续发展概念，该概念在 1992 年得到承认。

在具体内容方面，可持续发展涉及经济可持续、生态可持续和社会可持续三方面的协调统一。经济可持续表现为倡导集约型的经济增长方式，实施清洁生产，资源节约，减少碳排放强度；生态可持续要求经济、社会发展要与自然承载能力相协调，有节制地开发与发展，转变发展模式；社会可持续追求的是自然-经济-社会的持续稳定发展。在可持续发展系统中，生态可持续是基础，经济可持续是条件，社会可持续是目的。

可持续发展中最重要的核心理论为资源永续利用理论、外部性理论、财富代际公平分配理论等。资源永续利用理论关系到探讨自然资源永续利用的理论和方法；外部性理论涉及从经济学角度，把自然资源纳入经济核算体系的理论与方法，而非公共物品；财富代际公平分配理论可以简单阐述为当代人享有的资源使后代人也能如愿享有。除此之外，我们讨论的可持续发展应该涉及共同发展、协调发展、公平发展、高效发展、多维发展等。

2.2.8 清洁生产理论

20 世纪 60 年代初期，美国化工行业在进行污染预防时第一次采用了“清洁生产”一词，并在 1976 年巴黎举行的“无废工艺和无废生产”国际研讨会上明确提出“清洁生产”的概念，这次会议对于清洁生产概念的探索具有先导性，虽未形成完整的理论体系，但首次提出了“在工业生产全过程中减少产生污染产品”的重要理念。随后的 1984 年，美国对此概念进行深化和探索，提出“废物最小化”理论，旨在缓解废物污染等问题。到 1989 年，随着可持续发展理念在全球范围的盛行，联合国环境规划署（United Nations Environment Programme，UNEP）明确提出“清洁生产”的概念。此后，清洁生产理论得到各国专家和学者的进一步扩展，已被应用于生态、工业、经济及环境等诸多领域。

联合国环境规划署将清洁生产描述为：清洁生产与传统生产方式不同，它是一种极具创新思维的发展方式。清洁生产旨在通过对整个生产系统（过程、产品和服务）予以持续性的管控和预防，以期达到增添生产系统的效益及降低生态威胁的目的，实现减缓环境压力及人类活动风险的最终目标。清洁生产强调三个方面：一是生产全过程中要求对原材料的最大节约集约化利用，减少有毒性物质的排放；二是从原材料的选取到产品生产、制作、使用及最终处置等过程都需要遵循“尽量减少对人类生活及身体健康的影响”的基本准则；三是服务的设计及提供等过程中需要始终贯穿着“环境保护及人类健康保护”的理念。

清洁生产与传统环境污染治理不同：传统环境污染治理多经历了“先污染—

后治理”的历程，即在污染后进行治理；而清洁生产则从源头消除污染，同时致力于生产的全过程效益管理问题，兼顾环境价值、生产价值及管理价值等。具体而言：①清洁生产并非人们所理解的字面意义，它是一种兼顾环境保护与生产发展的思想和意识，为人们实现生产全过程清洁化提供策略和技术手段；②清洁生产竭力要求企业最大合理化地利用自然资源，减少对原材料的浪费，降低对自然环境的损害，提升人类的生活环境；③清洁生产是可持续发展理念与经济发展交融的结果，是企业和环境实现可持续长久发展的必然路径，能使企业的经济、社会及环境收益最大化。

2.2.9 脱钩发展理论

“脱钩”也可解释为“解耦”或“退耦”，是经济发展与环境资源消耗下的耦合关系的破裂，脱钩关系涉及的脱钩理论是探求经济发展与资源消耗之间耦合与脱钩关系的一种理论，耦合是随着资源的不断消耗带来经济增长，而脱钩是随着资源消耗减少出现经济依然增长。

经济合作与发展组织（Organization for Economic Co-operation and Development，OECD）基于环境压力和经济发展的比值在一段时期的变化提出“OECD 脱钩指数”，脱钩可分为绝对强脱钩与相对弱脱钩：绝对强脱钩表现为资源消耗随着经济的增长明显减少，相对弱脱钩表现为资源消耗增长率低于经济增长率。经济合作与发展组织将脱钩定义为经济增长与资源环境耦合关系的瓦解。

Tapio（2005）针对欧盟 15 国 GDP 增长与二氧化碳排放量变化的研究对脱钩理论应用具有开创性贡献，该研究基于弹性分析提出“Tapio 脱钩指数”及相应脱钩状态的分类判定标准。与 OCED 脱钩指数相比，Tapio 脱钩指数更细致，其将脱钩分为脱钩、负脱钩、耦合三种状态，同时将经济增长与经济衰退考虑进去，由此推出相应的脱钩指数分级。

2.2.10 经济系统控制论

经济系统是一个复杂的系统，是多个经济行为主体在社会活动中进行决策、调控的集合。系统科学理论的不断完善与发展为经济系统的研究提供新思路和新方法，尤其是系统控制论与经济系统的结合，直接促进了经济系统控制论的诞生。经济系统控制论是控制论的一般原理与方法在经济系统应用中的产物，是因特定历史时期社会经济发展需要而形成的，其形成与发展对国家宏观经济调控具有重要意义。

“控制论”的思想渊源和技术萌芽由来已久，其在希腊语中有“舵手”“管理国家的艺术”的意思，19 世纪著名的法国物理学家安培把管理国家的科学称为控制论。1948 年，美国数学家维纳的《控制论：或关于在动物和机器中控制和通信的科学》出版，标志着控制论作为一门新的综合性学科诞生。控制论的诞生与一定的社会历史条件和科学技术的发展密不可分。从社会历史条件来说，控制论主要是社会的需要；从科学技术发展方面来看，科学技术为控制论发展提供了物质条件和理论依据，从某种程度上说控制论的诞生与发展也是科学技术“供应”的结果。基于以上分析，有学者将以上“供应”和“需要”应用到经济系统中，提出了经济系统控制论的两个学派，即“需求”学派和“供应”学派。随着控制论在社会科学中的发展，出现了多个分支学科，经济系统控制论就是其中之一。1952 年，法国巴黎召开的世界控制论大会最先提出经济系统控制论。随后，在东西方多国学者的探索和研究中，经济系统控制论获得了长足发展。

1953 年，经济系统控制论创始人之一的图斯丁教授在其著作《经济系统的机制》中，运用控制论的方框图、信息流图对凯恩斯关于投资、消费与收入之间关系的原理进行了分析，还对经济系统的振荡等问题展开了讨论。1954 年和 1957 年，菲利普斯在《封闭经济中的稳定政策》和《稳定政策与滞后反应的时间形式》两部著作中，利用控制论的 IPD（比例-积分-微分）控制器，对改进经济政策的稳定性问题开展了研究，受到了学界的广泛关注。20 世纪 60 年代以后，现代控制论的理论和方法被大量注入经济系统研究之中，经济系统控制论发展进入了新阶段。

控制论的理论与方法进入我国的时间较短，我国对经济系统控制论的研究起步较晚。我国最早介绍经济系统控制论的是数量经济学家乌家培教授，他提出的经济系统控制论主要应研究以下四个问题：经济信息系统的合理化问题、经济调节的完善问题、经济决策的改进问题、经济过程模拟方法的制定问题。随后，经济学、控制论、数学等学科领域的专家学者对经济系统控制论的理论与方法开展研究，并应用于我国社会主义经济建设中，取得了丰富的研究成果和实际效果。

苏联学者涅姆钦诺夫（1983）认为，“经济系统控制论是作为一门对巨大而又复杂的商业企业或者工业企业、托拉斯或者建筑组织进行管理的科学而建立起来的”学科，“经济系统控制论是一门把作为社会科学的经济学同精密的自然科学和技术科学综合体紧密地结合起来的学科。”我国有学者认为经济系统控制论是经济学的新理论、新学说，应该称为控制论经济学，还提出关于经济系统中调节与控制过程的普遍理论——经济系统控制论。周叔俊（1985）认为经济系统控制论是以马克思列宁主义经济学为指导，应用控制论的原理、思想和方法，研究宏观和微观经济系统的调节和控制规律性的科学。从以上多位学者对“经济系统控制论”的定义可以看出，经济系统控制论直到现在也没有统一的概念。尽管如此，从众多专家学者研究中仍然可以看出：经济系统控制论的研究对象是经济系统或经济系统的调节与控制规律，使用的是控制论的一般原理和方法，解决的是宏观和微观的经济问题。

经济系统控制论是运用控制论的理论与方法解决经济系统问题。通过专家学者的努力，基础理论不断深化，在实践应用中取得了巨大进步。肖文红（2004）利用经济系统控制论原理和方法对宏观经济及其稳定性进行研究，为有关政策决策提出了参考建议。将经济系统控制论的基本原理应用于企业经营管理中，解决了企业经营管理中的诸多问题（熊国伟，1995）。此外，经济系统控制论在电力市场、云制造服务平台、项目跟踪审计等领域也得到了应用。

2.3 本章小结

梳理总结低碳经济的国内外研究现状，认为发展低碳经济以绿色发展为出发点，不断丰富和完善低碳经济指标体系，从经济发展、能源消费、碳排放角度，结合人文环境、区位因素、人民生活质量、智慧城市构建等差异性因素进行研究，立足生态文明可持续，形成有特色的喀斯特山区低碳经济发展模式，可为西南喀斯特山区提供可复制的低碳经济发展模式经验借鉴。在此基础上，本章对低碳经济与低熵经济、碳排放与碳减排、碳源与碳汇、碳交易与碳税、碳市场与碳金融、碳足迹与植被碳承载力、碳标识与碳隐含、碳盈余与碳赤字、碳壁垒与碳转移、碳达峰与碳中和等相关概念进行了辨析，旨在准确了解相关概念，为本书的撰写奠定基础；同时，对全球气候变化经济理论、生态经济理论、循环经济理论、系统发展理论、绿色发展理论、清洁生产理论、脱钩发展理论及可持续发展理论等从来源、应用、意义上逐步梳理阐述，为研究的开展提供相应的理论指导，为低碳经济的实践应用提供理论依据。

第3章 低碳经济的内涵及评价方法

内涵是指一个概念所反映的事物的本质属性的总和，低碳经济系统的内涵是指低碳经济系统内部各个子系统的本质属性的总和。本章在对低碳经济系统内涵进行论述分析的基础上，归纳总结目前常用的几种低碳经济评价方法，并对循环经济、生态经济和绿色经济与低碳经济的关系进行分析，为本书的撰写奠定理论和方法基础。

3.1 低碳经济系统的内涵及基本特征

低碳经济是指在可持续发展理念指导下，通过技术创新、制度创新、产业转型、新能源开发等多种手段，尽可能地减少煤炭、石油等高碳能源消耗，减少温室气体排放，达到经济社会发展与生态环境保护双赢的一种经济发展形态。低碳经济内部各子系统构成了低碳经济系统，本节主要是对低碳经济系统的内涵进行阐述，并根据低碳经济系统内涵归纳总结出低碳经济系统的基本特征。

3.1.1 低碳经济系统的内涵

系统有简单系统和复杂系统两大类。但事实上，经济、环境和技术等系统都属于复杂系统。复杂系统基于特定目的来识别系统内部各物质、能量和信息交换，从而在获取系统内部联系的同时确定系统所依存的外部环境。低碳经济系统由主体系统、支持系统、保障系统三部分组成。其中，主体系统是生态经济系统，由生态系统、经济系统、技术系统三大亚系统构成，致力于保证在经济增长同时减少温室气体的排放，缓解气候变化，从而提高人民生活质量和社会经济效益，促进社会经济与生态环境保护共同发展。支持系统包括绿色能源和低碳技术，狭义的绿色能源指水能、太阳能等可再生能源，可再生能源在短时间内可以得到补充。广义的绿色能源则是指天然气、核能等在生产和消费过程中，对生态环境产生的污染最小化，甚至无害化。低碳技术为低碳经济系统平稳运行和实施提供技术支撑，主要包括清洁能源生产技术、利用技术、碳中和技术、碳捕获技术等。保障系统的主体是政府，在充分发挥我国市场机制对资源配置作用时，也要充分发挥政策优势这只“看得见的手”，建立政府主导的政策激励机制，结合市场“看不见的手”，建立健全市场机制，保障低碳经济市场化目标的实现（雷仲敏和曾燕红，2009）。

3.1.2 低碳经济系统的基本特征

低碳经济系统是由各子系统构成的一个多要素的复杂系统，低碳经济系统具有以下基本特征。

1）整体性。整体性是系统的根本属性。低碳经济系统是由主体系统、支持系统、保障系统三个子系统组成的整体，不仅有各子系统的功能，还具备提高能源效率和低碳技术的能力。

2）模型性。低碳经济系统是一个抽象的概念，某一区域的低碳经济发展水平不能通过肉眼直观地观察，只能依据区域实际情况，因地制宜构建低碳经济评价模型以期反映区域低碳经济发展水平，常规的分析模型有：时间序列分析模型（赵媛等，2001）、神经网络模型（宁云才，2003）、模糊层次分析法（李晓燕，2010）、情景分析模型（聂锐等，2010）、突变级数法（王怡，2012）、区间优化模型（郑传均和王子豪，2017）、DEA 方法（柳键等，2019）等。通过构建模型，判定低碳经济发展水平，并且对低碳经济进行评价能够找出某区域低碳经济发展过程中存在的问题。

3）自然性。低碳经济系统的支持系统包含绿色能源部分，绿色能源既包括狭义的水能、太阳能等可再生能源，又包括广义的天然气、核能等不可再生能源，但两者有一共同点是都与自然环境紧密相连，人类通过低碳技术将这些能源从自然环境中提炼出来供生产生活消耗以达到发展社会经济的目的，最后经过消耗的能源又以二氧化碳、甲烷等气体的形式排放到大自然中，低碳经济的整个系统在发展中都离不开自然环境，并遵循一定的自然规律。

4）多样性。低碳经济系统的发展影响着生态环境，同时受制于社会经济条件、自然条件和技术水平等因素。经济发展速度有快有慢，技术水平参差不齐，区域资源构成和技术创新能力不同，能源利用效率也就存在差距，导致低碳经济发展水平出现不平衡状况，因此低碳经济系统具有多样性。

5）开放性。低碳经济的发展是一个不断演化的过程，其发展模式不是封闭的，而是可以与外界进行相应的物质能量交换的，存在输入、输出关系。决定低碳经济系统能否与外界环境交流的关键是其边界开放的程度。同时，在低碳经济系统中，能源、技术、资金的流动会促进低碳经济的发展。该系统中存在着各子系统之间和子系统内部正反馈的倍增效应，也存在着限制技术创新进步的饱和效应，具体表现为：政府、企业、居民等主体之间的资金、技术、人才的协调作用和低碳经济系统与外部环境之间的关联和互动等。

3.2 低碳经济的发展关系

低碳经济发展关系的梳理不仅有利于更好地理解低碳经济的概念，也有利于理解低碳经济与其他经济发展方式的关系，本节主要对低碳经济与循环经济、生态经济、绿色经济的关系进行阐述分析。

3.2.1 低碳经济与循环经济的关系

循环经济概念的提出比低碳经济的提出要早一点，但是二者存在相互促进、协同发展、优势互补的关系（蒲清泉，2015），具体表现如下。

1）两者提出的背景相同。循环经济和低碳经济都是在人类经济活动快速发展、资源短缺现象频繁发生、生态环境质量急速下降的背景下提出的，亟须转变生产活动方式、调整产业结构、节约能源资源和保护环境的相关理论、理念的指导，这就为循环经济和生态经济概念的提出提供了实践基础。

2）两者追求的目标都是可持续发展。两者都要求在经济活动中提高资源能源的利用效率，节约集约利用资源能源，尽可能少消耗资源能源，尽可能少向环境中排放污染物。实现由传统粗放型经济发展模式向现代节约集约型经济发展模式转型，减轻人类社会活动对自然环境的伤害，推动人类社会活动实现可持续发展，促进人与自然的和谐发展。

3）两者协调发展、优势互补。循环经济的理念强调从源头控制资源的投入，到末端废弃物的再利用，包含了从生产—消费环节对低碳经济的促进。低碳经济以减少碳排放为核心，在生产—消费环节中注重提高能源的利用效率和减少高碳能源的利用，体现着循环经济的“3R”原则。在概念和发展方式上，两者互为补充，都体现了可持续发展。因此，两者存在协调发展的内在动因。

3.2.2 低碳经济与生态经济的关系

生态经济是指在生态系统承载能力范围内，运用生态经济学原理和系统工程方法改变生产和消费方式，挖掘一切可以利用的资源潜力，发展一些经济发达、生态高效的产业，建设体制合理、社会和谐的文化以及生态健康、景观适宜的环境，实现经济发展与环境保护、物质文明与精神文明、自然生态与人类生态的高度统一，促进经济可持续发展（唐建荣，2005）。生态经济主要有时间性、空间性和效率性三个特征。其中，时间性是指资源在时间上的持续性，即当代人在发展过程中，既能满足其发展需求又不对后代满足发展需求产生影响；空间性是指资源在空间尺度上的持续性，即各区域的发展以不损害另一区域的利益为基础；效率性是指资源在利用效率上的高效性，即通过技术的进步、资源的合理配置等方式，实现“低耗”“高效”的发展方式。生态经济是在发展经济的同时考虑生态环境的保护，是生态与经济并重，二者相互促进的经济发展形式。生态经济是生产发展与有限的资源环境矛盾的结果，同时，它也强调生态资本在经济建设中的投入效益。生态环境是经济活动载体，也是生产要素建设的前提条件。

随着环境、能源危机相继出现，为了促进可持续发展，人类重新界定和认识人与自然的关系，从而出现了低碳经济和生态经济。两者既有相同之处也各具特点。

1）解决的主要问题和侧重点不同。生态经济主要解决大规模工业化发展带来的环境污染问题，要求在保证经济高速发展的同时，积极按照生态发展规律去构建经济发展体系，发展环保性产业，减少环境污染，加强环境保护；低碳经济则是降低不可再生能源的使用，提高能源利用效率，优化能源结构，减少温室气体排放，促进经济持续发展。

2）价值取向不同。生态经济的价值取向是有效控制污染，倡导发展环境友好产业，实施清洁生产，建立环境与生态重建保护体系；低碳经济则是要求优化能源结构，提高能源利用效率，使用可再生能源。

3）理论基础的侧重点不同。生态经济侧重于将生态学与经济学结合起来，以生态学的有关理论来指导构建经济发展体系，以期实现经济发展体系与生态发展体系的共振；低碳经济侧重于调整能源经济学应用与产业发展能源结构，着重于优化能源结构。

4）本质内涵的表述相同。相对于传统经济发展模式带来的资源浪费和短缺、环境污染问题，生态经济和低碳经济以新思维、新办法解决传统发展模式带来的一系列环境破坏、污染，以及资源浪费等问题。同时，两者都倡导经济发展与环境保护相协调，从而促进社会的进步和发展。

5）发展的目标相同。不管是低碳经济还是生态经济发展，其目标都是实现人类社会可持续发展，即促进人与自然和谐相处，使子孙后代能够永续发展，实现人与自然和谐共生。

3.2.3 低碳经济与绿色经济的关系

绿色经济是产业经济为适应人类环保和健康需要而产生的一种状态，它以传统产业经济为基础，目的是促进经济与环境和谐发展。它将环保技术、清洁生产工艺等众多有益于环境的技术转化为生产力，并通过有益于环境或与环境无对抗的经济行为，实现经济的可持续增长。

低碳经济与绿色经济有相同的理论基础，追求的价值目标及其实现目标的技术手段相同，但也各具特点。

1）形成条件相同。两者都是在新的价值观念和消费观念下形成的。

新的价值观念包括：在利用自然资源时，不是对其贪婪地索取，不是一味地滥用，而是会考虑维持良好的生态系统，实现可持续性的利用。在发展科学技术时，不仅要考虑对环境的开发利用能力，还要考虑其开发后的修复能力。在兼顾人对自然利用能力的同时考虑自然的接纳能力，促进人与自然全面发展。

新的消费观念是一种节约集约型消费观念，它倡导绿色、适度、层次消费，避免铺张浪费。这种消费行为是一种对环境不构成威胁，能够以自然生态维持平衡的消费习惯，并在消费的同时能够考虑到废弃物循环利用的观念。

2）支撑点相同。两者的支撑点都是绿色科技和生态经济伦理。

绿色科技又称生态科技，是指科学技术的生态化。它涉及科技伦理和科技价值问题，主要针对的是科学的技术功能和社会作用。绿色科学技术是建立在人与自然生态环境和谐相处的基础上，目的是促进人与自然和谐统一，受生态意识支配和生态价值约束。绿色科学技术有利于促使人类进步和自然环境质量提高，同时也能缓解人与自然之间的紧张关系。

生态经济伦理作为一种新的经济伦理，是顺应时代发展而产生的，是符合当代人类发展的生态经济。它强调人类对环境的忧患意识，追求平衡、和谐的道德境界，其根本的价值观是可持续发展。

3）研究的侧重点不同。绿色经济既能满足物质上的需求，也能满足精神上的需求，它突出特点是以科学技术为手段实现绿色分配、绿色生产和绿色物流。而低碳经济则是对碳排放量而言，提高资金和技术投入，采用清洁能源和提高能源利用效率，在促进经济发展水平的同时减少温室气体排放量，缓解全球气候变化问题。

4）核心不同。绿色经济的主体是人，其核心是通过发展经济，在全面提高人们生活水平的同时促进人与自然的和谐相处；而低碳经济的核心是通过技术、制度创新转变人们的消费观念，从而达到低耗能、低排放和低污染。

3.3 低碳经济的评价方法

客观的评价方法能够从规范的角度对低碳经济指标进行系统性分析，评价方法的建立有助于对低碳经济指标体系进行科学评价，为构建和应用科学的低碳经济指标体系提供客观和量化的科学依据，本节主要对前人研究低碳经济的评价分析方法进行归纳和梳理，以期为本书的撰写提供科学的研究方法。

3.3.1 层次分析法

20 世纪 70 年代由运筹学家 Saaty 首次提出层次分析法，他提出了匹兹堡大学的网络系统理论和多目标综合评价方法，并分析了决策的层次权重。层次分析法是一种定性和定量分析相结合的决策方法，是模仿人们对复杂决策问题的思维、判断过程进行构造的方法，这种方法将决策者的思维过程数量化，将复杂的问题分解为各个组成因素，再将这些因素按支配关系分成若干组，形成有序的递阶层次结构，通过两两比较的方式确定层次中诸因素相对重要性的总排序，即分解、判断、综合要经过建立递阶层次结构、构造两两比较矩阵、计算各要素的权重、计算当前一层元素关于总的目标的排序权重等步骤（吴祈宗，2003）。层次分析法在研究内容上首先需要构建评价指标体系，评价指标的选择可用主观分析法（徐惟，2014）、文献研究法（张雳，2015）、问卷调查法（侯媛媛和刘恩平，2017）、专家咨询法（明翠琴和钟书华，2017）等；然后确定各指标权重值，确定指标权重的方法，主要有专家打分法（刘亚等，2015）、熵权法（李帅等，2014）、因子分析法（耿金花等，2007）等；最后利用层次分析法运算得出综合得分排序，提出相关建议。

3.3.2 DEA 方法

DEA 方法是由运筹学家 Charnes 等于 1978 年提出的一种效率评价方法，属于运筹学、管理科学和数理经济学交叉学科研究的一个新的领域。DEA 方法是使用数学规划模型评价具有多个输入和输出的“部门”或“单位”（称为决策单元，简称 DMU）间的相对有效性（称为 DEA 有效），根据对各决策单元观察的数据判断决策单元是否为 DEA 有效，本质上是判断决策单元是否位于生产可能集的“前沿面”上，生产前沿面是经济学中生产函数向多产出情况的一种推广，使用 DEA 方法可以确定生产前沿面的结构，因此又可将 DEA 方法看作是一种非参数的统计估计方法。使用 DEA 方法对决策单元进行效率评价时，可以得到很多在经济学中具有深刻经济含义和背景的管理信息（魏权龄，2000）。DEA 方法是把单输入单输出的工程效率概念推广到多输入多输出同类决策单元的有效性评价中去，极大地丰富了微观经济中的生产函数理论及其应用技术，同时在避免主观因素、简化算法、减少误差等方面有着不可低估的优越性。DEA 方法一经推出就因其独有的特点和优势受到人们的广泛关注。并且 Charnes 等以单输入单输出的工程效率概念为基础提出了第一个 DEA 模型——C^2R 模型。随后，Banker 等从公理化的模式出发给出了另一个刻画生产规模与技术有效的 DEA 模型——BCC 模型，并证明了它与 C^2R 模型具有相同的形式。1985 年 Charnes 和 Cooper 等针对 C^2R 模型中生产可能集的凸性假设在某些条件下是不合理的，给出了另一个评价生产技术相对有效的 DEA 模型——C^2GS^2 模型。这两个模型的产生不仅扩大了人们对生产理论的认识，而且为评价多目标问题提供了有效的途径，使得研究生产函数理论的主要技术手段由参数方法发展成为参数与非参数方法并重。C^2R 和 C^2GS^2 模型是最基本的 DEA 模型（马占新，2002）。

设有 m 个决策单元，每个决策单元 DMU_j（$j=1, 2, \cdots, n$）都有 a 种输入和 b 种输出，分别用输入 x_j 和输出 y_j 表示：

$$x_j=(x_{1j},x_{2j},\cdots,x_{aj})^T, y_j=(y_{1j},y_{2j},\cdots,y_{bj})^T \tag{3-1}$$

式中，$x_{ij}>0$ 为第 j 个决策单元 DMU_j 的第 i 种类型输入的输入量；$y_{sj}>0$ 为第 j 个决策单元 DMU_j 的第 s 种类型输出的输出量；$i=1, 2, \cdots, a$；$s=1, 2, \cdots, b$；$j=1, 2, \cdots, n$。

评价第 j_0 个决策单元（下标用 0 表示）规模有效性及技术有效性的 C^2R 模型（盛昭瀚等，1996）为

$$\min\theta = V_D \tag{3-2}$$

$$pq\sum_{j=1}^{n} \gamma_j x_j + p^- = \theta_{x_0} \tag{3-3}$$

$$\sum_{j=1}^{n} \gamma_j y_j - p^+ = y_0 \tag{3-4}$$

$$\gamma_j \geqslant 0; j = 1,2,\cdots,n \tag{3-5}$$

$$p^- \geqslant 0, p^+ \geqslant 0 \tag{3-6}$$

第 j_0 个决策单元为 DEA（C^2R）有效的充分必要条件是线性规划（D）的最优值 $V_D=1$，并且它的每个最优解 γ^*、p^{*-}、p^{*+}、θ^* 有 $p^{*-}=0$、$p^{*+}=0$。

3.3.3 模糊层次分析法

模糊层次分析法是为了改进层次分析法中判断一致性与矩阵一致性相异、一致性检验困难与缺乏科学性等问题以提高决策可靠性而被一些学者提出的方法（吕跃进，2002）。其有两种方法：一种是基于模糊数的模糊层次分析法（姬东朝等，2006），另一种则是基于模糊一致矩阵的模糊层次分析法（赵治华和腾腾，2019）。本节基于模糊一致矩阵的模糊层次分析法展开论述。

1）模糊一致性的定义（陶余会，2002）。

设任意 i，$j \in k$，$k=1$，2，…，n 则

定义 1：设矩阵 $\boldsymbol{M}=(m_{ij})\ n \times n$，满足 $0 \leqslant m_{ij} \leqslant 1$，则称 $\boldsymbol{M}$ 是模糊矩阵。

定义 2：若模糊矩阵 $\boldsymbol{M}=(m_{ij})\ n \times n$，满足 $m_{ij}=m_{ik}-m_{jk}+0.5$，则称模糊矩阵 $\boldsymbol{M}$ 是模糊一致矩阵。

定义 3：若模糊矩阵 $\boldsymbol{M}=(m_{ij})\ n \times n$，满足 $m_{ij}+m_{ji}=1$，则称模糊矩阵 $\boldsymbol{M}$ 是模糊互补矩阵。

2）模糊一致矩阵的性质（陶余会，2002）。

设模糊矩阵 $\boldsymbol{M}=(m_{ij})\ n \times n$ 是模糊一致矩阵，则有

①任意 i（$i=1$，2，…，n），有 $m_{ij}=0.5$；

②任意 i，j（i，$j=1$，2，…，n），有 $m_{ij}+m_{ji}=1$；

③$\boldsymbol{M}$ 的第 i 行和第 i 列的元素之和为 n；

④$\boldsymbol{M}_{\mathrm{S}}=\boldsymbol{M}_{\mathrm{C}}$，且均为模糊一致矩阵，其中 $\boldsymbol{M}_{\mathrm{S}}$ 是 $\boldsymbol{M}$ 的转置矩阵，$\boldsymbol{M}_{\mathrm{C}}$ 是 $\boldsymbol{R}$ 的余矩阵；

⑤从 $\boldsymbol{M}$ 中划掉任意一行及其对应列所得的子矩阵仍然是模糊一致矩阵；

⑥$\boldsymbol{M}$ 满足中分传递性，即当 $\gamma \geqslant 0.5$ 时，若 $m_{ij} \geqslant \gamma$，$m_{jk} \geqslant \gamma$，则有 $m_{jk} \geqslant \gamma$；当 $\gamma \leqslant 0.5$ 时，若 $m_{ij} \leqslant \gamma$，$m_{jk} \leqslant \gamma$，则有 $m_{jk} \leqslant \gamma$。

模糊层次分析法的基本思想和步骤同 Saaty 提出的层次分析法的步骤基本一致，但仍有以下两方面的不同：①建立的判断矩阵不同。层次分析法是通过元素的两两比较建立判断一致矩阵；而模糊层次分析法通过元素的两两比较建立模糊一致判断矩阵；②求矩阵中各元素的相对重要性的权重的方法不同。

3.3.4 耦合协调评价法

耦合是指两个或以上的系统或运动方式之间通过各种相互作用而彼此影响以至协同的现象，是在各子系统之间的良性互动下，相互依赖、相互协调、相互促进的动态关联关系；协调是指系统内部各要素间各种质的差异部分在组成一个统一整体时的相互和谐一致的属性（吴玉鸣和张燕，2008）。衡量系统内部序参量之间协同作用的标准是耦合度，而能更好地评判低碳经济增长、生态环境交互耦合的协调程度的是协调度模型。邢忠和朱嘉伊（2017）基于耦合协调理论，构建了城市绿地公平绩效评价的指标体系，对城市绿地空间分布的公平绩效进行了评价；魏媛等（2018）运用耦合协调度模型对贵州 2005 ~ 2015 年经济发展与生态环境系统耦合协调演变状况进行了评价；仇方道等（2020）运用耦合协调度模型并结合熵权 TOPSIS、响应度模型等方法，对 2000 ~ 2016 年再生性资源型城市创

新能力与工业转型耦合关系演化特征进行了分析。

耦合协调度模型是衡量子系统之间相互协同、相互影响，从而使系统整体处于有序状态，并促使其向更高级别形态发展的现象。一般用耦合协调度来体现，模型构建过程如下。

首先，需要用离散程度来体现子系统之间的耦合程度，而变异系数又是衡量离散程度的重要指标。因此，需要用变异系数作为耦合模型的基础构建耦合度模型：

$$C=\left[\frac{4\,M_1\,M_2\cdots M_i}{(M_1+M_2+\cdots+M_i)^2}\right]^n \tag{3-7}$$

式中，C 为耦合度，C 值越大，表明系统间的耦合程度越高，反之则越低；M_1，M_2，…，M_i 分别为系统内各子系统，$i=1$，2，…，m；n 为区别系数，$n\in[2,5]$。

然后，耦合度体现各子系统相互作用程度的强弱，无法表明系统协调发展水平的高低，因此需要在耦合模型基础上构建系统耦合协调度模型，来体现耦合协调程度：

$$D=\sqrt{CT},T=\alpha M_1+\beta M_2+\cdots+\gamma M_i \tag{3-8}$$

式中，D 为耦合协调度；α，β，…，γ 为待定系数，一般都取值为 0.5。

最后，根据不同的标准，划定耦合协调度（D）等级，将计算出的 D 值对应到相应的数值区间，确定合适的耦合协调度类型。

3.3.5 系统动力学方法

系统动力学是一门研究系统动态复杂性的科学，由 Forrester 教授于 1956 年创立。系统动力学将反馈控制理论和计算机仿真技术相结合，主要用于研究复杂系统的结构、功能与动态行为之间的关系（张波等，2010）。系统动力学模型的突出特点是能反映复杂系统结构、功能和行为之间的相互关系，是一类建立在控制论、系统论和信息论基础上研究反馈系统结构、功能和行为的模型，通过对复杂系统进行仿真实验，考察不同情景下的变化趋势和行为，并据此提供决策支持。它强调整体地考虑系统，了解系统的组成及各部分的交互作用，并能对系统进行动态仿真实验，考察系统在不同参数或不同策略因素输入时的系统动态变化行为和趋势，使决策者可据此尝试在各种情境下采取不同措施并观察模拟结果，打破了从事社会科学实验必须付出高成本的条件限制（王其藩，1993）。目前，系统动力学以其独特的优势，即擅长处理长期性和周期性问题与高阶次、非线性、时变的问题，在数据不足或某些参量难以量化时，可以反馈环为基础进行研究。系统动力学已经广泛应用于社会、经济、管理、资源环境等诸多领域。

系统动力学模型的基本元素包含“流”与“元素”。“流”分为“实体流”和“信息流”，其种类包含订单流、人员流、现金流、设备流、物流与信息流；“元素”包括“状态变量”“速率”“辅助变量”。状态变量是真实世界中随时间推移的事或物，既包括实体可见的状态变量，如存货、人数、金钱、污染物质等，也包含无形不可见的状态变量，如能量、压力等；状态变量的值由控制该状态变量的速率决定，一个状态变量可由数个速率来控制，速率又可分为流入速率与流出速率，故状态变量是由流入速率与流出速率之间的差经过一段时间的累积形成的。辅助变量的含义包括数据处理过程、特定环境参数值和系统输入测试函数或数值三种，其中，前两种含义都可视为速率的一部分，其与速率共同形成某一特定目的的管理控制机制，最后一种含义则是用以测试模型行为的各种不同情境。系统动力学建模有三个重要组件：因果反馈图、流图和方程式。作为系统动力学的重要工具，因果反馈图描述变量之间的因果关系，流图帮助研究者用符号表达模型的复杂概念。系统动力学以有限差分方程表示，并按照时间顺序对其求解，从而呈现出系统在各时间点的变化状态。

系统动力学的建模流程。系统动力学建模程序分为以下 6 个步骤：①了解问题、界定问题、确认目标；②绘制系统的因果反馈图；③建立系统动力学模型；④测试模型，确认模型是否可以再现真实系统的行为；⑤使用模型进行策略的选择；⑥执行策略。绘制因果反馈图是系统动力学模型发展的基础也是重要的部分。

3.3.6 Kaya 恒等式方法

Kaya 恒等式是由日本学者 Kaya 于 1989 年提出的。Kaya 恒等式通过一个简单的数学公式来描述二氧化碳排放、能源消耗、人口与经济规模之间的关系，具有数学形式简单、分解无残差、对碳排放变化推动因素解释力强等优点（袁路和潘家华，2013）。其数学表达式为

$$M_{CO_2} = \frac{M_{CO_2}}{M} \times \frac{M}{GDP} \times \frac{GDP}{N} \times N \tag{3-9}$$

式中，M_{CO_2} 为二氧化碳排放量；M 为一次能源消费总量；GDP 为国内生产总值；N 为国内总人口数量；$\frac{M_{CO_2}}{M}$ 为单位能源消耗碳排放强度，主要由能源消费结构决定；$\frac{M}{GDP}$ 为能源消费强度，指一段时间内国家或区域能源的消耗量，反映经济与

能源的相互关系。$\frac{GDP}{N}$为人均 GDP，是衡量一个国家宏观经济运行状况的有效工具。不同的国家在不同的经济发展阶段，具有不同的能源消费特征。随着居民收入、消费水平的不断提高，能源的利用方式和水平也相应地变化。通过对 Kaya 恒等式的分析，可以看出碳排放量主要受人口因素、经济发展水平和能源消费结构的影响。

Kaya 恒等式最初是被用于研究国家层面温室气体排放量变化的影响因素，但是 Kaya 恒等式发展至今，被广泛用于定量研究二氧化碳排放量领域，而且在众多研究者的努力下，各种扩展方法被开发应用于农业（戴小文等，2015；韦沁等，2018）、种植业（郭旋等，2016）、旅游业（汪清蓉和谢飞龙，2014）、交通运输业（卢升荣等，2017）、水利用分析（白夏等，2018；轩党委等，2019）等各个领域。

3.3.7 相关性分析方法

相关性分析是指通过计算两个评价指标之间的相关系数，剔除指标之间相关系数比较大的评价指标，避免评价指标反映的信息重复对评价结果造成影响，指标间相关系数越大，表明两个指标反映的信息相关性就越高，所代表的信息重复率就越高。为了避免指标反映信息重复，就要对评价体系进行简化，以达到简捷有效、科学合理的目的（迟国泰等，2012）。

指标相关性分析一般包括以下三个过程。

1）指标的标准化处理。由于评价指标的量纲不同，为减少不同计量单位对计算结果产生影响，需对评价指标进行无量纲化处理。设 M_i 为评价指标的原始数据，N_i 为评价指标的标准差，P_i 为标准化值，则有

$$P_i = \frac{M_i - M}{N_i} \tag{3-10}$$

2）计算各个评价指标之间的简单相关系数 Q_{ij}。计算公式如下：

$$Q_{ij} = \frac{\sum_{k=1}^{n} (P_{ki} - P_i)(P_{kj} - P_j)}{\sqrt{\sum_{k=1}^{n} (P_{ki} - P_i)^2 (P_{kj} - P_j)^2}} \tag{3-11}$$

3）规定临界值 S，$S \in (0, 1)$，假设 $Q_{ij} > S$，则删除其中的一个指标 P_i 或者 P_j；假设 $Q_{ij} < S$，则可以保留两个评价指标。

研究者可以将建立的评价指标的相关数据，按照上述原理，结合 SPSS 统计软件对评价指标进行相关性分析，进而得到相关系数矩阵。

3.4 本章小结

本章在深入分析低碳经济系统内涵的基础上，归纳总结出低碳经济系统具有整体性、模型性、自然性、多样性、开放性的特征。同时，对低碳经济与循环经济、生态经济、绿色经济的关系进行了分析，结果表明低碳经济、循环经济、生态经济、绿色经济等都是为了解决环境危机、能源危机相继出现的 4 种经济形态，是对人类和自然关系重新认识和总结的结果，旨在解决人类可持续发展的问题。低碳经济、循环经济、生态经济与绿色经济的内容相互交叉，有许多相同之处，同时也各具特点。最后，对研究涉及的相关方法、模型（层次分析法、DEA 方法、模糊层次分析法、耦合协调评价法、系统动力学方法、Kaya 恒等式方法、相关性分析方法等）的概念、用法及各自的公式、模型构建等进行了逐一梳理，为下一步的研究提供了科学的方法支撑。

第 4 章　低碳经济的发展模式

4.1　国外低碳经济发展模式

在全球经济快速发展的同时，世界人口迅速膨胀、不可再生能源不断减少、全球气候变暖导致海平面上升、生态环境持续恶化……这些问题已经严重影响经济社会的可持续发展，甚至威胁人类的生存。人们开始深思如何既考虑经济的增长速度，又考虑经济与生态环境可协调，最终达到双赢的发展态势。因此，人类迫切需要探寻新的发展路径，扭转当前发展困境。基于此，低碳经济发展模式应运而生，这种以较少的温室气体排放获得较大产出的新经济模式，最早由西方发达国家提出，用以缓解社会经济发展过程中环境和资源的压力，该模式逐渐向各行各业延伸。国内外有以下典型的低碳经济发展模式。

4.1.1　美国“能源主导型”低碳经济发展模式

作为世界第一能耗大国，美国的低碳经济发展模式以能源为导向，强调大力发展新能源，提高能源的利用效率，并制定相应的法案推动低碳经济的发展。2005 年美国总统签署《2005 国家能源政策法案》，鼓励美国国内石油和天然气的生产，鼓励石油、天然气、煤气和电力等企业采取节能、洁能措施。2007 年美国参议院提出《低碳经济法案》，美国选择开发新能源，该法案还表明低碳经济的发展道路有望成为美国未来十分重要的战略选择之一，助推经济较快复苏。2009 年美国众议院出台《美国清洁能源与安全法案》，该法案由能源效率、绿色能源、温室气体减排、向低碳经济转型 4 个部分构成，该法案还提出增加风能、太阳能等清洁能源的电力供应，要求建筑行业建设节能房屋，到 2025 年电力公司出售的电 25% 来自可再生资源。此外，美国加强对节能型汽车的研发、供应和生产，将重点放在混合动力车和弹性燃料汽车等新能源技术上，以减少石油消费量。同时，美国设立国家低碳燃料标准，要求燃料供应商到 2020 年减少 10% 的碳燃料排放，提高低碳非化石燃料的引进速度。美国政府力图开发新能源、发展低碳经济以重振经济，寻求一个综合平衡和对环境有利的能源安全长期战略，促进绿色能源时代的到来。

4.1.2 英国“政府引导，市场刺激”低碳经济发展模式

英国政府提出把减少碳排放作为长期发展低碳经济的基本原则，并为之配套系统的宏观经济政策、微观经济政策、能源产业政策、市场管理政策，到2050年从根本上把英国变成一个低碳经济的国家。2001年，英国政府对工业、商业等部门征收气候变化税，鼓励使用清洁能源，对自愿参加并按时完成政府公布的减排目标任务的企业减免80%的气候变化税，以减少温室气体的排放。《能源法2004》主要包括三个方面的内容：一是促进民用核工业的发展；二是鼓励可持续、可再生能源资源的开发利用；三是监督能源市场及其管理。其立法目的之一是贯彻执行2003年英国能源白皮书《我们能源的未来——创建一个低碳经济体》的承诺，以立法形式为能源白皮书的具体落实保驾护航。英国政府鼓励市场运用最新的低碳技术，为工业和投资者提供一个稳定的政策环境，推动经济结构转变。为了鼓励企业研发低碳技术，并持续进行技术创新，政府对减少碳排放的企业给予相应的税收减免，此外还通过“强化投资补贴”项目来鼓励企业投资节能环保的技术与设备。对于研发低碳技术的企业，在其申请低碳技术专利时给予优先权，并为其提供快速通道便于获取专利，帮助低碳企业的相关产品快速进入市场。

4.1.3 日本“行为改变型”低碳经济发展模式

日本是一个能源匮乏的岛国，也是发展低碳经济的积极倡导者与推进者。低碳经济的发展不仅可以缓解国内能源短缺矛盾，还可以充分利用其领先的能源与环境技术优势，获得巨大的经济收益。2008年日本审议并通过《构筑低碳社会行动计划》，作为发展低碳经济的纲领性文件，该计划提出到2050年日本将在2008年的基础上减少60%~80%的温室气体排放，并努力促成在全球范围内达到50%的减排目标。政府通过电视、网络、刊物、讲座等多种形式对消费者进行低碳生活宣传教育，将节能措施细化到衣食住行，大力营造低碳氛围。适当调整空调与冰箱温度；建造房屋充分考虑墙壁、地板的隔热性能，设计窗户的大小、数量及位置要最大限度地利用自然光；购买应季蔬菜和水果，尽可能选择产地较近的食品；上下班尽量乘坐公共交通工具，开车时注意保持“经济速度”等。2009年5月15日，日本宣布实施“环保积分制度”，消费者购买符合节能标准的电视、冰箱和空调等家电可获得“环保积分”，积分可兑换消费券。

4.1.4 德国“生态工业”低碳经济发展模式

德国无论是发展循环经济还是发展低碳经济，一直走在世界前列。德国1972年发布《废弃物处理法》，1996年发布《循环经济和废物管理法》。德国的循环经济为低碳经济的发展打下良好的基础，加之德国国内的工业技术在改造方面较为先进，因此发展生态工业成为德国进行低碳建设的一大亮点。德国对曾是欧洲煤炭和钢铁生产中心的鲁尔工业区进行改造，大力调整工业布局，把那些环境污染大的产业外迁或限产、转产、停产，制造业以发展高新技术产业为主。同时，进行生态环境的恢复和改造，填埋矿坑，种植花草树木，不断扩大绿地面积，成功实现工业向生态化方向发展，并遏制生态环境恶化。除了对工业区的改造，德国政府对矿物能源、天然气、电力等项目征收生态税，将多征收的部分通过降低工资附加收费的方式让利于民，既能提升居民的福利水平，又能降低劳动力雇佣方所支付的工资；鼓励企业实行现代化管理，成立专项基金对中小企业的节能改造提供资金支持；颁布《可再生能源法》，规定应用可再生能源进行发电的企业可获得一定的补贴；制定三个重要的中长期规划，分别是欧盟气候变化行动计划（ECCP）、德国国家能源效率行动计划（EEAP）及德国能源与气候一揽子计划（IECP）。

4.2 中国低碳经济发展模式

随着全球低碳经济的兴起，以中国为代表的发展中国家也在积极探索适合本国国情的低碳经济发展模式。中国作为能源消耗大国，加快转变高能耗、高排放、高污染的高碳发展方式，走低碳经济发展道路，有利于寻找新的经济增长点，实现经济低碳绿色可持续发展。现阶段，各省（自治区、直辖市）在国家政策的支持下积极探索和学习低碳经济技术，促进经济增长方式转型，其中河北、广东、上海的低碳经济发展取得一定的成果和经验，其低碳经济发展模式值得借鉴。

4.2.1 河北“自上而下”节能减排模式

作为中国的能源消耗大省，河北煤矿、钢铁、水泥三大支柱产业占比较高，长期粗放型的发展方式造成环境污染严重、碳排放量居高不下、雾霾天气持续时间延长，影响河北经济的可持续发展。在京津冀一体化发展进程中，河北低碳经济的发展对整个区域实现节能减排目标具有重大意义。河北“自上而下”的发展模式由政府进行主导，政府制定推动低碳经济发展的法律法规，倒逼高碳产业的转型和鼓励低碳产业的发展。“十一五”期间，河北先后颁布了《河北省节约能源条例》《河北省人民政府关于加强节能工作的决定》等文件，制定了详细的节能减排措施，旨在推进全社会节约能源和提高能源利用效率，保护和改善环境及实现绿色低碳可持续发展。2011 年出台《河北省“十二五”节能减排综合性实施方案》，注重能源消费总量控制与标准限额约束，注重结构节能减排与工程节能减排，主要目标是力争 2015 年全省万元地区 GDP 能源消费量比 2010 年降低 18%，比 2005 年降低 34.5%，使节能减排贯穿生产、建设、流通、消费的各个领域、各个环节，促进经济社会又好又快发展。2017 年制定《河北省节能“十三五”规划》，强化能源消费总量和强度双控，实施重点节能工程，工作目标为“十三五”期间煤炭消费总量下降 10% 左右，到 2020 年全省能源消费总量控制在 32 785 万 tce 以内，万元地区 GDP 能源消费量下降 17%，注重工业、建筑、商贸、交通运输、农业农村、公共机构六大领域的节能减排。

4.2.2 广东“新能源开发型”发展模式

广东是中国的经济大省，也是能源匮乏省份，大力发展新能源产业，积极优化能源结构，有利于广东经济的长期稳定发展。作为推进产业转型升级的先行者，广东秉承绿色发展理念，形成以太阳能电池等为核心、相关配套产业协调发展的产业链，建设以广州、深圳、中山、东莞、珠海等地为中心的光伏发电产业基地。广东战略性新兴产业“十二五”期间的年均增速超过 12%，新能源企业创新能力突出，专利数量居全国首位。广东省委、省政府高度重视低碳经济的发展，陆续出台一系列扶持新能源产业的政策性文件，《广东省新能源汽车产业发展规划（2013—2020 年）》重点支持动力电池关键技术的研发，鼓励新材料、新结构、新工艺的创新，鼓励探索多元化动力电池在电动汽车上的应用。《广东省太阳能光伏发电发展规划（2014—2020 年）》鼓励开展光伏新型应用产品的研发和推广，以及发展智能电网设备，为光伏发电等分布式新能源提供并网解决方案。《广东省节能减排“十三五”规划》旨在调整优化能源结构，全面提升能源系统效率，推广新能源与传统能源相结合的新型用能方式。

4.2.3 上海“建设实践区”低碳发展模式

上海是中国经济、金融、贸易中心，也是国际著名的港口城市，在国内率先探索低碳经济发展道路，2008 年上海、保定入选世界自然基金会“中国低碳城市发展项目”首批试点城市。在 2010 年世界博览会的举办中，上海结合实际，借助世界博览会的品牌效应，以“低碳世博”为契机，发挥上海世界博览会后续效应，注重低碳技术、低碳设备、低碳理念的利用、推广和传播，以推进低碳城市建设。“十二五”期间，上海充分利用崇明、临港新城、虹桥的优势，建设低碳经济发展综合实践区，强化科技、人才、资金、政策等各项资源支撑，形成上海低碳经济的发展特色。三个实践区根据自身特点探索低碳路径，其中，崇明打造现代化生态岛，进行低碳社区建设、低碳农业发展、新型旅游方式探索三方面的低碳实践；临港新城建设低碳宜居城市，建立若干低碳社区、低碳产业园区等低碳发展的实践区，大力发展高端制造业、港口服务业等低碳产业，促进低碳技术的集成应用；虹桥建立上海首个低碳商务区，充分发挥交通枢纽和商务功能的集聚整合作用，突出低碳设计和商务区的规划理念，从技术、设备、制度等方面全方位推进低碳化发展。

4.3 贵州低碳经济发展的 SWOT 分析

能源的需求与消费随着经济的不断发展与日俱增，供需矛盾日益凸显，以低能耗、低物耗、低排放、低污染为特征的低碳经济是未来经济发展方式的选择。贵州是全国生态文明建设示范省份之一，有着独特的生态环境及宏观政策支持，然而在低碳经济的相关保障体系方面，依旧存在亟待解决的问题。作为节能减排和绿色经济的重要载体，发展低碳经济是在能源短缺背景下谋求长远发展的必然选择。贵州的经济总量保持着高速增长，同时也面临可持续发展和能源安全的巨大挑战。因此，本节以 2006 ~ 2019 年《贵州统计年鉴》与《贵州六十年 1949—2009》数据为基础，运用 SWOT 模型对发展低碳经济的优势、劣势及面临的机遇和挑战进行分析，提出促进贵州低碳城市发展的对策建议，旨在为贵州经济社会与生态环境协调发展及生态文明建设提供参考借鉴。

4.3.1 低碳经济发展的优势

森林覆盖率高，碳汇优势明显。贵州境内重峦叠嶂，沟壑纵横，东部有武陵山脉，西部有乌蒙山脉，南部有老王山脉，北部有大娄山脉，中部有苗岭山脉。根据贵州 2018 年国民经济和社会发展统计公报，截至 2018 年，贵州森林面积达到 1004.16 万 hm^2，森林蓄积量为 4.68 亿 m^3，森林覆盖率高达 57.0%，远超全国 22.96% 的平均水平。贵州地处亚热带湿润季风气候区，林地多以混交林和生长迅速的中幼林为主，本身固碳能力就强，林木通过光合作用吸收二氧化碳，释放氧气，将大气中的二氧化碳以生物量的形式固定下来，这些条件为贵州低碳经济的发展带来了更多的优势。

水能资源丰富，水电等清洁能源发展前景广阔。贵州全省河网密度大，产水模数高，河流坡度陡，天然落差大，水能资源理论蕴藏量达1874.5万kW，居全国第6位；每平方千米拥有水能资源106kW，列全国第3位。水能资源可开发量1683.3万kW，占全国总量的4.3%。贵州水能资源主要集中在乌江、清水江、南盘江、北盘江、赤水河，这四江一河的水位落差集中的河段多，开发条件优越，水能资源蕴藏量和可开发容量占全省的80%。全省水能资源的特点是区位优、分布均、造价低、发力高，丰富的水能资源决定了贵州水电发展前景广阔，水电不同于火电，不会产生碳排放，既能推动贵州经济社会的发展，又能缓解火力发电带来的高碳排放强度，减少对环境的污染和破坏。

旅游资源富集，对发展低碳经济起到引领作用。旅游业是低污染行业，具有抑制温室气体排放、扩大碳汇潜力、实现绿色发展等先天优势。贵州被誉为自然风光“大公园”和民族文化“大观园”，特殊的喀斯特地质地貌、原生的自然环境、浓郁的少数民族风情，形成了自然风光、人文景观和民俗风情交相辉映的丰富旅游资源。全省拥有黄果树瀑布、织金洞、龙宫、马岭河峡谷等国家级风景名胜区18个；遵义会议会址、盘县大洞古文化遗址等全国重点文物保护单位71个；赤水竹海、百里杜鹃等国家森林公园25个；5A级旅游景区6个，4A级旅游景区111个。贵州是多民族聚居的省份，除汉族外，还居住着48个民族，各民族历史悠久，形成自己独特的民族风情和习俗，每年丰富多彩的民族节日1000多个，侗族大歌、芦笙铜鼓、傩戏歌舞都是贵州绚丽多彩民族文化的一部分。

煤层气资源丰富，具备规模开发潜力。煤层气俗称“瓦斯”，是煤的伴生矿产资源，属于非常规天然气，$1m^3$ 纯煤层气的热值相当于1.13kgoe或1.21kgce。煤层气是一种洁净的气体能源，燃烧后几乎不产生任何废气，是上好的化工、发电和居民生活燃料。贵州全省已探明埋深2000m以浅的煤层气资源量为3.15万亿 m^3，约占全国的22%，仅次于山西，居全国第二。全省煤层气的分布基本与煤的分布一致，相对集中于西部。六盘水煤田煤层气储量最大，占全省总量的45%，达1.42万亿 m^3，是全国最重要的煤层气产区之一。织纳煤田与黔北煤田也蕴含大量的煤层气资源，共占全省总量的48%。早在20世纪70年，贵州就已进行煤层气的开发和利用，省内国有重点煤矿相继在六枝、水城、盘县地区建立煤层气抽取利用系统，供民用、发电等，经过长期生产实践，贵州井下抽采煤层气技术总体处于全国先进水平。

发展低碳经济空间大、成本低。与东部发达地区相比，贵州能源利用效率较低，能源消费结构有待优化，可通过结构调整、技术创新、开发新能源等途径实现节能减排，加快淘汰高能耗、高污染的企业，低碳经济发展空间大。东部沿海发达地区减排 1t 二氧化碳平均成本在 100 美元以上，而贵州等西部经济欠发达地区平均减排成本只有几美元至几十美元。贵州工业发展起步晚基础较弱，数量和规模均不大，传统产业中需要改造和转变的部分较少且负担小，因而大大降低了改造成本。此外，发展低碳经济不仅能使生态环境得到改善、提高人们的生活质量，而且还能享受国家的政策支持，为其发展提供强有力的保障，使经济社会可持续发展能力得以增强。

4. 3. 2　低碳经济发展的劣势

1）产业结构有待进一步优化调整。从图 4-1 看出，贵州第一产业占比 2005 ~ 2018 年有小幅波动，2005 ~ 2013 年呈下降趋势，2014 ~ 2018 年总体呈上升趋势；第二产业占比较大，2014 年最高达到 41. 7%；第三产业发展速度缓慢且波动较大，在近几年贵州经济快速发展的同时，第三产业占比表现出先升后降再升的波动变化趋势。但对三次产业结构进行分析可以发现，贵州产业结构不合理。贵州经济受第二产业带动较大，这种不合理的发展结构容易出现经济结构单一化，导致后期发展动力不足。在低碳经济发展的大背景下，若不加快调整产业结构，将不利于贵州经济的低碳转型，影响经济社会的可持续发展。

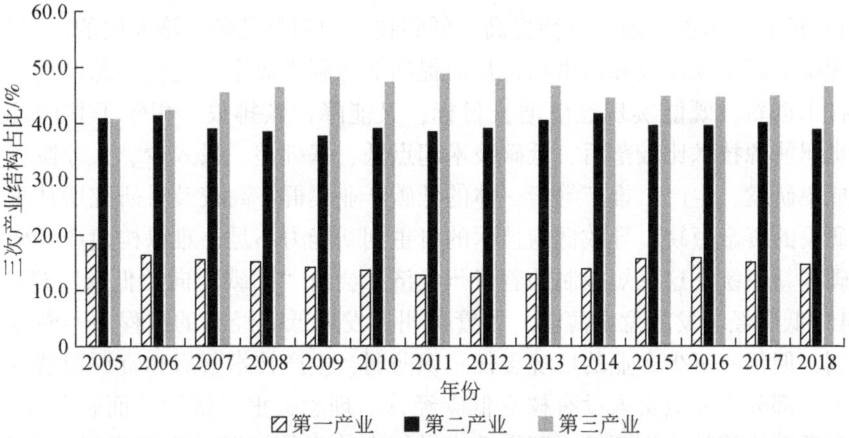

图 4-1　2005 ~ 2018 年贵州三次产业结构

2）以煤炭为主的能源结构，碳排放总量大。贵州煤炭资源丰富，被誉为“西南煤海”，以煤炭为主的能源结构必然会产生较大的碳排放量。从图 4-2 看出，贵州碳排放总量 2005 ~ 2018 年表现出波动上升的趋势，从 2005 年的

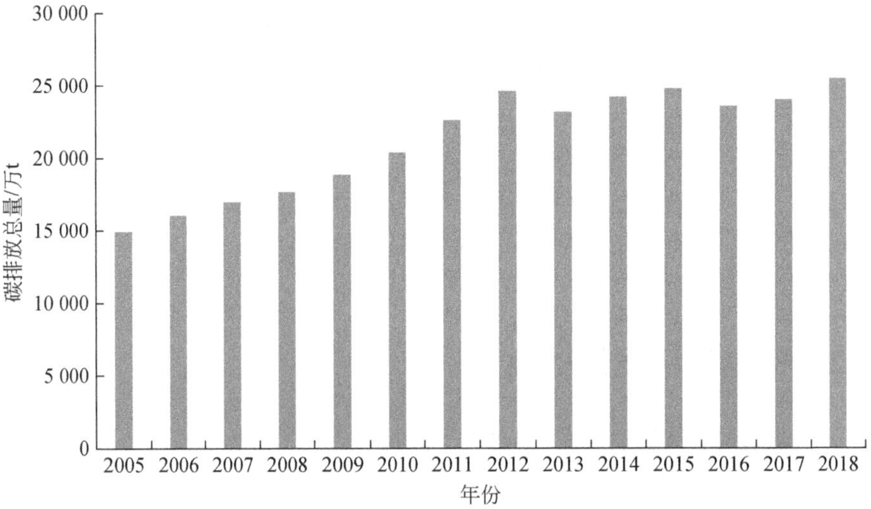

图 4-2　2005 ~2018 年贵州碳排放总量

14 912. 23 万 t 上升到 2012 年的 24 626. 80 万 t，2013 ~2018 年呈现波动变化，说明 2005 ~2018 年碳排放总量随着贵州社会经济的发展而增加。碳排放的增加使经济面临着巨大的资源环境压力，即使经济得到快速发展，若主要污染物的排放超过环境承载力，将花费大量的人力物力财力来治理环境污染，这也会影响贵州低碳经济发展，不利于寻求新的经济增长点。

3）低碳技术创新能力有待提高。低碳技术创新是低碳经济发展的前提条件，能从源头上减少碳排放和污染物，从而提高能源利用效率，优化能源结构。加强低碳技术创新，既能实现经济增长目标，又能降低碳排放。相较于其他发达地区，贵州能源技术比较落后，低碳技术起点低、基础差、投入少、人才匮乏，较难形成集研发、生产、推广等于一体的低碳产业集群。高校及科研院所从事低碳技术研发的资金短缺，导致低碳技术的自主创新能力不足，难以构建产学研结合的低碳创新系统，这些短板制约着贵州经济社会由“高碳”向“低碳”过渡。

4）低碳经济发展意识薄弱。尽管贵州在发展低碳经济的过程中不断创新体制机制，但仍有不少企业的环境责任意识薄弱，生产技术落后和资源浪费现象时有发生，部分企业负责人没有树立低碳经营的理念，重经济增长而轻节能环保。居民对低碳经济的认识不足，还需政府做好宣传工作，以“生态贵州”为契机，向公众普及气候变化、节能减排、低碳经济等相关知识和发展理念，倡导良好的出行习惯、节能的用能习惯，注重绿色消费，实现较低碳排放，引导民众逐步养成低碳的生活模式和消费方式。

4.3.3 低碳经济发展的机遇

国际低碳经济大力发展。随着全球气候问题日趋严重，积极应对气候变化，减少温室气体排放，发展以低排放、低能耗为基础的低碳经济已经成为世界各国的共识。全球发展低碳经济的潮流正在改变世界经济、贸易格局，加大对新能源和环保产业的投入，也是当今世界各主要国家应对经济危机、实现绿色复苏的关键着力点。未来低碳经济发展将从工业领域转到交通和建筑领域，低碳城市将进一步得到重视。在传统的清洁能源、节能、新能源技术的基础上，CCS（碳捕集与封存）技术，钢铁、水泥等高耗能行业的新兴技术，消纳可再生能源的智能电网技术、电量消纳控制技术，交通领域的电动汽车技术、新兴蓄电池技术，以及各种低排放建材的生产和建筑技术将得到更快发展（冯明，2011）。以这些技术为主导的新兴产业由此获得发展契机，都将成为新经济增长点，为区域争取竞争优势和发展空间。

国家和地方支持和鼓励低碳发展。党的十九大报告强调，加快生态文明体制改革，建设美丽中国，并提出推进绿色发展，建立健全绿色低碳循环发展的经济体系。2035 年生态环境根本好转，美丽中国目标基本实现，到 21 世纪中叶把我国建成富强民主文明和谐美丽的社会主义现代化强国。坚持节约资源和保护环境的基本国策，坚定走生产发展、生活富裕、生态良好的文明发展道路，建设美国中国，为人民创造良好生产生活环境，为全球生态安全做出贡献。国务院印发的《“十三五”控制温室气体排放工作方案》指出，加快推进绿色低碳发展，推动我国二氧化碳排放 2030 年左右达到峰值并争取尽早达峰。鼓励具备条件的省市加大减排力度，完善政策措施，力争提前完成碳排放率达峰目标。“十三五”期间贵州碳排放强度下降 18%，同时贵州抓住国家鼓励低碳发展的机遇，对贵阳、遵义两个国家级低碳试点城市的建设进行积极探索，为全省低碳经济发展奠定了坚实基础。贵阳组建低碳发展领域的专业智囊团和专家顾问委员会，借力专家智慧为城市低碳发展保驾护航，出台《贵阳市低碳发展中长期规划（2011—2020 年）》《贵阳市“十三五”节能减排综合工作方案》《贵阳市建设生态文明城市条例》等一系列低碳发展的政策文件。遵义成立以市长为组长，相关职能部门为成员的低碳试点工作领导小组，将低碳试点的各项任务分解到相关职能部门。遵义还将低碳发展相关要求纳入《遵义市国民经济和社会发展第十二个五年规划纲要》，启动规划编制工作，之后更是明确提出到 2030 年左右达到碳排放的峰值目标。

发展低碳经济为贵州带来新的重大历史性机遇。经过多年的不懈努力，贵州在资源环境保护、政策法规制定等低碳发展方面已取得一定成效，但与全国发展水平相比仍存在差距。发展低碳经济有利于贵州走新型工业化道路，突破经济发展过程中资源和环境瓶颈性约束，促进全省产业优化升级和企业技术研发创新，形成完善的推动可持续发展的政策机制和制度保障体系。今后将是贵州能源、水利、交通等基础设施建设加快改善、全省综合经济实力加快提升、人民生活水平和质量加快提高的机遇期。

4.3.4 低碳经济发展的挑战

低碳经济发展的法律法规不健全，配套政策有待完善。法律法规依靠国家强制力实施，完善的法律法规可以保障低碳经济发展的顺利进行。目前，贵州低碳经济相关法律法规不够健全，力度还需加强，可以根据产品性质分门别类地制定法律法规，如《中华人民共和国节约能源法》《中华人民共和国清洁生产促进法》《中华人民共和国可再生能源法》《中华人民共和国固体废物污染环境防治法》等，推行最低能耗标准和节能认证，严格限制不符合低碳标准的产品进入市场。建立健全碳交易市场，完善“碳排放的总量管制与交易”制度。部分政策存在滞后性，导致实施效果达不到理想状态，如低碳成果推广、低碳技术应用、生态补偿力度等都有待完善，应进一步出台相关激励政策。贵州可在国家法律体系框架的基础上，制定适合省情的、明确的、详细的、实用性及可操作性强的低碳经济法律条例，以法律的形式赋予产业升级、能源发展、低碳减排等战略权威性和强制性，保证低碳经济长远的发展。

资金来源不足、减排压力大。发展低碳经济、推进经济发展方式转变需要大量的资金投入，贵州生产力较发达地区而言比较落后，财政收入相对有限，较难满足投资规模大、科技含量高的低碳项目。由于资金投入不足，贵州技术发展水平较低，整体工业处于科技、创新水平较低的状态。企业缺少专项资金，技术研发能力有限，这会为发展低碳的生产经营带来一定的风险。由于资金短缺，贵州面对国家整体减排的压力大。

4.3.5 低碳经济发展的 SWOT 矩阵分析

为促进贵州的低碳经济发展，针对不同的 SWOT 条件采取相应的策略，将优势、劣势、机遇和挑战整理成矩阵进行对比分析，在此基础上提出推动贵州低碳发展的对策建议，得出相匹配的发展策略，如表 4-1 所示。

表 4-1 贵州低碳经济发展 SWOT 矩阵分析

发展的外部环境	内部优势（S）： ①森林覆盖率高，碳汇优势明显； ②水能资源丰富，水电等清洁能源发展前景广阔； ③旅游资源富集，对发展低碳经济起到引领作用； ④煤层气资源丰富，具备规模开发潜力 ⑤发展低碳经济空间大、成本低	内部劣势（W）： ①产业结构有待进一步优化调整； ②以煤炭为主的能源消费结构，碳排放总量大； ③低碳技术创新能力有待提高； ④低碳经济发展意识薄弱
外部机遇（O）： ①国际低碳经济大力发展； ②国家和地方支持和鼓励低碳发展； ③发展低碳经济为贵州带来新的重大历史性机遇	SO（优势+机遇）： ①增加森林碳汇，减少碳源，大力推动低碳经济发展； ②调整优化产业结构，构建低碳产业体系	WO（劣势+机遇）： ①研发清洁能源，减少高碳能源的使用，降低碳排放； ②提倡绿色消费，建立低碳生活方式； ③提高资源能源的利用效率
外部挑战（T）： ①低碳经济发展的法律法规不健全，配套政策有待完善； ②资金来源不足、减排压力大	ST（优势+威胁）： ①大力发展公共交通，构建低碳交通系统； ②发展低碳绿色建筑，促进建筑节能； ③大力发展生态旅游，引领低碳经济发展	WT（劣势+威胁）： ①实施节能优先，促进能源结构的低碳化； ②进一步完善相关政策法规，促进低碳城市建设； ③加大资金投入，提高低碳技术创新能力

4.4 低碳经济发展的框架

根据低碳经济发展的 SWOT 分析，总结分析得出贵州发展低碳经济的框架如图 4-3 所示。

从图 4-3 可以看出，贵州主要从两个层面发展低碳经济，一是在全国低碳经济发展过程中，贵州通过创新加大低碳技术研发力度，新能源产业的发展战略规划属于该层面的内容。二是贵州通过低碳生产和生活消费促进本省的经济发展，长期的节能减排工作属于该层面。通过技术创新和制度创新，即产业结构调整、能源结构优化、工业节能减排、建筑业节能减排，推动低碳产业的快速发展。使用节能产品、转变消费观念、提倡公共交通，让民众在日常生活中逐渐养成低碳的生活方式和消费模式。两个层面的内容是相辅相成的，如贵州制造新能源汽车并面向全国销售，同时本地使用新能源汽车作为公共交通工具，而交通环节的节能减排和低碳排放有助于低碳目标的实现。

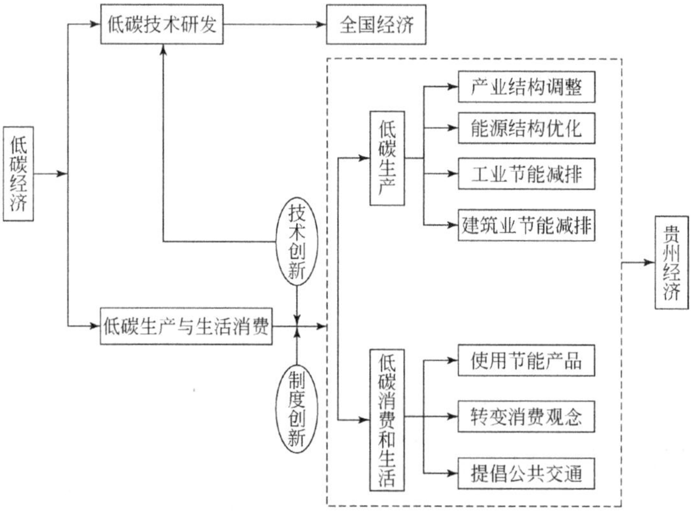

图 4-3　贵州发展低碳经济的框架

4.5　贵州低碳经济发展模式

随着温室气体效应的进一步加剧，发展绿色低碳经济已经成为一种世界性的趋势。如何结合区域实际，形成适合的低碳经济发展模式是一个值得关注的焦点问题，贵州低碳经济发展经过多年的理论研究与实践应用，形成了具有区域特色的低碳经济发展模式（图 4-4），模式内容具体如下。

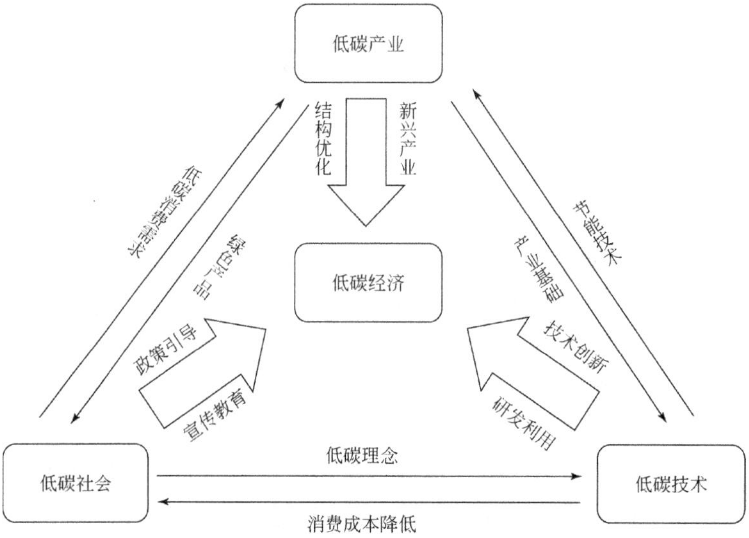

图 4-4　贵州低碳经济发展模式

4.5.1 以低碳产业为中心

1）发展低碳农业。低碳农业是指在可持续发展理念的引领下，通过调整产业结构、创新技术与制度、使用可再生能源等多种方式，尽可能降低农业产供销过程中的高碳能源消耗和温室气体排放，同时在保证食品供给及粮食安全的前提下，实现高能效、低能耗和低碳排放的农业发展模式。通过一系列针对性强、分类明确的措施推进贵州低碳农业的发展，坚持减缓与适应协同原则，降低农业领域温室气体排放；实施化肥使用量零增长行动，推广测土配方施肥，减少农田氧化亚氮排放；选育高产低排放良种，改善水分和肥料管理；实施耕地质量保护与提升行动，推广秸秆还田，增施有机肥，加强高标准农田建设；控制畜禽温室气体排放，推进标准化规模养殖，推进畜禽废弃物综合利用；开展低碳农业试点示范。贵州自然条件优越，生物具有多样性，可大力发展特色种植业，加快辣椒、茶叶、中药材、油料作物等生产基地建设。贵州地处亚热带湿润季风气候区，降水丰富立体，气候明显，利于草场的生长，发展生态畜牧业具有明显优势。贵州坚持“草畜结合”的原则，开展人工草地建设，改进养殖方式，整治养殖环境，把污物处理为沼气或有机肥，提高废物的循环利用率。贵州地下水资源富集，河网密度大，可因地制宜发展水产养殖业，开展稻田养鱼，发展冷水鱼养殖，推进山体流水养鱼，打造水产品养殖示范基地。

2）发展低碳工业。加快产业结构调整，将低碳发展作为经济提质增效的重要动力，推动产业结构转型升级，利用高新技术和先进适用技术推动传统产业进行改造，淘汰落后产能和过剩产能。积极发展战略性新兴产业，提升企业低碳竞争力。

①控制工业领域排放。推广低碳新工艺、新技术，加强企业能源和碳排放管理体系建设，强化企业碳排放管理，主要高耗能产品碳排放达到国际先进水平。积极控制工业过程中温室气体的排放，制定控制氢氟碳化物排放行动方案，力争实现达标排放。实施低碳标杆引领计划，推动重点行业企业开展碳排放对标活动。②大力推进能源节约。坚持节约优先的能源战略，合理引导能源需求，提升能源利用效率，推动工业、建筑、交通、公共机构等重点领域节能降耗。健全节能标准体系，加强能源计量监管和服务，促进节能服务产业健康发展。③优化利用化石能源。控制煤炭消费总量，加强煤炭清洁高效利用，大幅削减散煤利用。加快推进居民采暖用煤替代工作，积极推进工业窑炉、采暖锅炉“煤改气”。大力推进天然气、电力替代交通燃油，积极发展天然气发电和分布式能源，开发利用天然气、煤层气，加强放空天然气和油田伴生气的回收利用。④加快发展非化

石能源。积极有序推进水电开发，安全高效发展核电，稳步发展风电，加快发展太阳能发电，积极发展地热能、生物质能和海洋能。加强智慧能源体系建设，推行节能低碳电力调度，提升非化石能源电力消纳能力。

3）发展现代服务业。旅游产业被誉为“无烟工业”，贵州旅游资源丰富，冬无严寒夏无酷暑，发展生态旅游前景广阔。石灰石溶积岩是贵州地貌的鲜明特点，喀斯特溶洞遍及全省各地，可谓“无山不洞，无洞不奇”。西部的草海，绿如碧玉，风景优美，被誉为“高原上的明珠”。壮观的黄果树瀑布、“大自然的奇迹”龙宫、别有洞天织金洞、湖光山色红枫湖、山水名胜舞阳河、风光秀丽的赤水十丈洞瀑布，以及瑰丽多姿的“小七孔”，足以让人流连忘返。贵州民族文化璀璨独特，布依八音，又称“八音坐唱”，是流传于黔西南地区的布依族民间曲艺；震惊世界的侗族大歌是中国唯一的民间多声部无伴奏合唱音乐，被称为“天堂的和声”；屯堡文化至今仍完整地保存着600多年前的汉族遗风，军屯气息浓厚，尚武之戏演绎至今，当地人称为“地戏”，是戏剧艺术的活化石，曾在巴黎、东京、首尔举行演出，引起强烈轰动。

依托大数据，大力发展信息、科技、通信服务业。2014年以来，贵州数字经济增速持续领跑全国，2018年全省软件和信息技术服务业收入同比增长31.8%；信息服务和软件业务收入同比增长23.4%，高于全国平均5.3个百分点。电信业务总量同比增长165.5%；电信业务收入同比增长10.1%，增速连续23个月排名全国第一。网络零售额同比增长37.9%，电子信息制造业增加值同比增长11.2%，大数据相关产业已经成为支撑贵州经济增长的重要因素。加快发展现代物流业。贵州北连重庆、四川，西靠云南，东接湖南，南至广西，正处西南的中心地带，加快构建布局合理、技术先进、便捷高效、绿色环保、安全有序的现代物流服务体系，形成畅通省内、贯通国内、对接国际的“两轴六廊”物流通道网络和“一主、一次、八枢纽、多节点”的物流节点城市空间布局。2017中国（遵义）国际物流博览会暨全球采购大会在贵州黔北现代物流新城开幕，大会签约总额达到500亿元，签约企业涉及园区管理、电商快递、物流服务、供应链管理、大数据信息、物流金融、农产品贸易等众多领域的知名企业。贵州应加快培育现代物流业，将其打造成贵州现代服务业的重要支柱产业，逐步建立成西南重要物流枢纽和全国区域性物流中心。

4.5.2 以低碳技术为支撑

低碳技术是指涵盖电力、石化、冶金、化工、建筑、交通等部门，在可再生能源及新能源、煤的干净高效应用、油气资源和煤层气的勘察开发、二氧化碳捕集与封存等范畴开发的有效掌握温室气体排放的新技术，能引领能源利用方式进行转变，是实现低碳化发展的关键手段。目前，贵州的低碳技术整体而言还比较落后，以中低端为主，但部分技术已经走在全国前列。

贵州应加大教育投入和实行人才引进计划，加快技术创新，鼓励低碳技术研究、开发和利用。研发工业、农业、林业、能源、建筑、交通等重点领域经济适用的低碳技术，加大对高新技术的专利申请力度，形成知识产权，保护研发者的热情和正当权益。鼓励利用现有政府投资基金，拓宽资金融资渠道，搭建产学研一体化平台，确保企业成为低碳技术创新的投资、开发和受益主体。对低碳技术进行引进、消化、吸收的同时，通过创新形成自己的核心技术和专有技术，对减排效果好、应用前景广阔的关键产品组织规模化生产，加快推动低碳技术进步。定期更新节能减排与低碳技术成果转化推广清单，加大低碳技术推广应用力度。引导企业、高校、科研院所建立低碳技术创新联盟，形成技术研发、示范应用和产业化联动机制。在国家低碳试点和国家可持续发展创新示范区等重点地区，加强低碳技术集中示范应用。

4.5.3 以低碳社会为基础

树立低碳消费观念。政府和各大媒体要加强低碳经济的宣传，在全社会范围内形成低碳舆论氛围，树立低碳消费观念和社会生活方式，提倡公众节能减排、低碳经营、低碳消费，提高全民低碳意识，实现人类与自然的和谐共处、社会的可持续发展。引领公众从生活的点滴做起，鼓励市民减少便利消费，少用一次性制品，购买简单包装的商品，选购绿色食品、绿色产品，减少废弃物排放，逐渐培养低碳生活习惯。同时，加大财政支持力度，消费者购买节能家电、新能源汽车等可获得一定的补贴。通过全民的低碳生活消费，促进低碳社会的建成，推动低碳经济的发展。推行绿色交通。提倡绿色出行方式，对于短距离路程用步行或自行车代替，加强自行车专用道和行人步道等城市慢行系统建设。采用低污染的交通运输工具，在全社会倡导低排放或零排放交通工具的使用，如电动汽车、太阳能汽车、混合动力汽车等。加快推动城市轨道交通、公交专用道、快速公交等公共交通基础设施建设，建立低碳、高效、大容量公共交通系统，强化智能化手段在城市公共交通管理中的应用。推进城际、城市、城乡、农村客运四级网络有序对接，鼓励城市公交线路向郊区延伸，扩大公共交通覆盖面。加强绿色出行宣传和科普教育，开展绿色出行宣传月活动及“无车日”活动，制作发布绿色出行公益广告，让绿色出行成为新风尚。

4.6 本章小结

低碳经济是一种在可持续发展理念指导下，通过技术创新、制度创新、产业转型、新能源开发等多种手段，尽可能减少煤炭、石油等高碳能源消耗，减少温室气体排放，达到经济社会发展与生态环境保护双赢的经济发展形态。发达国家最先开始探索低消耗、低排放、低污染的发展方式，形成各具特色的低碳经济发展模式，如美国的“能源主导型”、英国的“政府引导，市场刺激”、日本的“行为改变型”、德国的“生态工业”。全球低碳经济兴起，以中国为代表的发展中国家也在积极探索适合国情的低碳经济发展模式，其中河北“自上而下”模式、广东“新能源开发型”模式、上海“建设实践区”模式均取得了一定的成果。本章在阐述国内外低碳经济发展模式内涵和特征的基础上，对贵州的低碳经济发展现状从优势、劣势、机遇、挑战四个方面进行了分析，并对其进行 SWOT 矩阵分析，总结提炼出贵州低碳经济的发展框架，最后总结出贵州低碳经济发展模式。研究结果表明：应对全球气候变化的国际低碳经济的大力发展，以及国家和地方支持和鼓励低碳经济发展为贵州低碳经济发展带来新的重大历史性机遇；森林资源、水能资源、煤层气资源、旅游资源丰富，低碳经济发展空间大、成本低，这些得天独厚的优势在很大程度上促进贵州由“高碳”向“低碳”转型发展。然而贵州早期过多地注重 GDP 增长，进行粗放型发展，导致产业结构不合理、碳排放总量大、低碳意识不强等问题，加之低碳技术创新能力弱，这些劣势在一定程度上影响贵州低碳经济的发展。在全球低碳经济普及的背景下，国家支持和鼓励低碳发展，贵州须抓住大好机遇实现跨越式发展，加快健全法律法规，完善相关配套政策，拓宽资金融资渠道。根据上述分析，构建以低碳产业为中心、以低碳技术为支撑、以低碳社会为基础，三者相互促进、协调发展的贵州低碳经济发展模式，并提出实现途径和对策建议，促进贵州低碳经济良好发展。

第5章　碳税和碳交易机制的对比分析及兼容性研究

在全球气候变化和国际气候政治的背景下，节能减排，低碳发展成为世界各国未来发展战略的必由之路。大多数国家纷纷出台相关的碳减排政策，以应对碳排放量过多而导致的气候问题。目前，国际上已有的碳减排工具依据不同的作用范围和应用方式可以划分为四类标准：国际政策工具、国内政策工具、市场化工具和非市场化工具（刘小川和汪曾涛，2009）。国内层面基于市场的经济手段主要包括两种工具：以石化能源的含碳量为计税依据征收的碳税和以碳排放总量控制的排放权交易（孙亚男，2014）。本章将就碳税和碳交易这两种交易工具的模式、机制、模式的兼容性三方面进行对比分析。

5.1　碳税和碳交易模式对比分析

市场化环境政策工具被广泛运用在全球温室气体减排的政策实践中，且在其运用中，碳税和碳交易机制备受关注。然而，各个国家的政策环境不尽一致，使用碳税和碳交易机制控制温室气体排放具有诸多不确定因素，其运行机制也各有不同。

5.1.1　碳税的概念及理论基础

碳税的征收开始于20世纪90年代的欧洲，1990年芬兰对煤炭及其提取物和家庭燃料征收碳税，成为世界上第一个在全国范围内开征碳税的国家（王灼东，2015）。1991年，瑞典实行高税率、多优惠的碳税制度，接着荷兰、丹麦、英国、德国等国家纷纷开征碳税。碳税是指企业排放总量不受限制，依靠政府力量通过对燃煤和石油下游的汽油、航空燃油、天然气等化石燃料产品，按其碳含量的比例征税来实现减少化石燃料消耗和二氧化碳等温室气体排放的目的（曹裕和王子彦，2015），其理论基础主要来自以下四个方面。第一，环境负外部性理论。负外部性又称外部负效应或外部不经济，主要发生于产品的生产环节和消费环节中。在生产环节中，企业排放二氧化碳或污染物到环境中导致环境污染和气温升高，若不为此付出代价和承担责任，就会导致企业在追求经济利益最大化的过程中，肆意破坏生态环境。而解决这一问题最好的办法就是对企业征收碳税。在消费环节中，消费者购买产品时，随意丢弃产品包装或者对环境产生了消极作用的行为，若不为此付出超出产品价值的额外代价，就会造成消费环节中的负外部性，导致消费的外部性失效。第二，庇古税理论。庇古税理论由英国经济学家庇古提出，他认为政府应采取一些经济手段促使环境外部性成本内在化，如以造成严重环境污染的企业或个人征收环境税，造成较轻环境污染或者无污染的企业或个人给予资金补贴的形式对市场进行干预。他在《福利经济学》中，对边际私人纯产值与边际社会纯产值背离的原因进行了详细的分析，他认为政府应该对边际私人纯产值大于边际社会纯产值的部门征税，对边际私人纯产值小于边际社会纯产值的部门给予补贴，通过税收和补贴的形式弥补私人成本和社会成本之间的差距。因此，这种税又被称为"庇古税"。通过庇古的这种观点可以看出，他所看重的是社会效率与公平原则，通过政府征收碳税的手段，达到市场资源最优化配置的目的，以实现帕累托最优（韩国栋，2017）。第三，污染者付费原则，又称 PPP 原则。污染者付费原则顾名思义就是"谁污染谁付费"，从字面意思来看，其和环境负外部性理论所要表达的观点一致，即企业在生产产品的过程中对环境造成污染，企业就要承担相应的责任，付出一定的代价。消费者如果在购买产品进行消费的过程中对环境产生污染，也要为此承担责任、付出代价。但污染者付费原则又和环境负外部性理论有所不同。不同之处在于污染者付费原则不仅适用于对环境造成污染的行为，同时也适用于在自然资源开采、使用过程中对生态造成破坏的行为。相对于环境负外部性理论来说，污染者付费原则适用范围更广一些。第四，公共产品理论。环境是一种非竞争性、非排他性的公共产品，在被消费的过程中，只要不付费者在技术上不能被排除在受益人之外，或者被排除的成本太高，就会存在"搭便车"现象，即他们不需要支付任何价格或成本就能享有与他人相同的权利，就会导致市场对公共产品供不应求的现象，这时就需要政府通过税收手段对市场资源进行合理配置，这样既可以增加政府收入提供更好的公共产品，又可以降低能耗，减轻环境污染压力，实现一举两得的效果。第五，双重红利理论，它是由 Pearce 在 20 世纪 90 年代初提出的，他认为征收的碳税可以带来两种红利，一种是可以改善环境质量，另一种是可以降低其他税率，进而增加就业机会和投资。但是双重红利理论提出至今，学术界对其理论内容仍有争议（苏明等，2009）。

5.1.2 碳交易的概念及理论基础

碳交易是为促进全球温室气体减排，运用市场机制将二氧化碳等温室气体的排放权作为一种商品进行交易的碳减排方式。政府在权衡一定时间内国家的经济发展、环境承载量的实际需求后制定出一个二氧化碳排放总量，并通过发放许可证的形式给各个企业分配排放的额度。企业之间可以根据市场形成的碳排放权交易价格进行碳排放权的交易，即一方向另一方购买二氧化碳的排放额度，从而达到控制碳排放总量减缓温室效应的目标（曹裕和王子彦，2015）。其理论基础包括科斯定理和资源稀缺性理论（田新，2016）。科斯定理由斯蒂格勒根据科斯于20世纪60年代发表的论文《社会成本问题》的内容概括而成，文中阐述只要产权清晰且交易成本为零或较小，那么在交易开始时无论将产权分配给哪一方，最终的市场均衡结果都是有效率的。科斯定理为解决外部性问题找到了解决的办法。随后在1968年Dales以科斯定理为基础提出了排放权交易，界定了排放权的概念，为碳排放权交易奠定了理论基础。人的欲望是无止境的，因此地球上的所有资源对人类来说都是不足以满足其需求的、稀缺的。这就造成了市场上资源的供给与人类无止境的需求之间的矛盾，解决这一矛盾的最有效的方法就是利用一定的手段对资源进行重新配置。而资源配置的方式有两种：一种是基于市场的自由配置，另一种是政府通过行政手段对资源市场进行干预。相比于后一种配置方式，基于市场的碳排放权交易也能对企业的碳排放量起到约束作用，做到“谁污染谁治理”，进而提高环境质量。碳排放权的基本思想是将碳排放权视为一种商品，利用限额交易，通过市场公开交易的形式，以较低的成本实现碳排放权的重新分配。其基本操作形式是各国根据本国的实际国情指定一定时期内的二氧化碳总配额，并依据该国碳排放分配规则进行初步分配，企业获得碳排放额之后，可以根据自身实际情况决定是否出售多余的碳排放额，或者购买分配额度之外的配额。这样出售碳排放额的企业可以从中牟利，购买碳排放额的企业可以避免因碳排放量超标而被罚款。碳交易政策是重要的碳减排机制之一，目前从全球来看，2005～2013年全球碳交易量从7亿t变为101亿t，增长了近14倍，碳交易额呈现出先上升后下降的态势（曹裕和王子彦，2015）。碳交易体系和碳税制度一样也是从欧洲开始实行的，目前为止，欧盟碳交易体系最为健全，规模也最大。我国在2013年6月开始建立碳交易试点，先后在深圳、上海、北京、天津、广州等城市启动碳交易。发展至今，我国的碳交易规模仅次于欧盟，已成为世界第二大碳交易市场（韩国栋，2017）。

5.2 碳税和碳交易机制比较分析

碳税和碳交易机制都是为了控制碳排放而制定的政策措施，它们具有相似的经济学原理，均是通过将碳排放的外部成本内部化来对企业和消费者的决策产生影响。但两者在机制比较方面存在以下几方面的差异。

5.2.1 实施对象

首先是在征收对象上的不同，碳税是针对在生产过程中需要使用石油、天然气等化石燃料的燃烧作为动力来源的部门或企业；碳交易由于核算方法较严格，参与主体主要为大中型企业，我国目前只针对电力行业企业开放碳交易。其次是在征收环节上的不同，碳税征收主要是针对化石燃料的一次消费环节，这是因为二氧化碳的排放主要在第一次购买单位；而碳交易则是企业根据自身碳排放目标及预算进行自主交易。

5.2.2 监管主体

碳税直接纳入国家税务征收系统，即由税收管理权力机构直接征收，我国的碳税由国家税务总局直接征收，监管力度较强；碳交易则是由市场第三方核证机构，如核证减排量交易市场认证，其监管力度没有国家税务总局的监管力度强。

5.2.3 减排成本

由碳税和碳交易的概念可知，在比较两者成本差异时，根据其所涉及的主体，可以将其分为政府政策实施成本和企业减排成本。对政府来说，碳税属于税收中的一种，具有和税收相同的特点，即固定性、强制性和无偿性。其中，固定性是企业在生产初期就可以预测自身的减排成本，制定出更加合理的减排方案。在碳交易中，市场决定了碳交易价格，而碳交易价格又受市场行为的多样性与不可预测性影响，从而不可预测。就成本而言，碳税只是国家征收的所有税种的一部分，所以征收成本不是很大。健全的碳交易市场有利于碳交易的实施，由于碳交易体系包含金融、环境等领域，制定相关的碳交易结算清算机制与监管机制，需要政府各部门之间和多方的协调与配合，这些都需要成本来运营。所以，碳交易相比碳税需要的成本更大些。

5.2.4 减排效果

和碳交易市场相比，碳税的减排效果要强一点，监管也更加规范。据丹麦能源署发布的数据，整个能源业的二氧化碳排放量呈减少的态势，从 1990 年的

5270 万 t 减少到 2005 年的 4940 万 t（宋伟健等，2015）；日本碳排放量在 2009 年降至 12.06 亿 t，比未实施碳税时降低 11.58%，比《京都议定书》规定的 1990 基准年度的 12.34 亿 t 降低了 2.27%。另外，日本政府利用碳税所得对新能源环保技术进行补贴，促使其开发和推广。而且在各方面的相互作用下，日本在太阳能、风能、智能电网等的开发技术和应用技术方面成为世界的领导者。它提高了日本能源密集型行业的国际竞争力，还有效地节约了能源资源（刘家松和张志红，2016）。而在碳交易体系下，碳排放配额是各国政府根据历史排放数据、减排目标及理论量化计算得出的，其总数量是固定的，加上市场是平衡的，所以总的排污量也是固定的。这样就能通过约束碳排放量倒逼能源结构升级。

5.2.5 监督效果

一个体系能否顺利运作离不开有效的监督和约束机制，碳交易体系也是一样。监督机制和约束机制的不健全会影响碳交易体系的碳减排效果。当前缺乏一部对碳交易有强制约束力的国际法，如何保证各国在碳交易限额进行初始分配后如实履行减排义务是一个共同问题。碳减排行动的实施对各国而言成本高昂，会削弱其产业竞争力，因此部分国家可能出现瞒报或毁约等情况，如美国在 2001 年宣布退出《京都议定书》协议。因此，应建立一种具有强制约束力的国际法，这些法律一方面赋予各国争辩权以维护自身利益，同时也对各国实施减排义务进行监督，如果某个国家没有按照协议指定的碳减排履行自身义务，就可以对该国家进行制裁，督促其实施减排措施。即使各国政府愿意实施减排，其能否将实际排放量控制在限定范围内仍是未知数，因为其受制于国家法律体系是否健全，政府的执行情况如何，检测技术是否先进，以及排放数据是否真实等。如果碳排放交易缺乏一系列监测和评价机制，实际的减排效果会大大减弱。碳税的实施是一个国家在本国实施的多种税种的一种，像其他税种一样，其实施过程具有较高的透明度，有固定的税率使碳税成本便于计算，以及完善的税收监督机制便于公众监督。即便如此，某些国家在碳减排实施过程中仍存在监管缺陷。例如，瑞典在 1991 年不仅引入碳税，还将能源税减少了 50% 来抵消碳税对企业的影响。

5.2.6 对未来的适应性

碳交易体系设计僵化对未来的适应性较差，减排效果易受未来不确定性的影响。例如，《京都议定书》在 2005 年签订协议起，就规定了参与国 2020 年碳减排量，但其忽略了各国在 2005 ~ 2020 年的工业化进程。根据历史和当下的碳排放量来预测未来的碳排放额，势必会导致某些国家碳排放额过少，约束其经济发展，某些国家碳排放额过多，造成资源浪费。此外，适应性差也表现在碳排放额度的时间分配上，各阶段限额的最优分配与各阶段的经济发展状况及技术水平密切有关，政府不可能准确地制定当前的分配计划。再者，适应性差还体现在定额标准的实现上。期末碳排放量受经济增长率、技术进步等不确定因素的影响，而这些因素到期末才有所体现，所以这时才能准确地理解碳排放量。对未知的未来限定碳排放额在一定程度上限制了未来的某些行为，会影响经济发展的速度和水平的提高。碳税制度与碳交易相比，更具灵活性和适应性。碳税由政府的征收部门直接管理，可依据实际变化或自身需要灵活调整碳税的征收对象、税率及税收减免等情况，这一特点能提高碳税的适应性，增强实施效果。

5.3 碳税和碳交易模式的兼容性分析

从理论层面上讲，在充分竞争、信息全面的市场中，碳税和碳交易在减排效果上并无差异（Weitzman，1974），所以在早期，学者们都只是对碳税和碳交易的替代性方案进行分析，而不是互相补充思路。从实施的实际情况来看，基于庇古理论的碳税和基于科斯定理的碳交易会受到诸多限制性因素的影响，进而在实践中的减排效果被削弱。这是因为碳交易通过限定碳排放量的总额创制出碳排放权的“稀缺性”，赋予碳排放权经济价值，进而在减排主体之间形成市场，使减排主体能够参与到碳市场激励体系当中，从而减少二氧化碳的排放，提高环境质量。相比碳交易，由于地区不同，边际个人成本和边际社会成本也不尽相同，所以碳税税率的设定需要因地制宜地将边际个人成本和边际社会成本之间的差异考虑周全。碍于这种差异的存在和信息的不对称，想要在减排初期就精确地预测碳减排总量进而设定碳税税率几乎是不可能的。

当企业预估到通过碳交易会导致其减排成本过高时，将会选择多缴税的方式以换取更多的排放额度，造成税收增加实则减排效果不佳的假象。碳交易限制了碳排放总额，利用配额价格的变化来反映减排成本的变化，造成减排成本具有不确定性。此外，碳税和碳交易的减排效果不仅受经济效率的影响，还受部门之间的行业竞争与收入分配问题的影响。从实际减排成本来看，碳税和碳交易的减排效果并未达到预期的那样明显，出于单一政策解决单一问题的思路，并且考虑经济、效率和必要性等因素，以实际情况为依据，能否将两者兼容并蓄，使两者相互补充，优化减排机制，达到更好的减排效果是值得研究的问题。因此，在低碳减排背景下，我国学者对能否将碳税和碳交易结合起来使用，从而更好地降低我国碳排放量的问题进行了分析。许光（2011）认为应联合运用碳税和碳交易，这样才能有效规避环境问题；王慧和曹明德（2011）认为碳税更适合我国；赵骏和吕成龙（2013）则认为碳交易更适合我国。

基于国内学者对碳税和的碳交易讨论及碳税和碳交易在实践中的不足，根据不同的理论和运行机制，将碳税和碳交易相结合，形成一种低碳减排制度创新的方式。但两者在运行机制、核心设计、减排效果等方面能否兼容有待商榷。此外，将减排目标分为绝对减排目标和相对减排目标，在两个目标下，碳税和碳交易的运行机制和社会成本也存在许多差异。单纯以减排目标为导向，通过环境政策工具进行简单算法积累，但未对相关性和适用性进行制度设计是否有助于解决问题还有待讨论。因此，本节将分析碳税和碳交易在不同减排目标下的兼容性。

5.3.1 绝对减排目标下的碳交易与碳税

绝对减排目标是减少全部碳排放额，用具体的排放数据来计算碳排放总量，通过每个碳排放主体的减排来实现减少碳排放总额的减排目标。从短期来看，在碳税的额外调整基础上，部分减排主体会通过提高能源利用技术并加大资金投入，或者减少生产规模来达到减少碳排放的目的。但是由于碳排放总额保持不变，当配额供大于求时，碳交易价格下降，当供小于求时，碳交易价格上升。基于此理论，其他减排实体可以根据自身实际碳排放水平购买这些限额，补充额外的碳排放量来增加收入。碳税也没有降低碳排放总额，从长远来看，通过征收碳税来减少碳排放并没有限制未来的碳排放量。碳税能否克服市场失灵并推动减排技术研究还有待观察。其理想模式是将配额价格内生化到未来的总排放量的预测当中，当下最成功的案例就是美国将二氧化硫交易价格内生化。因此，在碳交易的基础之上制定配套政策，推进未来设定更严格的减排目标是十分必要的。

5.3.2 相对减排目标下的碳交易与碳税

相对于绝对减排目标，相对减排目标更具灵活性，可凭借税收、产出值等因素，将碳排放量与减排目标构建比例互动关系，确保经济的增长不会受减排的影响。由于温室气体排放量不断增加导致全球气候变化，而相对减排目标没有降低碳排放总量，所以相对减排目标下碳减排效果不明显。但不同的国家或地区的经济发展水平和产业结构不同，相对于发达国家，发展中国家选择相对减排目标更符合自身发展需要。

由于未设定固定的碳排放限额，加上减排目标也具有动态变化性，相对减排目标不会像绝对减排目标那样超出碳排放量限额。在碳税的调节下，一些未达到完全排放量的减排主体并不能像绝对减排目标一样将碳排放剩余额出售给超额排放的主体。另外，碳税的征收也会促使减排主体降低碳排放量，制约其肆意排放，因此碳排放量会相对减少。和在绝对减排目标下相比，虽然在相对减排目标下碳税和碳交易的联系和互动，但其在追求低碳减排目标方面具有兼容性。

综上所述，基于不同的减排目标，碳税和碳交易模式的兼容性是有差异的。在绝对减排目标下，碳税和碳交易的减排效果总体上较差，基本上不具有兼容性；但是在相对减排目标下，两者能兼容并蓄，达到降低碳排放总量、提高环境质量的目的。

5.4 本章小结

本章就碳税和碳交易机制、模式及模式的兼容性进行了分析。首先对碳税和碳交易的概念及理论基础进行了归纳梳理；接着对源于庇古理论的碳税和基于科斯理论的碳交易的实施对象、监管主体、减排成本、减排效果、监督效果和对未来的适应性进行了比较分析；最后对碳税和碳交易模式在不同减排目标下的兼容性进行了分析。研究结果表明：碳税和碳交易在实施对象、监管主体、监督效果、减排成本、减排效果和对未来的适应性上存在一定的差异。在绝对减排目标下，碳税和碳交易是不兼容的，但在相对减排目标下，两者能够达到兼容并蓄，降低温室气体的排放，进而提升环境质量。

第6章　低碳城市与智慧城市交互发展研究

2008年11月，IBM公司在纽约召开的外国关系理事会上，发表了“智慧地球：下一代领导人议程”的主题演讲，首次提出“智慧地球”的概念，主要包括智慧城市、智慧医疗、智慧交通、智慧电力等方面。智慧城市作为智慧地球战略的重要组成部分，是一种运用物联网、云计算、大数据、人工智能、区块链、空间地理信息集成等新一代信息技术，促进城市规划、建设、管理和服务智慧化的新理念和新模式。智慧城市的构建以低能耗、低污染为目标，以信息化、网络化为基础，是城市实现低碳转型的关键一步；低碳城市的发展需要减少碳排放，转变居民消费和生活方式，这与智慧城市的建设任务具有一致性。未来城市将以低碳化和智慧化为发展趋势，促进低碳城市和智慧城市交互发展，进而提升城市治理和服务水平。

6.1　智慧城市视角下的低碳绿色城市建设研究

智慧城市是一个系统工程，涵盖了城市的产业、交通、环境、民生、行政治理、防灾减灾、信息共享等诸多系统，其概念为科学建设低碳绿色城市提供了崭新的思路，以智慧系统为黏合剂，将低碳、环保、绿色、人文等理念纳入城市建设的全过程。智慧城市能够提供全新的技术支持，提升产业排放、能源利用、交通出行等方面的智能发展，尤其是可以融合城市规划建设的详细应用，将绿色、智慧和规划完美结合，从而有助于实现低碳绿色发展，探索新型城镇化发展道路。

6.1.1　智慧城市对绿色低碳发展的促进作用

1）智慧城市的设计包括绿色低碳发展。“智慧城市”一经提出便引起人们的广泛关注，随着城市发展面临环境污染、资源紧张、交通拥挤等诸多挑战，早期以智能化和技术化为主的智慧城市的内涵得以延伸，涵盖绿色经济、可持续发展，其中绿色低碳是最重要的目标之一。辜胜阻和王敏（2012）认为，发展智慧城市可以促进城市经济、社会和环境的协调可持续发展，缓解“大城市病”；仇保兴（2013）从城市的实际问题出发，创建“一城一策”智慧方案，并将智慧城市粗略分为节能减排型智慧城市、政府管理绩效型智慧城市、减灾防灾型智慧城市，以及治理城市病型智慧城市等；Vanolo（2013）认为智慧城市是一种高效且技术先进的，融合了绿色和社会发展的新型城市；Ferrara（2015）认为智慧城市不应局限于信息技术的概念范畴，还需包括更为合理地利用资源和更低的碳排放水平；Yigitcanlar（2017）认为智慧城市是为生态、社会、经济和管理提出技术解决方案的城市。我国同样注重智慧城市与绿色低碳城市的融合发展。沈阳运用智慧技术和绿色科技，发展生态城市循环经济，打造“生态沈阳”，降低经济活动对自然环境的影响程度。南京提出“智慧南京”构想，从医疗、交通、电力三大方面入手，设计智慧解决方案，推动城市绿色新经济增长。上海借助世界博览会契机，注重低碳理念、低碳技术、低碳设备的利用和推广，并将智慧城市最新的信息科技率先应用于整个园区的管理、服务、安防和交通等各个环节。深圳从科技、人文、生态三个方面加快构建城市发展的智慧环境，打造新时期的智慧城市。

2）智慧城市的信息化成为绿色低碳发展的重要内容之一。信息化是合理开发信息资源，充分运用信息技术，促进信息交流进而实现知识共享，拉动经济增长，以及促进经济社会转型发展的历史进程。信息化作为智慧城市发展的基础，能提供全方位的支持服务，提高智慧城市建设方案的科学性，促进智慧城市的发展。网络交换中心、信息共享与数据交换中心、数据与数据仓库存储备份中心、运行管理中心和安全管理中心等的功能在智慧城市建设过程中必不可少，可以提供更加全面准确的参考依据，不断提升城市化水平。

信息化是智慧城市建设的重要特征，同时日渐成为绿色低碳发展的重要组成部分。智能高效的信息技术能够使城市的运营和管理达到最优状态，减少无谓的能源消耗。信息通信技术可以通过改造传统产业、提高能源利用效率、宣传低碳理念来促进城市节能减排，实现低碳发展。一是搭建信息平台，发展低碳农业。当前我国农业经济的发展面临资源和环境的约束，将农业与第三产业相结合，构建农民、物流、市场三者之间的信息平台，整合运营资源，发展低能耗低污染的绿色农业经济。二是利用信息化建设绿色电网。2009 年“中国智能电网与信息化高层论坛”在北京召开，百余位专家学者提出加快构建适应低碳经济发展的绿色电网。改变传统的“电—输电—配电—用户”运作模式，建立减少排放、提高能效的新型运作模式，实现电力流、业务流、信息流的高度融合。三是设立低碳生活信息沟通系统。公民不仅自身要热衷于节能减排，还要积极宣传和倡导低碳生活和消费方式，带动更多的人提高低碳意识，自觉加入低碳行动，使社会生活逐渐低碳化。

6.1.2 智慧城市视角下的低碳绿色城市建设

随着中国城市化进程的不断加快，自然资源短缺和生态环境脆弱等现象日益凸显，制约城市的发展。低碳绿色城市发展模式成为城市建设的必然趋势，然而传统的低碳城市建设随时间的推移，暴露出一些问题，不利于城市可持续发展。引入智慧城市建设，有助于解决传统低碳城市建设中难以解决的问题，分析智慧化低碳绿色城市的优点，进而提出智慧城市视角下低碳绿色城市建设的对策。

（1）传统低碳绿色城市建设中的问题

1）片面贪大求全，建设目标不明确。一些地方政府提出“低碳城市”的建设目标，很大程度上是盲目跟风，往往缺乏科学的规划，投入巨资建设大项目来彰显成效，过分追求示范效果，而忽视城市系统功能的完善，造成资源浪费。

2）不考虑本地实际，特色不鲜明。照搬其他城市绿色低碳建设模式，不考虑自身发展特点，未将自然条件、历史文化与当地实际情况结合，缺乏创新性，地方特色不够明显，以致各低碳绿色城市之间建设风格过于趋同。

3）信息不互通，资源难以整合共享。构建低碳绿色城市是一个多维度的综合设计，需要将城市运行的各个核心组成部分密切联系，如交通管理、公共事业、生态环境管理、市政基础设施等部门，各方携手统筹规划。然而各职能部门之间连接方式复杂，信息较难互联互通，无法将有限的资源实现最大化利用，且工作协调难度大。

（2）智慧化低碳绿色城市的优点

1）促进产业结构升级，实现可持续发展。借助智慧城市平台，运用物联网、大数据、云计算、区块链、人工智能等诸多新一代前沿技术，全面促进与这些技术相关的设备制造等产业进行结构优化，推动传统产业升级、培育新型产业集群。带动城市经济发展的动力由高污染、高排放、高能耗产业转移为以信息技术为依托的新兴产业，实现更多的资源共享，提升行业之间的合作效率，为行业创新奠定基础，推动绿色经济发展。

2）加强信息互通，提升科学管理水平。智慧化低碳绿色城市的规划、设计、建设是一个系统性工程，通过互联网等技术可以极大提高信息收集、处理、分析的能力，全面感知城市运行中各类信息的变化，进一步促进信息的完整性和共享性，使资源配置更为合理，推动各核心系统全方位联动与高效协作，提升城市各职能部门的科学管理水平。

3）以人为本，提高民众参与度。智慧化低碳绿色城市的实质是应用先进的信息技术，实现智慧式城市管理与运行，以民生为核心，提升城市的服务水平，为居民创造更美好的生活。通过收集各行各业的关键信息，对公共交通、公共安全、商业活动等方面做出智能响应，满足人与人、人与物、人与社会的各种需求，提高民众对城市管理的参与程度，逐步建设一个比较完善的智慧化低碳城市。

(3) 智慧城市视角下低碳绿色城市建设的对策

1）认识智慧化低碳绿色城市的本质，以实际需求为导向进行建设。深刻把握智慧化低碳城市的内涵和特征，协调经济、社会、环境之间的关系，厘清城市建设重点，不以高成本为代价也不破坏其他区域的利益，重视低碳经济发展的同时加强对生态环境的保护。政府作为智慧化低碳绿色城市建设的主导，应明确建设目标，科学规划与设计，根据本地的实际情况进行建设，突出地域特色，避免单纯追求政绩而打造形象工程。还应重视市民对智慧化低碳项目的感受和反馈，对已建成的项目进行优化和改进。

2）加强统筹规划，避免出现“信息孤岛”。首先，推进部门之间信息互通联通，简化各系统、各行业间的连接方式，加强纵横方向的信息沟通交流，提高工作效率，为城市建设管理提供正确的行动导向和及时的偏差纠正。其次，针对时间和空间两个维度构建指标体系，时间维度即依据规划蓝图和实施过程，制定阶段性目标；空间维度则是结合区域特点，设计不同的指标体系，满足各区域的发展要求。最后，做好项目之间的评估比较，对城市建设涵盖的领域、特征等进行层次化、具体化的统计描述和综合评价。

3）完善保障机制，激发城市活力。智慧化低碳绿色城市的建设，要充分考虑自身条件、资源禀赋和技术水平，创造性地因地制宜制定发展政策，避免城市建设标签化。完善立足于长远发展的保障机制，建立激励和联动协调机制。健全城市建设法律法规，保证规划设计方案的有效实施和控制，提高方案执行效率。落实好各职能部门的分工与协作，明确建设任务和内容，以突出地区优势，提升城市建设活力。

6.2 以绿色低碳发展为导向的智慧城市建设

社会生产力的发展，是城市产生与发展的基本动力。城市的出现，是人类走向成熟和文明的标志，也是人类群居生活的高级形式。2010 年上海世界博览会的主题“城市，让生活更美好”，应当成为每个城市未来发展的方向。未来城市应倡导低碳、节能、智能、便利，倡导人际关系、人与自然关系的和谐，使每位市民都能充分享有现代文明带来的丰硕成果。低碳发展是以低能耗、低污染、低排放为特征的可持续发展模式，有利于构建资源节约型、环境友好型社会，达到人与自然和谐共处。低碳发展是凭借一种新的方式带动经济的增长，进而实现高质量、高效益的发展，它限制的不仅是粗放式、奢华式发展，还有不合理的需求。走低碳发展道路，不仅是为了应对气候变化，更是为了国家和人类的长远可持续发展。智慧城市的建设可以有多条路径选择，但最终一定是实现社会和环境的可持续发展，而走低碳之路是其中最为重要的选择。低碳发展能使生产转向集约高效的同时减少对环境的负面影响，使现有的资源得到更合理的利用，令城市生活更加高效、智能、便捷。

6.2.1 绿色低碳发展对智慧城市建设的促进作用

1）低碳发展是建设智慧城市的有效途径。低碳发展一方面能够推动经济发展方式的转变，另一方面可以引起社会治理和人们思想观念的深刻变革，进一步形成低碳社会。城乡一个个低碳“细胞”是低碳社会的基础，涵盖低碳社区、低碳企业、低碳乡村、低碳家庭等，如果每个“细胞”均能达到低碳水平，则能够实现可持续发展。我国不仅是人口大国，还是生产和生活废弃物排放大国。从一定程度上说，废弃物分类资源化利用关乎生态文明建设与社会进步的进程。废弃物减量化和资源化利用，能够产生极大的环境、经济和社会效益，是低碳社会的新兴产业，也是建设美丽中国的基础性产业。走绿色低碳发展之路，可以促进城市的和谐、可持续成长，也是推动智慧城市建设迈出新步伐的有效途径。

2）低碳发展为智慧城市奠定良好的基础。低碳信息平台，是构建一套覆盖全区域的集数据采集、传输、汇总、储存、综合利用和形象展示于一体的低碳能效运行管理信息平台。该平台通过信息化手段对区域能效进行全面采集和实时监测，使区域能源信息可报告、可监测、可核查、可评估。为城区绿色低碳建设提供示范，为能源使用与碳排放的数字化管理提供支撑，提高企业和公众的节能环保意识，进而为全面落实智慧城市建设奠定基础，提高城市发展水平。

3）低碳发展促进智慧城市建设目标的实现。智慧城市总体目标以科学发展观为指导，充分发挥城市智慧型产业优势，集成先进技术，推进信息网络综合化、宽带化、物联化、智能化，加快智慧型商务、文化教育、医药卫生、城市建设管理、城市交通、环境监控、公共服务、居家生活等领域建设。当前我国正处于城镇化深入发展的关键时期，自中央经济工作会议提出要大力发展“集约、智能、绿色、低碳”的新型城镇化发展道路的“八字方针”，走低碳绿色道路成为今后助力新型城镇化发展的重要任务和发展方向。绿色低碳发展可全面提高资源利用效率和市民的生活质量，改变传统落后的生产方式和生活方式，建设一个基础设施完善、生态环境优美、惠及全体市民的城市，促进以科学发展观为指导的智慧城市建设目标的实现。

6.2.2　绿色低碳发展引领智慧城市建设

推进绿色低碳发展有利于优化能源结构、促进产业结构转型升级、推动经济增长方式转变、培育可持续竞争力、改善生态环境质量，能够为智慧城市的建设提供诸多关键要素，创造更美好的生活环境，让城市更有活力。

1）优化调整产业结构和能源结构，促进城市经济循环低碳节能。产业结构实现低碳化发展是建设智慧城市的必要条件。推进低碳发展，必须降低高能耗、高排放、高污染产业的比例，提高低消耗、低排放、低污染产业的比例。这也正是产业结构转型升级的方向，第一产业和第二产业要向第三产业转移，逐步形成以农业为基础、以高新技术产业为先导、以基础产业和制造业为支撑、服务业全面发展的产业格局。我国正处于以重化工业快速发展为主要特征的工业化中后期阶段，GDP 增长中第二产业增长最快，而第二产业中高耗能产业占比较大，碳排放量高。大力推进经济附加值高、“低碳”的高新技术产业和现代服务业发展，尤其是“互联网+”产业、生物产业、智慧旅游产业、数字创意产业，寻找新的经济增长点，促进现代城市经济循环低碳节能。

改善以煤炭为主的能源结构。降低化石能源消耗，提高可再生清洁能源比例，实现能源结构多元化，发电方式多样化，降低二氧化碳、二氧化硫、氮氧化合物、烟尘颗粒物的排放。加快发展水电，积极发展核电，大力发展新能源。水电是一种经济、清洁的可再生能源。水电的能源属性使水电的开发成为常规能源的优先发展方向，开发水电是实现质效利用的重要途径之一，对于建立可持续发展的能源体系至关重要。核电不仅具备经济效益，并且具有环保优势，是未来实现可持续发展的有效手段之一，核电有利于缓解全球化石燃料供应紧张，遏止温室效应。研究开发风能、太阳能、地热能、海洋能、生物质能等新能源，逐渐减少城市生产和生活对化石能源——石油、煤炭的过度依赖。同时，注重能源的开发与保护，维持新能源的可持续利用。

2）推进城市低碳化转型，为智慧城市建设提供有力保障。城市发展面向低碳化转型是改善生态环境和缓解资源约束的有效途径，也是智慧城市发展的基本保障。首先，积极探索绿色低碳发展体制机制创新，建立鲜明的绿色低碳发展政绩导向。在健全绿色低碳发展绩效评价考核问责机制方面，出台具体的可操作性强的考核办法，着力推动经济高质量发展、社会绿色低碳转型。其次，推广绿色低碳建筑，加大建筑节能力度。结构节能广泛采用热缓冲层技术、自然采光通风技术、能量活性建筑系统、混凝土楼板辐射储热蓄冷系统、光电幕墙与光电屋顶一体化技术等，分别达到保温、隔热、供电的节能效果。开源节能尽量减少常规能源的供应，加强可再生能源的开发利用，达到蓄能、变换、稳压、稳频、联网、时控等要求。用电节能是通过对用电负载的合理调控，达到增效、降耗的要求，以节省能源。用电节能要先改善供电质量，减少谐波成分，调整功率因数，然后对照明系统、动力系统、空调系统进行合理调控。最后，培养绿色出行方式，加快建设城市轨道交通、快速公交和微循环社区巴士，实施新能源汽车地方补贴、停车收费减免、不限行不限号、启动专用号牌等鼓励政策，让绿色出行成为市民最便捷的选择。

3）加大科技创新力度、支撑引领智慧城市建设。发挥科技在智慧城市建设中的支撑引领作用，加大科技创新力度，推进智慧城市建设，让城市生活更美好。一是强化科技项目实施，瞄准智慧城市建设中重大科技需求，在区块链、云计算等新一代信息技术领域，组织实施重大项目。二是加快产业技术创新联盟建设，突破共性关键技术，促进智慧城市服务模式创新。三是推动科技成果在智慧城市中的集成应用，助力云计算、大数据、物联网、互联网、3S 技术、信息安全等方面科技成果与城市对接，科学引导智慧城市建设。四是以科技创新助推城市转型升级，提高城市治理能力现代化水平，全面构建智慧城市。

4）加大人才培养力度，为智慧城市建设提供强大的智力支持。加快智慧人才的培养，为智慧城市建设提供强大的智力支持。建立人才培养体系，开展智慧产业从业人员多渠道、多形式、分层次、分类型的再培训、再教育；鼓励社会组织、行业协会、企业和个人以各种形式支持高端人才发展，形成多元化人才投入机制和经费保障机制；促进校企联合，建立各类智慧人才教育培训基地；加强智慧城市高层次人才队伍建设，营造智慧人文环境。实现人才培养从“量”到“质”的飞跃，将人才作为关键要素，顺利实现智慧城市建设和发展目标。

6.3 低碳城市与智慧城市交互发展

建设低碳城市和智慧城市都是人类发展到一定阶段的产物，是构建生态文明的本质要求，两者皆为实现更美好的生活，使城市实现可持续发展。随着城市化进程的加快，智慧城市和低碳城市的结合成为城市化建设的必然选择。低碳城市涵盖低碳交通、低碳建筑、低碳生活等方面，这些也是智慧城市建设的主要内容。智慧城市包括便捷、高效、绿色、低碳、安全等相关理念，对它的构建是城市建设向低碳化方向发展的重要环节，能够提高低碳效率，为低碳化发展提供规划、设计、解决方案。两者具有内在的一致性，致力于政策支持、科技创新、资金保障、人才体系建设，推进智慧城市和低碳城市的交互发展。

6.3.1 低碳城市与智慧城市的共生基础

“共生”概念由德国生物学家德贝里提出，原意指两个或者两个以上的共生单元，在一定的环境中按某种共生模式形成的关系（胡晓鹏，2008）。之后，共生理论逐渐渗透多个领域，在20世纪90年代被我国学者引入经济管理领域，这一理论的应用为低碳城市与智慧城市的研究提供了新思路。

信息通信业是低碳城市与智慧城市共生的实践基础，它是以现代信息通信网络为基础，以现代信息通信技术为手段，提供信息收集、加工、传递和信息平台建设的制造及服务产业，主要包括软硬件生产及相关服务业、通信服务业及通信设备制造业。在不断融合发展的过程中，信息通信业形成了独特的低碳智慧性，由固定通信到移动通信再到互联网通信的变化，逐渐实现信息产品融合、信息媒体融合、信息产业融合，能够为智慧城市搭建综合信息管理平台。信息通信业在与传统产业融合的过程中，通过改造生产流程等方式降低能源消耗，引领城市低碳化发展。因而，低碳城市和智慧城市存在共生关系。

6.3.2 低碳化与智慧化的交互

1）低碳经济与智慧能源。低碳经济是一种实现经济社会发展与生态环境保护双赢的经济发展模式，发展低碳经济是应对全球气候变化的有力手段。我国追求的城市低碳经济的核心是转变能源结构和提高能源利用效率，而智慧能源系统的推广应用能达到此目的。广义的智慧能源系统，是指基于“互联网+智慧能源”的一种泛在能源网络系统；狭义的智慧能源系统，是指包括微电网、泛能网、智能电网和能源互联网在内的多组态能源表现形态，也是一种具有多源、互动、自主、协调四大特征的物理能源网络系统。

智能电网是智慧能源系统的重要组成部分。智能电网是以物理电网为基础，将先进的传感测量技术、通信技术、信息技术、计算机技术和控制技术与物理电网高度集成而形成的新型电网，它能充分满足用户对电力的需求和优化资源配置，智能电网支持城市资源的高效利用。智能电网辅以通信平台的建设，辅助城市神经网络实现了城市资源的高效利用。电力通信平台不仅可以为电力行业提供服务，涉及电能生产、传输、转换和消费的整个过程，还可以服务于其他行业的信息通信需求。电力光纤到户还能有效地承载电信网络、广播电视网络和互联网信号，促进“三网融通”，通过资源共享，减少冗余建设，实现合作共赢。智能电网助力城市发展清洁低碳。智能电网通过发展电动汽车、清洁能源并网等项目，实现了电源侧的清洁能源替代和终端侧的电能替代，增加清洁电能在城市能源消费系统中的份额。为了使用清洁能源，智能电网一是实施特高压、大型风电、光伏发电功率预测和运行控制等建设，提高电网对清洁能源的吸收能力，不断将那些远离城市的清洁能源输送到城市；二是通过发展分布式能源项目，连接配网，实现局部能源平衡。

传统的发电一般都是火力发电和水力发电，而光伏发电、风电、地热发电等新能源发电，很难和传统电网相连接。智能电网可以改变这一现状，简化新能源发电入网的过程，通过完善互联标准，多种发电和储能系统将容易接入，实现“无缝接入，即插即用”。光伏发电、风力发电、电池系统、插电式混合动力汽车、燃料电池等各种容量的发电和储能设备从小到大都可以在所有电压级别实现互联，这有利于城市构建可持续的清洁能源供应体系。

2）低碳交通与智慧交通。低碳交通是推进公共交通优先发展的战略之一，也是建设低碳、高效、大容量公共交通系统，推广慢行交通系统，倡导绿色出行。发展低碳交通，要深化“公交城市”创建，加大新能源和清洁能源车辆推广力度。智慧交通是要建设交通基础数据库，完善顶层设计，进而提升数据信息资源交换共享能力。它能确保高速公路通信网络信号全覆盖，推进高速公路不停车移动支付系统建设，推进公路智能化养护管理应用试点建立。

低碳智慧交通是城市高质量发展的题中之义和必然方向，真正实现智能出行、低碳出行、绿色出行、便捷出行。低碳智慧交通的重点是搭建由城市公共交通系统和步行、自行车系统构成的绿色交通网络系统，鼓励市民选择公共交通和自行车、步行等无污染的交通方式，并利用传感和通信技术实现互联，提供立体出行服务。在公共交通服务方面，随着智慧交通系统的使用，市民可以不受时间和地点的限制，通过短信或软件购票，节省往返所需的时间和路程，减少交通拥堵，确保出行畅通。更多的人选择公共交通，极大促进城市环境的低碳可持续发展。

3）低碳建筑与智慧建筑。低碳建筑是指在建筑材料、设计施工和建筑物使用中减少化石能源的使用，从而提高能效，减少二氧化碳排放量的一种建筑。低碳建筑的出现已经成为全球可持续发展的重要任务，逐渐成为建筑界的主流。上海世界博览会的零碳馆是中国首座零碳排放公共建筑，零碳馆不仅使用传统的太阳能和风能实现能源自给自足，还使用黄浦江水，利用水源热泵作为住宅的自然空调，并将餐厨剩余物降解成生物质能用于发电。每栋房屋的屋顶都配有 11 个彩色风帽；住宅南侧的墙壁被镂空，以便采光，北侧的墙壁设计为斜坡，坡顶安装能够启动的太阳能光伏板和热电板；还有一种名为“景天”的半肉质植物种于坡顶，其能有效防止冬季室内热量流失。

智慧建筑是现代通信技术、计算机技术、自动化控制技术、图形显示技术、大规模集成技术等先进技术在现代综合管理系统作用下与建筑技术的完美结合，旨在向人们提供一个高效、舒适、便利的建筑环境。智慧建筑是在建筑物内部实现按需供能、自动调控，降低各类设备的能耗，延长其使用寿命，提高效率，打造智慧建筑是推动建筑节能减碳的重要手段。楼宇自控系统能够全面监控整栋建筑内的设备和环境，保障设备自动运行和调节，通过集中监测和遥控中央空调、给排水、供配电、照明、电梯等系统，达到利用效率最大化。智能照明系统可以结合人员侦测感应和日光传感器，实现人体感应控制、光线感应控制、定时控制、场景预设控制等，实现从原有光控声控系统向局部感应区域的转变，当有人进入区域时，传感器装置将参数上传到控制系统，自动调节室内照明；当区域无人时，照明会自动关闭，并引用自然光来减少能耗，实现建筑物的绿色节能。智慧建筑是智慧城市建设的重要支撑，未来的智慧建筑将集低能耗、数字化、智能化于一体，以用户体验为驱动，将科技应用进行整合，从而实现建筑更为智能、安全、高效、舒适、便捷、节能的目标，促进城市转向低碳化和智慧化的新模式。

6.3.3 智慧、低碳是未来城市发展方向

低碳是城市实现可持续发展的精髓，智慧是引导城市发展的大脑，智慧与低碳的互动发展理应成为未来城市发展的主旋律。智慧低碳融入城市建设，不仅要靠政策、资金、人才的支持，更要靠技术创新的助力，寻求共同发展。智慧低碳城市建设与发展需要从以下几个方面着手。

1）突出“三个优先”，全面优化发展。第一，统筹发展优先。有效衔接智慧低碳规划与区域规划、城乡规划、主体功能区规划、相关行业发展规划及专项规划，科学制定发展蓝图，使智慧低碳规划更具可操作性，达到城市空间布局的优化，推动低碳发展理念和智慧发展理念的交互融合，使城市发展集低碳高效、绿色生态、智慧便捷于一体。第二，亲民便民优先。坚持以人为本的原则，规划设计要以保障和改善民生为重点，根据城市的区位、历史文化、资源禀赋、产业特点等，采用先进适用技术，促进低碳智慧城市建设，以智能技术推动城市管理创新，为市民提供优质、多层次的公共服务。第三，坚持生态优先。贯彻落实

“绿水青山就是金山银山” 的理念，划定城市生态保护红线和发展边界，完善生态功能，协调城市绿色廊道、通风廊道和景观建设，组建多群体集约、紧凑发展的生态格局，实现人与自然的和谐共处。

2）推进科技创新，行业协同发展。科技创新能够促进产业发展，实现经济增长，改善低碳智慧城市的基础建设。加快推动各类技术创新，加强移动互联网、遥感遥测、北斗导航、地理信息系统等技术在城市交通、健康管理、远程医疗、智慧建筑、智慧社区等领域的综合应用，创新服务模式，实现产业协调发展，为城市居民提供便利。采用先进的节能、节水、节地、节材和新能源技术，降低城市建设污染，提升各种建筑的信息化、低碳化、智能化水平。

3）营造良好经济环境，提供资金支持。经济水平是城市发展的原动力，不断优化经济发展环境，创造新的经济增长点，可以充分激发市场活力和社会创造力，提供直接有效的资金支持，促进城市各类活动的物质能量交换及互动。低碳智慧城市建设是一项复杂的系统工程，需要巨额资金，涵盖政府、企事业单位、家庭等多个主体，包含投融资、建设、运营、监管等各个环节。充裕的资金可以改变城市产业结构，逐渐趋向智慧低碳化，增强城市现代化产业的综合实力，反过来刺激形成智慧低碳的新经济社会环境，发掘智慧低碳城市全面发展的潜力，推动不同区域和不同产业部门之间的连锁转换，促进城市的整体性发展。

4）构建人才体系，提供智力支撑。人才体系的建设与城市的发展是相互作用的，人才数量和质量的提升能促进智慧低碳城市的发展，而智慧低碳城市的发展有利于吸引和留住人才。首先，人才提高智慧低碳城市聚集力，人才集中的地区可以形成产业集聚区，促进产业结构与技术结构的调整，同时资金等生产要素会随着人才的大量流入而聚集。其次，人才加速智慧低碳城市基础环境建设，为了吸引和留住人才，城市需要加速环境建设，并配套相关的生产和生活设施。此外，规模大、数量多的人才流入能够提高城市的竞争力。最后，人才体系的整体文化水平和综合素质较高，有利于形成良好的社会文化环境。智慧低碳城市的发展，不能缺乏与之相应的社会文化环境，不断改进优化的社会文化环境，可以发挥其推动城市健康发展的积极意义，促使市民形成对城市文化特点的共识，提升智慧低碳城市的灵魂。

6.4 本章小结

智慧城市的发展以信息化、网络化、智能化为基础，以低能耗为目标，有助于城市低碳转型。智慧城市的设计涵盖低碳发展理念，“生态沈阳”“智慧南京”

等智慧城市的建设，均是在智慧化视角下进行低碳绿色城市构建。信息化是智慧城市的重要特征，也是绿色低碳发展的重要组成部分，通过提高能源利用率、改造传统产业等达成节能减排的目标。可见，智慧城市能促进绿色低碳的发展。传统低碳绿色城市发展模式随着城市化进程的加快，显露出不足之处，不利于城市可持续发展，引入智慧城市建设，结合智慧化低碳城市的优点，有助于解决传统低碳城市建设中难以解决的问题，实现智慧城市视角下低碳绿色城市的建设。以绿色低碳发展为导向，是智慧城市众多建设路径中最为正确的选择，低碳发展是建设智慧城市的有效途径，也能为智慧城市奠定良好的基础，促进智慧城市建设目标的实现。产业结构优化、能源结构调整、科技创新、人才培养，都是绿色低碳发展为智慧城市建设提供的关键要素。未来城市发展必然以低碳化和智慧化为趋势，低碳经济与智慧能源、低碳交通与智慧交通、低碳建筑与智慧建筑是低碳化与智慧化的交互应用。低碳城市与智慧城市具有内在统一性，通过政策导向、科技创新、资金保障、人才支持，促进低碳城市和智慧城市交互发展，提升城市治理水平和服务水平。

第7章　贵州能源消费、碳排放与经济增长现状

经济增长、能源消费与碳排放三者之间存在着密切且复杂的关系。从经济视角看，为实现产出的增加、经济的发展，需扩大产业规模，能源作为投入指标，其能源消费量随之增加，同时带动碳排放量随之上升；从能源视角看，经济实现增长，虽能源投入必不可少，但其促使科学研究不断深入，清洁能源的开发、固碳技术的发展，皆使碳排放量在一定程度上得到明显减少。三者紧密联系，在经济社会不同的发展阶段，不同的发展视角会展现出不同的特征，并有一定规律可循。

早期的“原生态”社会是一个低碳社会，该社会属于人类发展的初级阶段，满足人类自给自足的生活方式，呈现出低能耗、低收入、低排放的特点。在这一阶段中，人类所需能源消耗少，主要以农业为主，碳排放主要来源于农业土地的利用，大自然的生态调节功能完全能够保障温室气体的浓度长期处于正常范围。工业革命以来，以西方发达国家为代表，开始大力发展工业，单纯地提高经济发展速度，能源消费量呈现迅猛增长状态，毋庸置疑，能源消费的碳排放量急剧增加，经济发展的第二阶段表现出高收入、高能源消耗、高排放的特点。大气环境作为公共环境，在单纯发展经济的阶段中未单独支出相应成本用于治理碳排放带来的生态破坏，大自然生态调节温室气体排放浓度的能力远低于实际排放强度，从长远来看，经济活动潜在负外部性威胁势必影响经济持续健康发展。随着物质基础的不断累积，人类社会不断进步，进入经济高质量发展阶段，此时产业发展转型，第三产业比例不断加大，对能源的需求开始逐步降低，温室气体的排放得到减缓，呈现高收入、低能耗、低排放的特点。但由于前期单纯追逐经济发展遗留的环境问题凸显，经济社会意识到环境资源的稀缺属性，更加注重在环保方面的投入，不断提高技术水平和能源利用效率，改善环境，提高生态承载能力，使经济在又好又快发展的同时实现低碳排放。

在不同经济增长阶段中，能源消费量、碳排放在产出规模、能源消费结构、产业调整、环保科技等影响因素因各自不同的作用强度，以及不同区域的发展定位差异，而呈现不同变化。本章立足时间维度，对贵州2005～2018年经济发展现状进行分析，揭示贵州在经济发展转型的背景下，能源消费、碳排放的走势及

变化，以找出其动态演化规律，探寻低碳发展的路径，促进贵州绿色可持续发展。

7.1 经济增长现状

2018 年贵州地区 GDP 14 806.45 亿元，较 2017 年上升 9.1 个百分点，增速居全国第一。全年出生人口 49.90 万人，出生率为 13.90‰，自然增长率为 7.05‰。县城以上城市空气质量优良天数比例保持97%以上，主要河流出境断面水质优良率保持 100%，森林覆盖率提高到 57%。固定资产投资增长 15.8%、农业增加值增长 6.8%、金融机构贷款余额增长 18.5%。在绿色经济高速发展的带动下，生态环境持续向好。

7.1.1 地区 GDP

随着工业化、城市化进程的快速推进，贵州经济发展取得了明显成效，2005～2018 年贵州地区 GDP 三次产业产值及增长速度变化统计分析结果如图 7-1 所示。

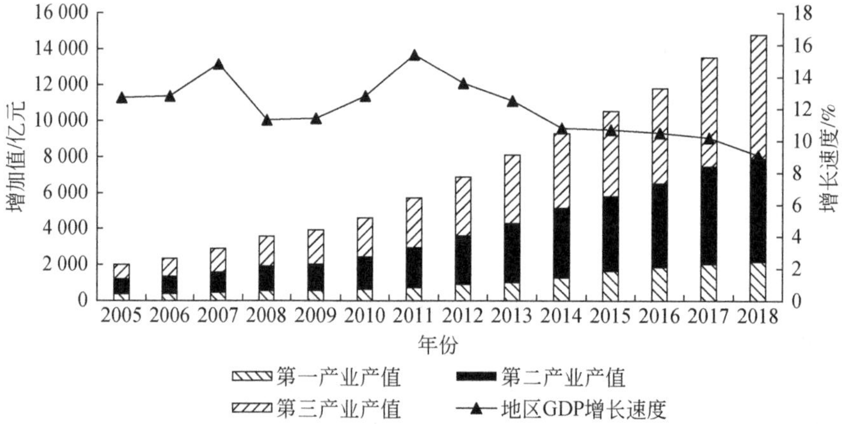

图 7-1　2005～2018 年贵州地区 GDP 三次产业产值及增长速度变化

图 7-1 统计结果表明，贵州地区 GDP 从 2005 年的 2005.42 亿元，增长到 2018 年的 14 806.45 亿元，呈直线上升状态，上涨幅度为 638.32%；从地区 GDP 增长速度来看，地区 GDP 增长速度呈现波动状态，主要分为四个阶段：第一阶段为 2005～2007 年，增长速度直线上升，从 12.7% 增长到 14.8%，增长明显；第二阶段为 2008 年，增长速度下降至 11.30%；第三阶段为 2009～2011 年，增

长速度再次上升；第四阶段为 2012 ~ 2018 年，增长速度缓慢下降，2018 年增长速度放缓至 9.10%，贵州增长速度首次回落为个位数。2005 ~ 2018 年，平均增长速度 12.04%，贵州经济总量的增长符合国家对西部地区经济政策的扶持，2011 年之后，增长速度开始逐步放缓，符合贵州大生态的战略要求，是满足国家促进经济又好又快发展的体现。

2005 ~ 2018 年，贵州人均地区 GDP 及增长速度趋势分析结果如图 7-2 所示。从图 7-2 可以看出，2005 ~ 2018 年贵州经济向好发展，并在人均地区 GDP 及增长速度方面得以体现。贵州人均地区 GDP 随着经济总量的增加由 2005 年的 5394 元，增长到 2018 年的 41 244 元，涨幅达 664.63%，增长速度总体上呈现波动下降的态势，2005 ~ 2015 年呈现两位数增长，2005 ~ 2018 年增长速度最高值为 2005 年的 17.9%，最低值为 2018 年的 8.4%，极差为 9.5 个百分点。这些变化都与贵州进行产业结构升级、促进资源环境与经济协同发展、调整能源消费息息相关。

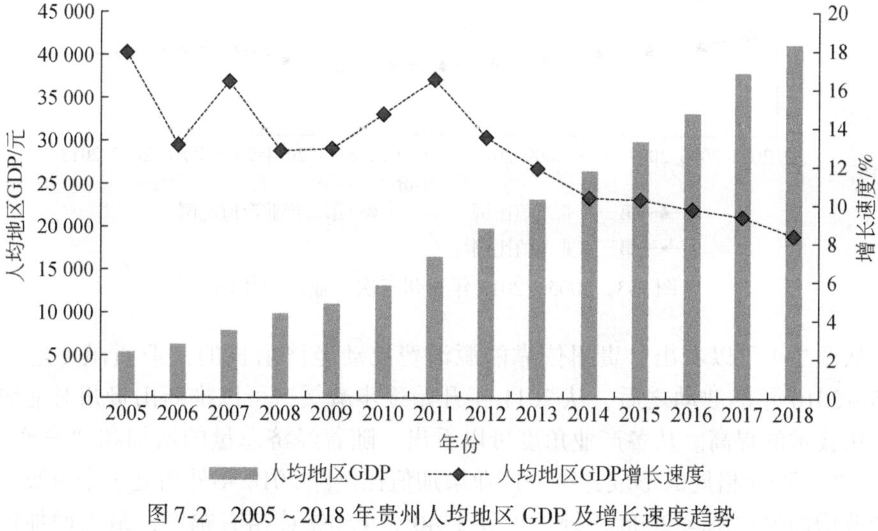

图 7-2　2005 ~ 2018 年贵州人均地区 GDP 及增长速度趋势

7.1.2　产业结构现状

在贵州经济快速发展的同时，产业结构及其增加值发生了明显的变化，2005 ~ 2018 年贵州三次产业增加值占比如图 7-3 所示，各产业增加值比例及工业贡献率变化如图 7-4 所示，三次产业及工业增长的拉动率变化如图 7-5 所示。

图 7-3 分析结果表明，2005 ~ 2018 年，在地区 GDP 的构成上，贵州三次产

业增加值逐年上升，其增加值比例与社会经济结构基本平衡，第一产业产值比例最高达18.39%，最低为12.32%，相差6.07个百分点；第二产业产值比例最高达41.74%，最低为37.72%，相差4.02个百分点；第三产业产值比例最高达48.66%，最低为40.66%，相差8.00个百分点，随着贵州的经济结构调整、农业机械化的普及、绿色经济的倡导，三次产业增加值比例逐渐稳定，三次产业产值比例体现“三产>二产>一产”格局。值得关注的是，贵州第三产业产值比例在2005～2018年始终高于第二产业，逐步显现出新旧动能转换，贵州大力发展新经济，发展生态产业取得的显著成效。

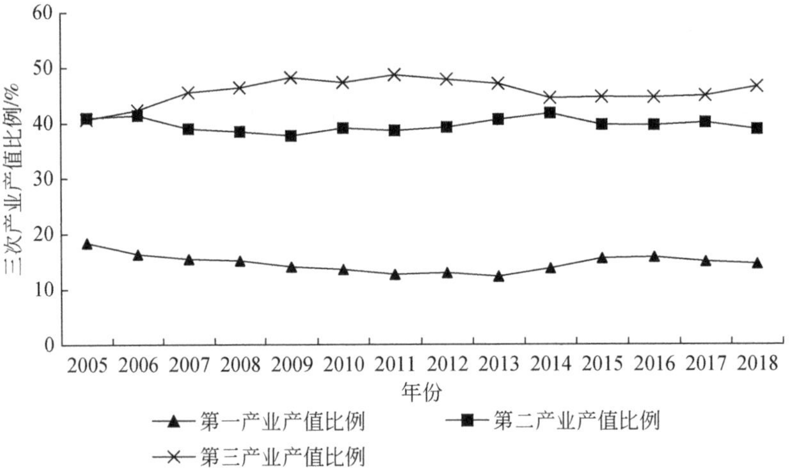

图7-3　2005～2018年贵州三次产业产值比例

从图7-4可以看出，贵州依靠能源消费拉动经济增长的工业贡献率经历了2005～2010年的波动之后，从2011年开始逐步减缓，可以推断出贵州对能源消费利用技术的提高。从各产业角度可以看出，随着经济总量的增加和“三产>二产>一产”产业格局的形成，第一产业增加值比例除2018年外均处于个位数，第二产业增加值比例除2008年外，均处于40%～50%或略有幅度，最大增加值比例较最小增加值比例增加75%；第三产业增加值比例经过调整从2012年开始逐步保持在50%左右，2008年第三产业增加值比例最高，高达61.60%，这与当年国家大力发展第三产业有关。

图7-5表明，2005～2018年，贵州三次产业对地区GDP的拉动率与工业增长拉动率走势一致，第一产业平均拉动率0.78%，第二产业平均拉动率5.15%，第三产业平均拉动率6.01%。值得注意的是，第二产业中，工业增长拉动率的平均值为4.13%，自2014年以来，工业增长拉动率均低于平均值，研究结果表明在经济发展的过程中贵州工业产业逐步转型，低碳绿色经济得到一定程度的发展。

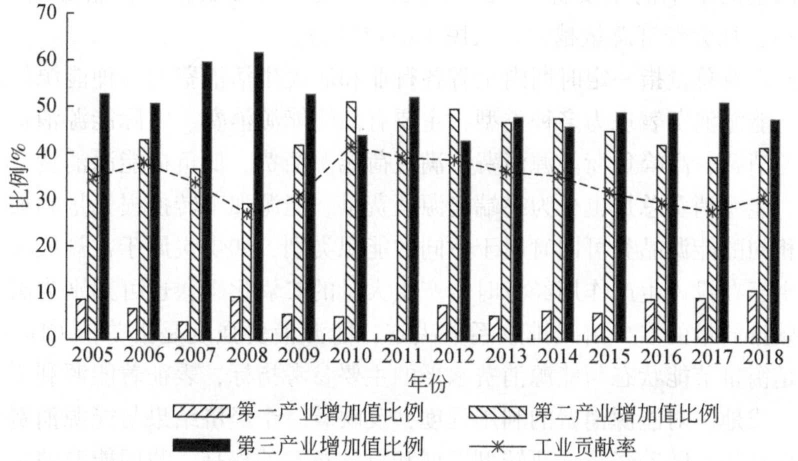

图7-4　2005～2018年贵州三次产业增加值比例及工业贡献率变化

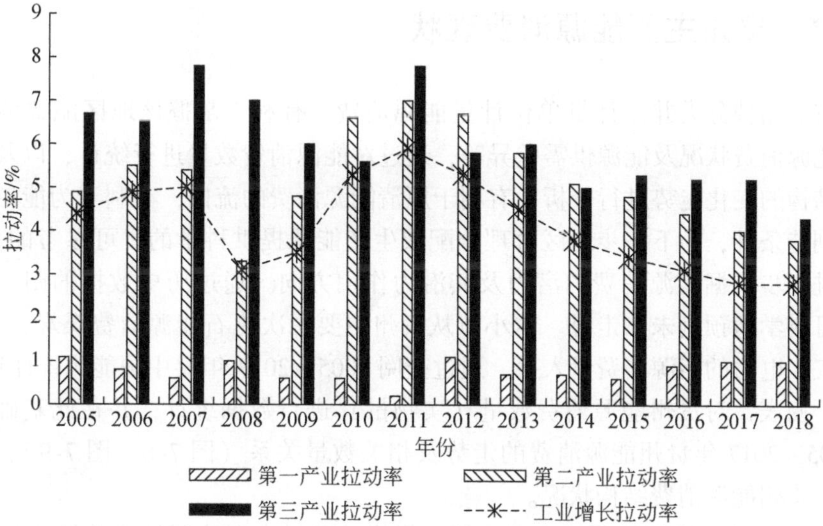

图7-5　2005～2018年贵州三次产业拉动率及工业增长拉动率变化

7.2 能源消费现状

能源作为与材料、信息并称的三大能源支柱之一，为人类社会、自然界提供其所需某种能量资源（潘家华等，2010）。能源消费是指人类在生产生活中为了促进经济发展，解决自身需要所消耗的能源，是衡量一个国家或者地区经济发展、人民生活水平的重要标志之一。按照一般社会发展推断，能源消费越大，GDP 越高，社会经济总量越大，人民生活越富裕。

能源消费总量指一定时期内全省各行业和居民生活消费的各种能源的消费总量指标。能源消费表现为多种类型，主要有最终能源消费、实际能源消费、校正后的能源消费、高峰负荷能源消费、满负荷能源消费、低负荷能源消费和负荷能源消费。能源消费总量也分为终端能源消费量、能源加工转换损失量和损失量三部分。相同的能源品类可同时属于不同的能源类别，如煤炭属于常规能源、一次能源，由于在投入生产作用经济时会产生大量的二氧化碳，也可判别为碳基荷能源，其碳排放量的多少由碳排放系数决定；能源消费强度是指单位 GDP 的能源消耗，是衡量节能状态与能源消费水平的主要参考指标，表征着能源利用效率及一个国家或地区对能源消费的利用程度，反映着一个经济结果与能源消费强度的反向变化趋势。随着经济产业转型发展和科学技术的提高，我国能源消费强度开始下降。

7.2.1 贵州主要能源消费现状

按照品种分类并以计量单位计量能源消费，有利于掌握该地区能源消费结构、能源消费状况及能源供需差异等，通过对能源消费数量进行统计，以及对其消费结构的变化走势进行分析，有利于厘清能源消费的流向，有利于为能源供需平衡创造条件，为下一步地区合理分配或生产能源提供科学的、可参考的依据，同时进一步挖掘能源消费的潜力及其潜力作用方向。通过历史数据的归纳与演绎，可科学地预测未来走势。本小节从贵州主要一次化石能源消费煤炭、石油、天然气、电力的能源消费量入手，通过查阅 2005 ~ 2017 年《中国能源统计年鉴》地区平衡表，对贵州能源消费数量（实物量）进行数据统计，并在此基础上分析 2005 ~ 2017 年贵州能源消费的走势及相关数量关系（图 7-6 ~ 图 7-9），进一步研究贵州能源消费结构状况。

煤炭是贵州能源消费的主要来源，煤炭消费量占据能源消费总量的 88% ~ 94%，部分年份超过 94%。从图 7-6 可以看出煤炭消费量在 2005 ~ 2017 年总体上为增长趋势，但从 2012 年后，增速相对平缓且有回落，其中 2014 年煤炭消费量较上年减少 3.92%，2017 年煤炭消费量较上年减少 1.71%。可以推断出，一方面煤炭作为贵州主要能源消费品类，在贵州经济发展中发挥重要作用；另一方面，随着低碳经济发展的要求，煤炭的能源利用效率随着科学技术的不断深入不断提高，其消费量的增加在逐步减缓，释放出生态可持续发展的积极信号。

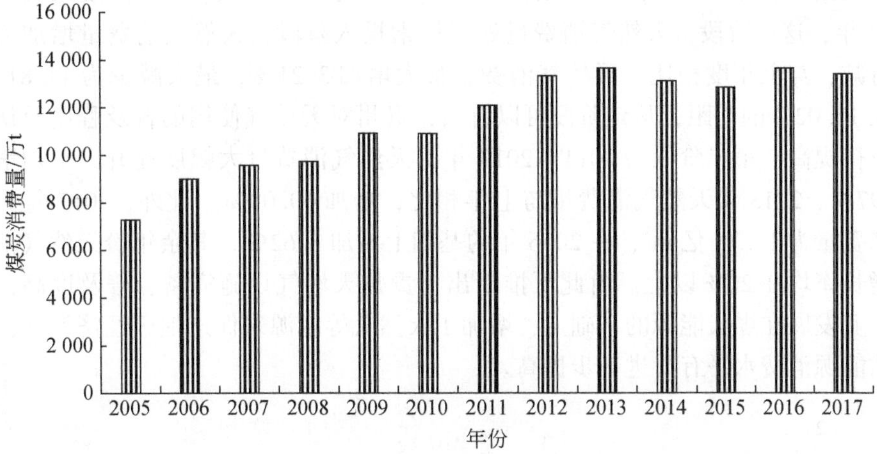

图 7-6　贵州 2005～2017 年煤炭消费量变化趋势

从图 7-7 的走势可以看出，贵州 2005～2017 年石油消费量呈现先缓慢上升后迅速增长的状态，2005～2011 年，石油消费量缓慢增加，自 2012 年开始，石油消费量呈直线上升趋势。2005 年，石油消费量为 237.42 万 t，2017 年为 987.46 万 t，差值达到 750.04 万 t，增加幅度为 315.91%。从石油能源使用较上年变化来看，2007 年、2015 年石油消费量分别较上年增长 30.36%、33.33%，均超过 20%，其余年份略小，其中，石油消费量同比增长最小年份为 2009 年。由此可以看出，贵州在减少自身煤炭资源使用及提高其利用效率的同时，引进石油资源，提高石油能源利用效率。

图 7-7　贵州 2005～2017 年石油消费量变化趋势

从图 7-8 可以看出，贵州天然气消费量经历了两个阶段。第一阶段为 2005 ~ 2010 年，这一阶段，天然气消费量处于摸索投入阶段，天然气消费量增加值有增有减，与上年度相比，天然气消费量最大增加 3.21%，最大减少为 11.81%，存在 15.02% 的差距，从该阶段可以看出，贵州对天然气使用的普及程度及认可度有待提高。第二阶段为 2011 ~ 2017 年，天然气消费量大幅度提升，平均增加 23.97%，2013 年天然气消费量与上年相比，增加 60.08%。此外，2017 年天然气消费量为 17.73 亿 m^3，在 2016 年的基础上增加 3.62%，其余年份天然气消费量增长率均在 20% 以上。由此可推断出，贵州天然气设施完备、普及度高，地方产业发展在煤炭能源的基础上，增加了天然气等能源来促进地区经济发展，但清洁能源消费水平有待进一步提高。

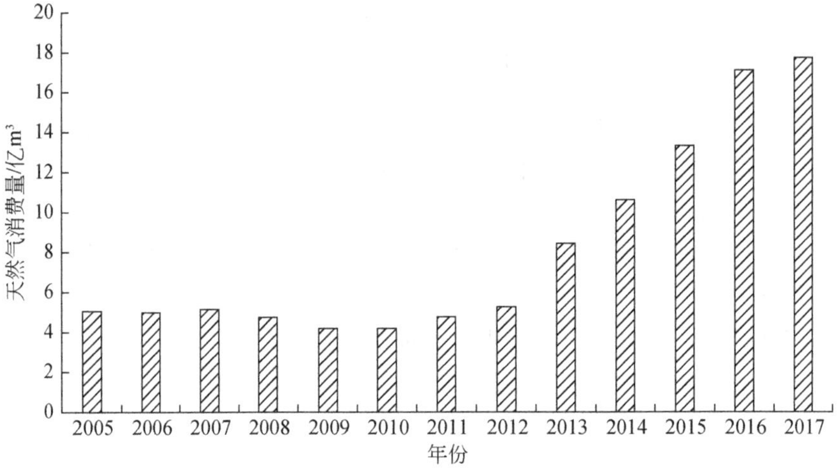

图 7-8　贵州 2005 ~ 2017 年天然气消费量动态变化

从图 7-9 可以看出，2005 ~ 2017 年贵州电力消费量总体上呈现持续上升的态势，伴随着经济社会发展，电力作为清洁能源在人们生活中广泛应用，人们对电力需求不断增加；同时，电力作为生产行业必需的能源消耗品类，在能源消费中占据越来越重要的地位。2005 年，贵州电力消费量为 487.00 亿 kW · h，2017 年电力消费量为 1384.89 亿 kW · h，增加幅度为 184.37%；从电力消费量较上年增长率来看，2006 年电力消费量增长率最高，为 19.51%，2015 年最低，增长率为 0.04%，存在极值 19.47%。贵州电力能源依靠水力发电等方式，结合电力能源消费的走势，进一步凸显了贵州落实绿色本底，发展绿色经济，走生态可持续道路的发展方向。

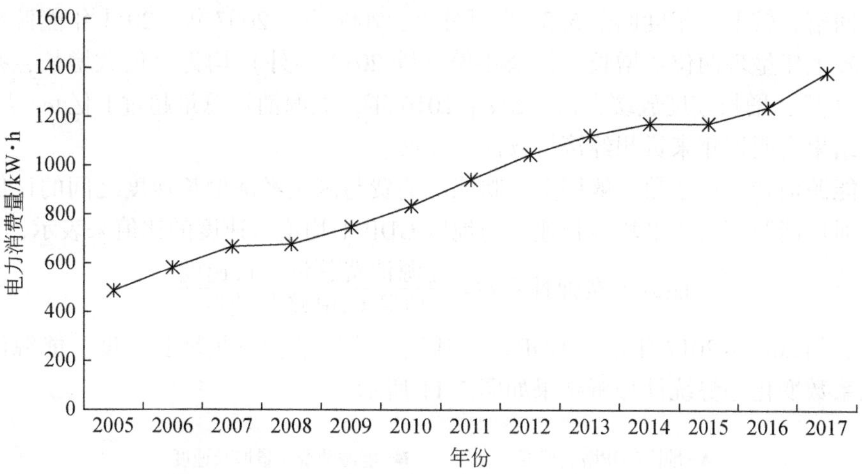

图 7-9　贵州 2005 ~ 2017 年电力消费量动态变化

7.2.2　贵州能源消费总量现状

随着贵州经济的飞速发展，能源消费总量也在逐年增长。2005 ~ 2017 年贵州能源消费总量的统计分析结果如图 7-10 所示。

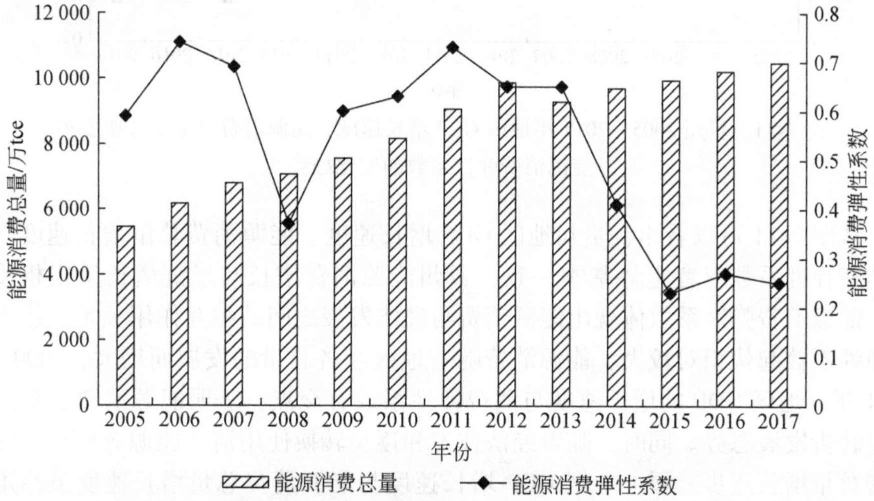

图 7-10　贵州 2005 ~ 2017 年能源消费总量与能源消费弹性系数的变化趋势

从图 7-10 可以看出，贵州能源消费总量处于稳步增长的状态，从 2005 年的 5461. 25 万 tce 增长至 2017 年的 10 482. 20 万 tce，涨幅为 91. 94%；其中 2013 年略有回落，较上一年度回落 5.87 个百分点；2006 年、2007 年、2011 年能源消费总量较上年呈现两位数增长，其余年份（除 2013 年外）均为个位数增长，并于 2013 年后，增长速度放缓，低于5%；2016 年，能源消费总量超过 1 亿 tce 大关，研究结果表明近年来贵州经济持续向好发展。

能源消费弹性系数一般用于反映能源消费与国民经济增长速度之间的比例关系，通过能源消费年平均增长速度与地区 GDP 平均增长速度的比值来表示，即

$$能源消费弹性系数=\frac{能源消费总量增长速度}{地区\ GDP\ 增长速度}$$

贵州 2005 ~ 2017 年地区 GDP 增长速度、能源消费总量增长速度、能源消费弹性系数变化趋势统计分析结果如图 7-11 所示。

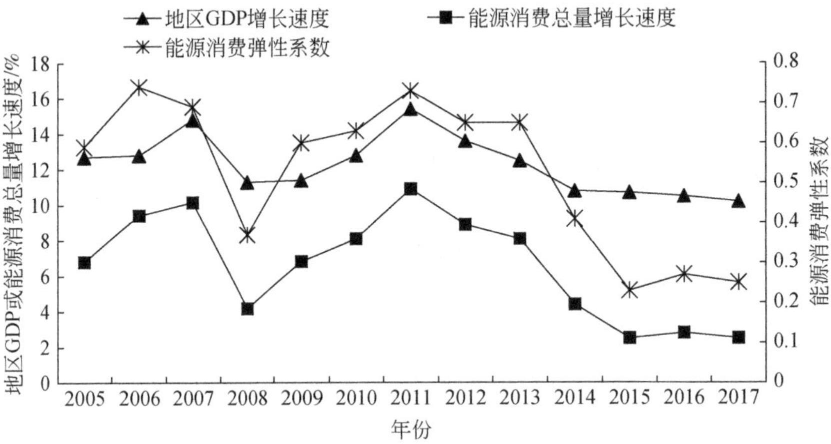

图 7-11　贵州 2005 ~ 2017 年地区 GDP 增长速度、能源消费总量增长速度和能源消费弹性系数的变化趋势

从图 7-11 可以看出，贵州地区 GDP 增长速度、能源消费总量增长速度、能源消费弹性系数三者走势基本一致，贵州能源消费增长与经济增长呈正相关关系。能源消费弹性系数体现出能源消费与经济发展之间的相互作用关系。能源消费弹性系数起伏相对较大，能源消费随着地区经济总量的发展而增大，2009 年、2014 年，地区 GDP 的增长速度与消费弹性系数有交点，表明能源消费在交点之后呈转折发展态势。同时，随着经济技术和逐步转换使用清洁能源等原因，能源消费总量增长逐步减缓，地区 GDP 增长速度与能源消费总量增长速度虽然走向一致，但两者之间差值逐步显现。2005 ~ 2017 年，两者最大差值为 2015 年的 8.2%，最小差值为 2006 年的 3.38%，两者直接差距缝隙经历了先缩小，后逐步稳定，最后再次扩大的状态。研究结果揭示低碳经济大力发展及能源结构转型、清洁能源逐步代替化石能源是经济发展的必然趋势。

在一定时期内，每生产一个计量单位的地区 GDP 所消耗的能源，称为单位地区 GDP 能源消费量，将地区 GDP、能源消费单位价格视作“不变价格”可比价，公式为

$$每万元地区\ GDP\ 能源消费量=\frac{能源消费总量}{地区\ GDP}$$

2005～2017 年贵州规模以上工业能源消费量与每万元地区 GDP 能源消费量的动态变化如图 7-12 所示。

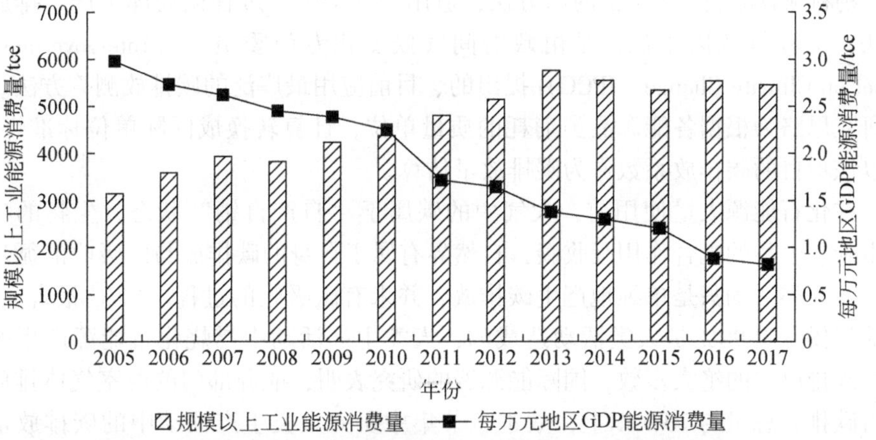

图 7-12　贵州 2005～2017 年规模以上工业能源消费量与每万元地区 GDP 能源消费量的动态变化

从图 7-12 每万元地区 GDP 能源消费量的走势分析可得出，2005～2017 年贵州每万元地区 GDP 能源消费量呈逐渐下降趋势，从 2.98tce 下降到 0.8164tce，下降 72.60%，表明在贵州经济发展进程中，因新经济、新能源、产业结构升级转型等原因，单位 GDP 能源消费量逐渐降低，能源结构逐渐向资源节约型、环境友好型的方向发展。从工业能源消费量分析结果可以看出，工业在贵州占据主导地位，工业发展产生的能源消费量由 2005 年的 3151.55 万 tce，增长到 2017 年的 5453.39 万 tce，2005～2017 年，能源消费增长率处于逐渐平缓的状态，2008 年、2014 年、2015 年、2017 年，能源消费量较上年减少，最大减少消费量为 212.71 万 tce；2013 年为研究时间段中规模以上工业能源消费量最大年份，较上年度增加 617.9 万 tce，增长率达 12.02%，规模以上工业能源消费量增长率最大值出现在 2006 年，较 2005 年增加 13.79%。由此可以看出，以工业为主导的第二产业在发展中逐渐实现转型升级，化石能源消耗比例相对减少，清洁能源逐渐成为工业首选，资源税改革初见成效，高耗能产业得到有效控制。

7.3 碳排放现状

目前，学术界对碳排放量的测度方法有实测法、物料衡算法和排放系数法。实测法主要是通过现场实地收集相关能源排放的基础数据，由专业检测部门通过技术及设备对能源进行分析测算，得出相关能源排放量，获得一手的排放源数据。此方法步骤简洁，使用历史久远，但只适用于小区域，不适合大范围的碳排放量估算。物料衡算法是近年提出的新方法，适用于整个生产过程或局部生产。排放系数法，又称排放因子法，是由政府间气候变化专门委员会（Intergovernmental Panel on Climate Change，IPCC）提出的、目前应用最广泛的碳排放测算方法。基本研究思路为根据各能源品类消耗的质量单位，计算转换成国际单位标准煤量，乘以该项目的碳排放系数作为碳排放量估算。

在化石能源大量使用前，大气中的碳属于“自产自销”状态，生物的呼吸产生碳、生物的光合作用吸收碳，自然界有属于自身的碳排放与碳吸收的循环过程，而人类活动只是单纯地产生碳排放，并未有碳吸收的过程。IPCC 报告显示，当前气候变暖 90% 是人类活动造成的，人类生产活动中燃烧化石能源产生的碳成为碳排放中的绝大多数，国际能源署的研究表明，能源部门的温室气体排放总量占碳排放总量的 70% 以上，故本章节集中研究人类生产活动中的碳排放量统计。本节拟通过各机构能源碳排放系数平均数计算排放系数，通过能源品类消费量计算碳排放量，并测度碳排放强度。

7.3.1 贵州碳排放量估算

本节采用排放系数法估算贵州能源碳排放量，具体计算公式为

$$C = \sum N_i \cdot \mathrm{PF}_i$$

式中，C 为研究区的碳排放总量；N_i 为第 i 种能源的能源消费量，单位为 tce 或万 tce；PF_i 为第 i 种能源的碳排放系数。

为更合理地估算贵州能源碳排放量，本研究在参考相关文献资料的基础上，结合《中国能源统计年鉴》《贵州统计年鉴》能源生产与消费统计数据，基于数据可获得性，采用一次能源消费量作为统计能源消费数据，因电力的产出主要分为火力发电与水电清洁能源发电两部分，火力发电燃烧能源为化石能源煤炭，与煤炭消费量统计重复，水电清洁能源发电本身不产生碳排放，故本节研究不考虑发电产生的碳排放量。

同时，由于不同的研究机构与研究者对于碳排放量的测算在其碳排放系数上

有一定差异，故选择综合相对权威机构及高被引文献所取的碳排放系数进行综合，取其平均值为最终碳排放系数，计算结果见表 7-1。

表 7-1　各研究机构测度碳排放系数及其平均值　　（单位：tC/t）

碳排放系数	煤炭	石油	天然气
国家科学技术委员会气候变化项目	0.7476	0.5825	0.4435
国家发展和改革委员会能源研究所	0.702	0.478	0.389
美国能源信息局	0.756	0.586	0.449
日本能源经济研究所	0.726	0.583	0.409
平均值	0.7329	0.5574	0.4226

为探究研究区碳排放强度，将碳排放强度定义为单位 GDP 产生的碳排放量与 GDP 的比例，表明每单位 GDP 产出需要的能源消费量，公式为

$$\text{碳排放强度} = \frac{\sum C}{\text{GDP}}$$

式中，$\sum C$ 为研究区碳排放总量，单位为 t；GDP 为国内生产总值，单位为万元。碳排放量估算与碳排放强度计算结果见表 7-2。

表 7-2　2005～2017 年贵州碳排放量估算与碳排放强度计算结果

年份	碳排放量/万 t			碳排放强度/(t/万元)
	煤炭	石油	天然气	
2005	3816.9148	170.7082	2.3477	1.9896
2006	4708.9767	202.5606	2.3151	2.1009
2007	5011.5657	264.0578	2.3895	1.8297
2008	5094.8039	310.0028	2.2036	1.5174
2009	5712.5462	311.2682	1.9432	1.5398
2010	5710.4522	355.0562	1.9479	1.3182
2011	6326.6240	392.5384	2.2129	1.1738
2012	6977.3475	404.1073	2.4453	1.0735
2013	7146.3053	473.2261	3.9144	0.9393
2014	6867.2009	491.1080	4.9371	0.7917
2015	6718.4664	605.6972	6.1923	0.6980

续表

年份	碳排放量/万 t			碳排放强度/(t/万元)
	煤炭	石油	天然气	
2016	7142. 1225	679. 2811	7. 9542	0. 6639
2017	7020. 1498	709. 9973	8. 2425	0. 5715

7. 3. 2 贵州碳排放的整体现状

通过表 7-2 贵州碳排放量及碳排放强度的估算，可得出贵州碳排放量的年增长率，绘制面积堆积图（图 7-13）。

从图 7-13 可以看出，2005 ~ 2017 年，贵州一次能源碳排放量经历了五个阶段，第一阶段为 2005 ~ 2007 年，碳排放量年增长率出现峰值，达 23. 16%；第二阶段为 2008 ~ 2010 年，呈三角状发展，2008 年、2010 年碳排放量年增长率相对较低，2009 年增长率为 2008 年的 3. 68 倍，为 2010 年的 16. 53 倍；第三阶段为 2011 ~ 2013 年，碳排放量年增长率相对平缓并逐步下降，变化堆积形状为梯形；第四阶段为 2014 ~ 2015 年，碳排放量年增长率为负值，出现倒三角形，但看得出有突破零线出现正增长的趋势；第五阶段为 2016 ~ 2017 年，碳排放量年增长率呈增长再下降的状态。从后期碳排放量年增长率的逐渐减缓可以看出，贵州碳排放量增长趋势减弱，这与贵州低碳减排的倡导有关，与贵州建设山地公园省，响应“大生态”战略相联系，未来贵州碳排放量会因科技投入及新能源的使用而持续减少，生态文明城市建设进一步推进。

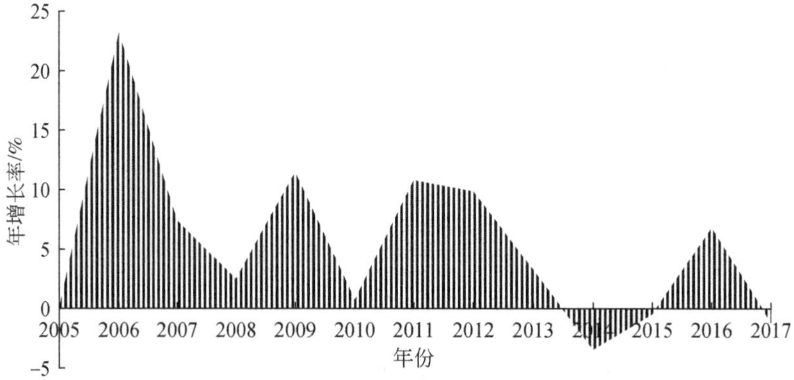

图 7-13　2005 ~ 2017 年贵州碳排放量年增长率动态变化

从图7-14可以看出，贵州碳排放量总体上呈平缓上升态势，碳排放量从2005年3989.97万t增长到2017年的7738.39万t，差值为3748.42万t，年平均

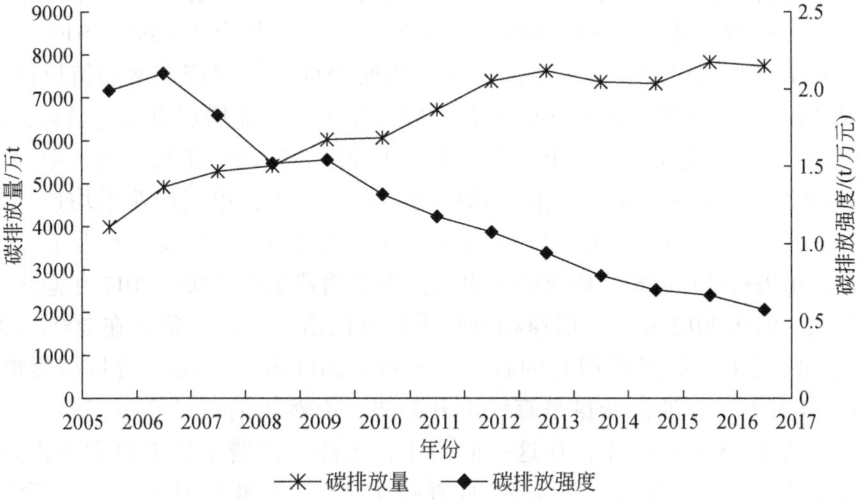

图7-14　贵州2005～2017年碳排放量与碳排放强度的变化趋势

增长312.37万t；碳排放强度呈现直线下降趋势，由峰值的2.10t/万元，减少至2017年的0.51t/万元，减少75.71%。通过走势可以判断出，贵州产业结构开始逐步转型，第二产业能源消费量因新能源的投入而逐步减少，同时落后的依托能源消费产出的企业被关闭、淘汰；第三产业迅猛发展，反推第二产业逐步升级，其能源消费增加量逐年稳定，不会出现较大波动。碳排放强度的下降，反映出研究区的绿色与再生能源的选择恰当，经济技术得到提高，能源利用效率得到提升，化石能源消费量得以减少，向着“低污染、低能耗、低排放”的经济模式发展，生态可持续有望实现。

7.4 本章小结

本章从时间维度分析贵州经济发展现状，揭示在经济发展转型的背景下，贵州在能源消费、低碳排放的走势及变化。在经济增长现状中选取地区GDP，产业结构增长现状从GDP及其增长速率、人均地区GDP及其增长速度四个指标进行分析，分析表明，贵州地区GDP从2005年的2005.42亿元，增长到2018年的14 806.45亿元，呈直线上升状态，上涨幅度为638.32%，符合经济增长的趋势；贵州人均地区GDP随着经济总量的增加由2005年的5394元，增长到2018年的41 244元，涨幅达664.63%，增长速度总体上呈现波动状态。产业结构方面，从

三次产业的产值比例、贡献率及拉动幅度进行分析，第一产业产值比例最高达18.39%，最低为12.32%，相差6.07个百分点；第二产业产值比例最高达41.74%，最低为37.72%，相差4.02个百分点；第一产业增加值比例除2018年外均处于个位数，第二产业增加值比例除2008年外，均介于40%～50%或略有幅度，最大增加值比例较最小增加值比例增加75%；第三产业增加值比例经过调整从2012年后逐步保持在50%左右，2008年第三产业增加值比例最高，高达61.60%；三次产业对地区GDP的拉动率与工业增长拉动率走势一致，第一产业平均拉动率为0.78%，第二产业平均拉动率为5.15%，第三产业平均拉动率为6.01%。在能源消费现状中，对贵州主要一次能源品类——煤炭、天然气、石油、电力消费量进行统计分析，研究结果表明：煤炭消费量在2005～2017年总体上为增长模式，但从2012年后，增速相对平缓且有回落。石油消费量在2005～2017年呈现先缓慢上升后迅速增长的状态，2005～2011年，石油消费量缓慢增加，自2012年开始，石油消费量呈直线上升趋势。天然气消费量经历了两个阶段。第一阶段为2005～2010年，在这一阶段中，天然气消费量处于摸索投入阶段，消费量增加值有增有减，最大增加值较上年仅增加3.21%；第二阶段为2011～2017年，天然气消费量大幅度提升，平均增加23.97%，2013年天然气消费量与上年相比，增加60.08%。2005～2017年，贵州电力消费量总体上呈现持续上升的态势，2005年电力消费量487.00亿kW·h，2017年电力消费量为1384.89亿kW·h，增加幅度为184.37%。同时，对贵州能源消费总量进行分析可得，贵州能源消费量总体上处于稳步增长的状态，从2005年的5461.25万tce增长至2017年的10 482.20万tce，涨幅为91.94%；其中2013年略有回落，较上一年度回落5.87个百分点；2006年、2007年、2011年能源消费总量较上一年呈现两位数增长，其余年份（除2013年外）均为个位数增长，并于2013年后，增长速度放缓至5%以内；2016年，能源消费总量超过1亿tce大关，由此可推断出贵州经济的持续向好发展。碳排放现状上，采用碳排放系数法对产生的能源消费进行估算，并测度碳排放强度，从贵州2005～2017年碳排放量与碳排放强度走势分析可以看出，贵州碳排放量总体上呈平缓上升态势，碳排放量从2005年3989.97万t增长到2017年的7738.39万t，差值为3748.42万t，年平均增长312.37万t；碳排放强度呈直线下降趋势，由峰值的2.10t/万元，减少至2017年的0.51t/万元，减少75.71%。贵州经济发展、能源消费、碳排放的现状分析研究结果表明，随着贵州经济的快速发展，单位GDP能源消费量在逐年降低，能源消费总量得到一定的控制，但还有一定的提升空间。经济发展方式由“三高一低”逐渐向“三低一高”转变，资源节约型、环境友好型社会进一步构建。

第8章 贵州能源消费碳足迹和植被碳承载力

以二氧化碳为主的温室气体排放引起的全球气候变暖问题倍受国内外学者的关注，《联合国气候变化框架公约》《京都议定书》的制定与哥本哈根会议的召开，充分说明国际社会对全球气候变暖问题的普遍关注。2009年，国务院常务会议决定，到2020年我国单位GDP二氧化碳排放比2005年下降40%~45%，并作为约束性指标纳入国民经济和社会发展中长期规划。2014年，习近平总书记参加贵州代表团审议时强调，“保护生态环境就是保护生产力，绿水青山和金山银山绝不是对立的，关键在人，关键在思路”。贵州良好的生态环境是其最大的优势。近年来，贵州经济快速发展，如何坚决把住绿色门槛，走低碳之路，在“赶”与“转”中努力推动经济社会发展持续向好，是当前迫切需要解决的问题。鉴于此，通过对贵州2005~2017年主要能源消费碳足迹、植被碳承载力、碳赤字、碳生态压力进行计算，分析与评价碳足迹与植被碳承载力的平衡关系，揭示碳足迹与植被碳承载力变化规律，以期为贵州喀斯特山区低碳经济发展提供参考依据。

8.1 能源消费碳足迹变化及影响因素分析

伴随着经济的发展、能源消费水平的提高，人们对能源的需求也随之加大，低碳经济发展的压力也随之增加。因此掌握贵州能源消费碳足迹变化特征，对分析能源消费所产生的环境影响，辨别其影响的主要因素具有重要意义。

8.1.1 能源消费碳足迹变化

碳足迹的计算有多种方法，主要有投入产出法、IPCC法、生命周期法等，本章针对的是贵州2005~2017年能源消费的碳足迹和碳排放，IPCC法比其他计算方法更完善，因此选用IPCC的计算模型对碳足迹进行测算。

1）能源消费碳足迹的计算。碳足迹指的是企业机构、活动、产品或个人引起的温室气体排放的集合，表示一个人或者团体的“碳耗用量”，以二氧化碳质量当量为单位。本节以贵州 2005～2017 年的能源消费变化来研究碳排放及碳足迹的变化，为使结果更具可比性，先将各能源消费量转化为标准煤，再利用统一的当量值进行计算。能源产生的碳排放量可以根据《2006 年 IPCC 国家温室气体清单指南》进行计算。碳足迹的计算公式如下：

$$C_z = E + I \tag{8-1}$$

$$E = \frac{44}{12}\sum E_i \mathrm{Coe}_i \tag{8-2}$$

$$I = P_y K \tag{8-3}$$

式中，C_z 为能源消费碳足迹，单位为万 tce；E 为化石能源的碳足迹，单位为万 t；I 为水泥生产的碳足迹，单位为万 t；E_i 为第 i 种能源的消费标准量，单位为 tce；Coe_i 为第 i 种能源的二氧化碳排放系数；P_y 为水泥产量，单位为万 t；K 为水泥生产过程的二氧化碳排放系数；$\frac{44}{12}$ 为二氧化碳和碳的换算系数。

本节中的化石能源主要包括原煤、焦炭、汽油、煤油、柴油、燃料油、天然气、电力等，各类能源折算参数见表 8-1。能源消费排放的二氧化碳已包含在化石燃料消费计算中，而水泥生产排放的二氧化碳包括碳酸盐煅烧、化石能源消费排放等方面，因而仅用测算碳酸盐煅烧过程中分解产生的碳足迹，每生产 1t 水泥产生 0.815t 的二氧化碳，其中 0.390t 为燃料燃烧产生，0.425t 由原料分解产生（汪澜，2009）。

表 8-1　各类能源折算参数

能源名称	折标准煤系数	碳排放系数/(tC/t)	二氧化碳和碳的分子量比值
原煤	0.7143tce/t	0.7559	$\frac{44}{12}$
焦炭	0.9714tce/t	0.8550	
汽油	1.4714tce/t	0.5538	
煤油	1.4714tce/t	0.5714	
柴油	1.4571tce/t	0.5921	
燃料油	1.4286tce/t	0.6185	
天然气	1.33kg/m^3	0.4483	
电力	0.1229t/万 kW·h	0.8380	

计算人均碳足迹和单位 GDP 碳足迹，公式如下：

$$\mathrm{NC}_z = \frac{C_z}{N} \tag{8-4}$$

$$RC_z = \frac{C_z}{R} \tag{8-5}$$

式中，NC_z 为人均碳足迹，单位为 t；N 为人口数量，单位为人；RC_z 为单位 GDP 碳足迹，单位为 t/万元；R 为地区 GDP，单位为万元；其余同上。

2）碳足迹构成的动态变化分析。2005 ~ 2017 年贵州碳足迹构成的动态变化如图 8-1，可以看出，2005 ~ 2017 年贵州碳足迹变化呈现明显上升趋势，总碳足迹从 2005 年的 15 899. 62 万 t 增加到 2017 年的 37 635. 18 万 t，增幅为 136. 70%，年均增长 7. 44%。其中，化石能源消费的碳足迹从 2005 年的 14 629. 89 万 t 增长到 2017 年的 28 374. 09 万 t，增幅为 93. 95%，年均增长 5. 68%；水泥生产的碳足迹从 2005 年的 1269. 73 万 t 上升到 2017 年的 9261. 09 万 t，增幅为 629. 37%，年均增长 18. 01%。在碳足迹构成中，化石能源消费的碳足迹占总碳足迹的 75. 39% ~ 92. 01%，水泥生产的碳足迹占总碳足迹的 7. 99% ~ 24. 61%。结果表明，化石能源消费的不断增加是贵州碳足迹增长的主要原因，同时水泥生产的碳足迹的增幅大，在一定程度上加快了研究区碳足迹的增长速度。

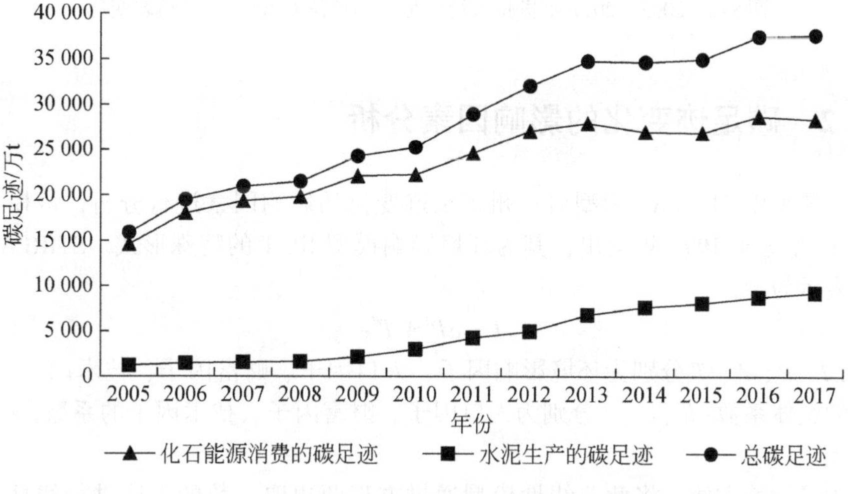

图 8-1　2005 ~ 2017 年贵州碳足迹构成的动态变化

3）人均碳足迹及单位 GDP 碳足迹分析。从图 8-2 可知，2005 ~ 2017 年贵州人均碳足迹表现出持续增长的趋势，由 2005 年的 4. 26t 增长到 2017 年的 10. 51t，增幅为 146. 71%，年均增长 7. 82%。此前相关研究结果表明，达到碳平衡的年人均碳足迹目标为 2t；2005 ~ 2017 年贵州单位 GDP 碳足迹呈现逐年下降的趋势，从 2005 年的 7. 93tCO_2/万元降至 2017 年的 2. 78tCO_2/万元，降幅为 64. 94%，年均下降8.36%，结果表明随着贵州能源利用效率不断提升，节能减排成效日益凸现。

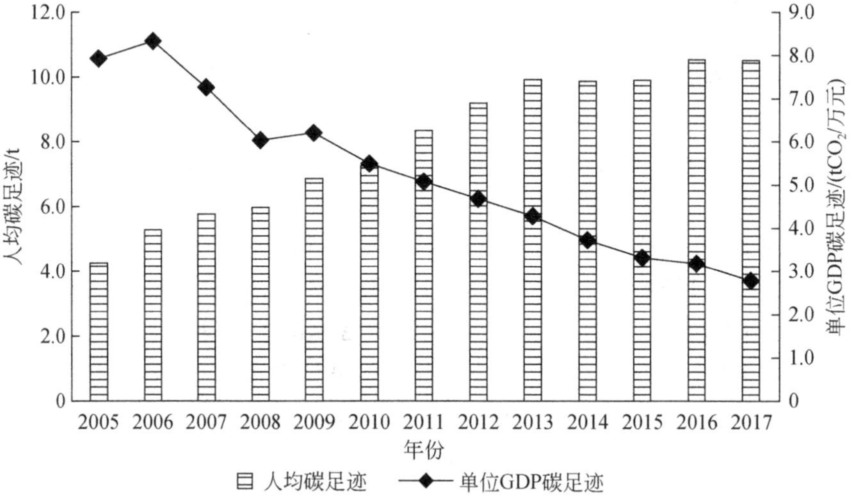

图8-2　2005～2017年贵州人均碳足迹和单位GDP碳足迹动态变化

8.1.2　碳足迹变化的影响因素分析

本节采用STIRPAT模型对贵州碳足迹变化的影响因素进行分析，该模型最早由York等于1994年提出，其为环境影响模型IPAT的特殊形式。STIRPAT模型可表示为

$$I = aP^{b}A^{c}T^{d}e \tag{8-6}$$

式中，I、P、A、T分别为环境影响因子、人口因子、财富因子、技术因子；a为模型的整体系数；b、c、d分别为人口因子、财富因子、技术因子的系数；e为随机误差项。

为了计算方便，将此非线性模型通过方程两边取对数的方法进行线性化处理，得到一个新的模型：

$$\ln I = \ln a + b\ln P + c\ln A + d\ln T + \ln e \tag{8-7}$$

1）指标的选取。结合研究区实际和前人研究的结果，贵州碳足迹变化影响因素的一级指标和二级指标的选取情况详见表8-2。

表 8-2　贵州碳足迹变化影响因素的指标体系

一级指标	二级指标
环境影响因子（I）：总碳足迹	
人口因子（P）	常住居民数量（P_1）
	常住居民中城镇人口与总人口之比（P_2）
财富因子（A）：地区 GDP	
技术因子（T）	第二产业占全产业的比例（T_1）
	煤炭消费量占能源消费量的比例（T_2）

根据上述指标，将模型进行重新调整，得到 $I = aP_1^{\,b_1}P_2^{\,b_2}A^cT_1^{\,d_1}T_2^{\,d_2}e$，对模型两边取对数得：

$$\ln I = \ln a + b_1\ln P_1 + b_2\ln P_2 + c\ln A + d_1\ln T_1 + d_2\ln T_2 + \ln e \tag{8-8}$$

2）运用 STATA 软件对数据进行回归分析，结果见表 8-3。

表 8-3　回归分析结果

变量	系数	标准误差	t	$P>\|t\|$	置信区间（95%，下限）	置信区间（95%，上限）
$\ln P_1$	0. 1671	0. 6204	0. 3100	0. 7720	−1. 4884	1. 8596
$\ln P_2$	0. 2976	0. 2875	2. 4400	0. 2590	−0. 9688	2. 4608
$\ln A$	0. 7395	0. 6211	1. 2000	0. 0250	0. 7936	0. 7496
$\ln T_1$	−0. 0100	0. 1690	−0. 0600	0. 9550	−0. 4700	0. 4570
$\ln T_2$	0. 4763	0. 1189	1. 3600	0. 2690	−0. 4288	1. 1675
常数	4. 9882	3. 6521	1. 3400	0. 2440	−5. 1798	15. 1594
拟合度	R^2 =0. 9937					

除地区 GDP 对数的回归分析通过 95% 置信水平的 t 检验外，其他自变量的回归系数均未通过 t 检验。对所选变量进行再次分析后，发现 P_1 作为常住居民数量、T_1 作为第二产业占全产业的比例，在一定程度上和地区 GDP 有内在联系，剔除这两个变量再做回归分析，得到结果如表 8-4 所示。

表 8-4　剔除变量后的回归分析结果

变量	系数	标准误差	t	$P>\|t\|$	置信区间（95%，下限）	置信区间（95%，上限）
$\ln P_2$	0. 2456	0. 1090	2. 24	0. 062	-0. 0263	0. 5258
$\ln A$	0. 9158	0. 4489	2. 26	0. 064	-0. 0826	2. 1242
$\ln T_2$	0. 4678	0. 0738	4. 20	0. 002	0. 2564	0. 5436
常数	5. 6262	0. 6579	9. 34	0. 000	4. 7856	7. 2476
拟合度	$R^2=0.9952$					

从表 8-4 可知，地区 GDP、人口结构、能源结构这三个自变量对碳足迹的解释度达到了 0. 9952，表明这三个自变量是碳足迹的重要影响因素，能够解释碳足迹变化的情况，同时这三个变量的回归系数均在 95% 置信区间内且通过了 t 检验。由此可以得到贵州碳足迹影响因素回归分析模型：

$$\ln I = 0.25\ln P_2 + 0.92\ln A + 0.47\ln T_2 + 5.62 \tag{8-9}$$

贵州碳足迹影响因素回归分析模型结果表明，人口结构对数的回归系数为 0. 25，表示在其他自变量保持不变的情况下，人口结构数值每增加 1%，碳足迹会增加 0. 25%。随着城镇化进程的加快，居民日常生活中能源消耗的增加，从消费、工作到住房建设，都会引起汽油、天然气、电力等能源的使用量大增。地区 GDP 对数的回归分析系数为 0. 92，表示在其他自变量保持不变的情况下，地区 GDP 每增加 1%，碳足迹会增加 0. 92%。碳足迹主要是地区生活、生产的二氧化碳排放，GDP 的增加意味生产活动的拓展。近年来贵州经济快速发展，生产活动的拓展必然会增加能源的使用量，从而导致贵州碳足迹的增加。能源结构对数的回归系数为 0. 47，表示在其他自变量保持不变的情况下，能源结构数值每增加 1%，碳足迹会增加 0. 47%。煤炭的使用是导致二氧化碳排放量增加的主要原因之一，所以能源结构对地区碳足迹具有重大影响，本章将使用煤炭转换为标准煤之后的数量占贵州全部能源消耗转换为标准煤之后的数量的比值进行计算。煤炭不同于其他能源，本身没有过多的去杂质化处理，燃烧效率不高，在产生同等热量的前提下需要消耗更多的重量。

8. 2　植被碳承载力动态分析

植被固碳的测算方法有蓄积量法、生物量法，以及以生物量与蓄积量关系为基础的生物量清单法、仪器测定法等。根据本章的数据来源情况，选用改良后的生物量清单法，植被的固碳能力以净生态系统生产力（Net Ecosystem Productivity,

NEP）来表征，利用植被生物量与碳量之间转换系数、森林和草地的全球平均 NEP，以及森林和草地的总面积，建立森林与草地的植被固碳关系。农作物固碳利用农作物的经济产量及其经济系数、经济产量的含水率、校正系数，建立农作物的固碳关系。

8.2.1 植被碳承载力的计算

植被碳承载力是区域植被（如森林、草地和农作物等）吸收固定的二氧化碳的量。NEP 为植被的固碳能力，即 $1hm^2$ 的植被一年能吸收固定的碳量。本章采用 NEP 来计算森林和草地的固碳能力，采用生物量法计算农作物的固碳量。其公式可表示为

$$C = C_f + C_g + C_p \tag{8-10}$$

式中，C 为区域植被碳承载力；C_f 为森林固碳量，单位为万 t；C_g 为草地固碳量，单位为万 t；C_p 为农作物固碳量，单位为万 t。

森林固碳量的计算方法：

$$C_f = Ax\frac{44}{12} \tag{8-11}$$

式中，A 为区域森林总面积，单位为 hm^2；x 为森林平均 NEP，反映 $1hm^2$ 植被 1 年的固碳能力，NEP 的取值没有统一，将贵州森林植被的 NEP 取 $3.8296t/hm^2$（谢鸿宇等，2008）；$\frac{44}{12}$ 为二氧化碳与碳的换算系数，时间参数为 a，表示一年。

草地固碳量的计算方法：

$$C_g = \frac{44}{12}By \tag{8-12}$$

式中，B 为区域草地总面积，单位为 hm^2；y 为草地平均 NEP，单位为 $0.9482t/hm^2$（Wang et al.，2001）；其余同上。

农作物固碳量的计算方法：

$$C_p = \frac{44}{12}\beta z \sum \frac{P_i(1-\omega)}{E_i} \tag{8-13}$$

式中，z 为生物量与碳量之间转换系数，单位为 0.5（Wang et al.，2001）；P_i 为第 i 种作物的经济产量，主要为小麦、稻谷、玉米、高粱、大豆、油菜 6 种主要的农作物；E_i 是其经济系数（经济产量与生物产量之比）；ω 为经济产量的含水率，农作物经济系数和含水率见表 8-5；β 为校正系数，依据稻秆进入工业的份额（造纸、板材），计算取值为 0.05（袁宝凤等，2011）；$\frac{44}{12}$ 为二氧化碳与碳的换算系

数，时间参数为 a，表示一年。

表 8-5　农作物经济系数和含水率

项目	小麦	玉米	薯类	谷类	豆类	油料
经济系数	0.28～0.46	0.45～0.53	0.33～0.45	0.35～0.45	0.2～0.3	0.33～0.45
含水率	0.125	0.13～0.14	0.13	0.13～0.15	0.12～0.16	0.08～0.10

注：表中参数大多是处于一个区间范围内的，为计算统一，计算时均取区间的平均值

8.2.2　植被碳承载力动态变化分析

随着植被覆盖率的变化，贵州植被碳承载力随之变化，贵州 2005～2018 年植被碳承载力构成的动态变化如图 8-3 所示。

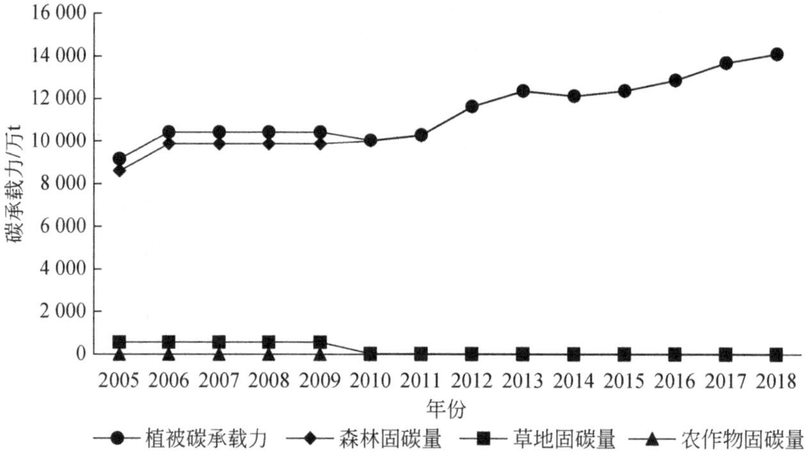

图 8-3　贵州 2005～2018 年植被碳承载力构成的动态变化

从图 8-3 可以看出，2005～2018 年贵州植被碳承载能力具有明显的上升趋势，从 2005 年的 9166.19 万 t 上升到 2018 年的 14 125.37 万 t，增长幅度为 54.10%，年均增长 3.38%。其中，森林固碳量从 2005 年的 8607.66 万 t 上升到 2018 年的 14 100.28 万 t，增幅为 63.81%，年均增长 3.87%；草地固碳量从 2005 年的 558.50 万 t 减少到 2018 年的 25.07 万 t，下降幅度为 95.51%，年均下降 21.24%；农作物固碳量呈现波动趋势，但变幅较小，基本保持稳定。在植被碳承载力构成中，森林固碳量占 93.91%～99.82%，草地固碳量占 0.18%～6.09%，农作物固碳量占比最低，说明森林固碳量最高，对碳平衡的贡献最大。

8.3 碳赤字、人均碳赤字动态分析

根据区域碳排放和碳固定的平衡关系，构建基于碳足迹与植被碳承载力的碳安全评价体系及等级标准。如果区域的碳足迹超过了区域所能提供的植被碳承载力，就出现碳赤字；如果小于区域的植被碳承载力，则表现为碳盈余。碳赤字表明该区域为碳源，促进气候变暖，碳排放处于不安全状态；碳盈余则说明该区域为碳汇，有利于遏阻气候变暖，碳排放处于安全状态。

8.3.1 碳赤字、人均碳赤字的计算

碳赤字、人均碳赤字的计算公式如下：

$$D = C_z - C \tag{8-14}$$

$$\mathrm{ND} = \frac{D}{N} \tag{8-15}$$

式中，D 为某一区域的碳赤字，单位为万 t；C_z 为一区域内的碳足迹，单位为万 t；C 为某一区域的植被碳承载力，单位为万 t，ND 为人均碳赤字，单位为 t；N 为人口数量，单位为人；其余同上。

8.3.2 碳赤字、人均碳赤字的动态变化分析

碳足迹大于植被碳承载能力，就表现出碳赤字，贵州 2005～2017 年碳赤字、人均碳赤字的动态变化如图 8-4 所示。

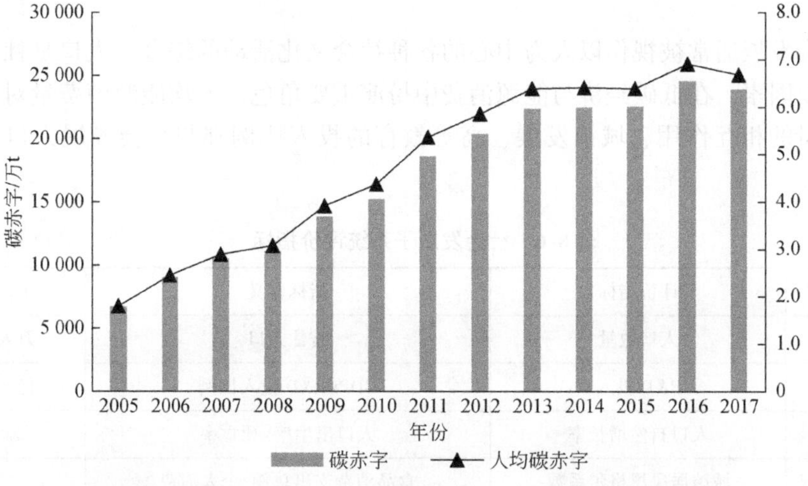

图 8-4　贵州 2005～2017 年碳赤字、人均碳赤字的动态变化

图 8-4 分析结果表明，2005～2017 年贵州存在较大碳赤字，总体上表现出上升趋势，由 2005 年的 6733.43 万 t 上升到了 2017 年的 23 930.43 万 t，增长幅度为 255.40%，年均增长 11.15%。2005～2017 年，贵州经济高速发展引起能源消费量持续增加，碳排放量超过了植被碳承载力。同期人均碳赤字总体上也表现出增长的趋势，由 2005 年的 1.81t 上升到了 2017 年的 6.68t，增长幅度为 269.06%，年均增长 11.50%，这与贵州的人口变化有密切关系。

8.4 碳生态压力指数动态分析

为定量评估区域的碳生态安全状态，提出碳生态压力指数，碳生态压力指数定义为某一区域的碳足迹与植被碳承载力的比值，是衡量能源消费对自然生态环境产生的压力大小的指标之一。

8.4.1 碳生态压力指数的计算

碳生态压力指数的计算公式为

$$T = \frac{C_z}{C} \tag{8-16}$$

式中，T 为碳生态压力指数；C_z 为区域的碳足迹，单位为万 t；C 为区域植被碳承载力，单位为万 t。

8.4.2 社会发展子系统

社会发展通常被视作以人为中心的各种社会文化活动的综合，人口是社会发展的重要因素，在低碳经济与能源消费中扮演重要角色，人均能源消费量对能源消费总量的相互作用、城镇发展、高等教育的投入比例都与社会发展人口相关(表 8-6)。

表 8-6　社会发展子系统评价指标

指标序号	评价指标	指标含义	单位
1	人口数量	常住人口	万人
2	R&D 投入	GDP×R&D 投入比例	亿元
3	人口自然增长率	人口出生率-死亡率	‰
4	城镇居民恩格尔系数	食品消费支出总额/个人消费	—

续表

指标序号	评价指标	指标含义	单位
5	第一产业就业人数	第一产业当年就业人员总人数	万人
6	第二产业就业人数	第二产业当年就业人员总人数	万人
7	第三产业就业人数	第三产业当年就业人员总人数	万人
8	高等教育人数	当年在校研究生、本科生人数	万人
9	减排政策	主要涉及碳税等目标值	万元

8.4.3 碳生态压力指数的动态变化分析

碳生态压力指数指能源消费碳排放对自然生态系统产生的压力大小，利用该指标能够判断能源消费对自然生态环境产生的压力大小（张厚美，2013）。贵州2005～2017年碳生态压力指数的动态变化分析结果如图8-5所示。

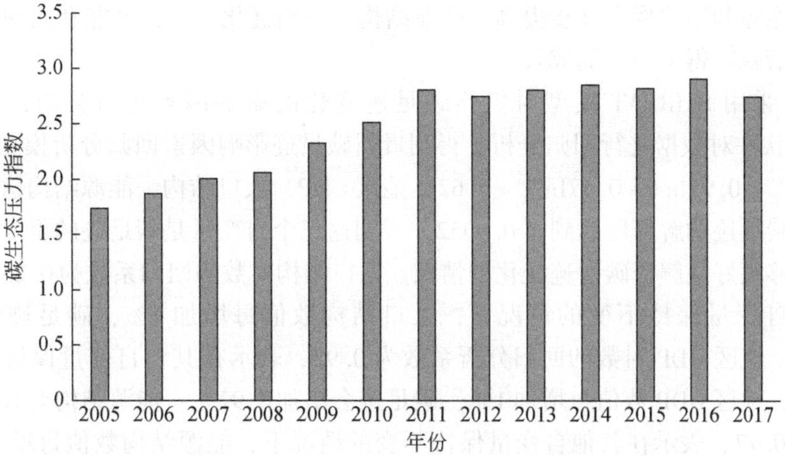

图8-5　贵州2005～2017年碳生态压力指数的动态变化

由图8-5可以看出，2005～2017年，贵州的碳生态压力指数呈波动上升的变化趋势，由2005年的1.73上升到2017年的2.75，上升幅度为58.96%，年均上升3.94%，表明贵州的碳生态压力不断增长，这与贵州能源消费结构有关，能源消费以煤炭为主，且能源利用效率不高。由此可见，不合理的能源消费结构会增加自然生态环境的压力。因此，贵州应进一步提高植被碳承载力，大力研发清洁能源，减少高碳能源的消费，降低碳足迹，协调经济发展与生态环境保护之间的关系，实现低碳绿色可持续发展。

8.5 本章小结

本章运用贵州能源消费量及植被面积等数据，通过构建数量模型，对研究区碳足迹、植被碳承载力、碳赤字、碳生态压力指数等指标的动态变化规律进行定量分析，主要得出以下结论。

1）贵州碳足迹呈现逐年增加的趋势，总量从 2005 年的 15 899. 62 万 t 增加到 2017 年 37 635. 18 万 t，增幅为 136. 70%，年均增长 7. 44%。碳足迹构成中，化石能源消费的碳足迹占总碳足迹的 75. 39%~92. 01%，说明化石能源消费是导致碳足迹增长的主要因素。

2）2005 ~ 2017 年贵州人均碳足迹表现出持续增长的态势，由 2005 年的 4. 26t 增长到 2017 年的 10. 51t，增幅为 146. 71%，年均增长 7. 82%，表明碳排放与碳固定仍不平衡。单位 GDP 碳足迹呈现下降的趋势，从 2005 年的 7. 93tCO_2/万元降至 2017 年的 2. 78tCO_2/万元，降幅为 64. 94%，年均下降 8. 36%，结果表明贵州能源利用效率在逐步提高，产业结构在不断优化升级，节能和碳减排方面的政策措施取得了一定的成效。

3）采用 STIRPAT 模型对贵州碳足迹变化的影响因素进行分析，再运用 STATA 软件对数据进行回归分析，得到贵州碳足迹影响因素回归分析模型：$\ln I = 0.25\ln P_2 + 0.92\ln A + 0.47\ln T_2 + 5.62$，地区 GDP、人口结构、能源结构这三个自变量对碳足迹的解释度达到了 0. 9952，表明这三个自变量是碳足迹的重要影响因素，能够很好地解释碳足迹变化的情况。人口结构对数的回归系数为 0. 25，表示在其他自变量保持不变的情况下，人口结构数值每增加 1%，碳足迹会增加 0. 25%；地区 GDP 对数的回归分析系数为 0. 92，表示在其他自变量保持不变的情况下，地区 GDP 数值每增加 1%，碳足迹会增加 0. 92%；能源结构对数的回归系数为 0. 47，表示在其他自变量保持不变的情况下，能源结构数值每增加 1%，碳足迹会增加 0. 47%。

4）植被碳承载能力具有明显的上升趋势，从 2005 年的 9166. 19 万 t 上升到 2018 年的 14 125. 37 万 t，增长幅度为 54. 10%，年均增长 3. 38%。在植被碳承载力构成中，森林固碳量占 93. 91%~99. 82%，草地固碳量占 0. 18%~6. 09%，农作物固碳量占比最低。由于贵州造林面积不断增加，森林覆盖率逐年提高，森林固碳量最高，对碳平衡的贡献最大。

5）2005 ~2017 年贵州在经济快速发展的过程中存在碳赤字现象，碳赤字总体表现出上升的趋势，从 2005 年的 6733. 43 万 t 上升到了 2017 年的 23 930. 43 万

t，增长幅度为255.40%，年均增长11.15%，表明贵州经济高速发展的同时能源消费量持续增加。同期人均碳赤字总体上也表现出增长的趋势，由2005年的1.81t上升到了2017年的6.68t，增长幅度为269.06%，年均增长11.50%，变化幅度较大。

6）2005~2017年，贵州碳生态压力指数呈波动上升的趋势，由2005年的1.73上升到2017年的2.75，上升幅度为58.96%，年均上升3.94%，表明贵州能源消费对自然生态环境产生的压力不断增长，这与贵州能源消费以煤炭为主且能源利用效率不高有关。因此，贵州应进一步提高植被碳承载力，大力研发清洁能源，调整优化能源的消费结构，降低碳足迹，协调经济发展与生态环境保护之间的关系，推进低碳绿色可持续发展的进程。

第9章 贵州低碳经济发展绩效评价及影响因素分析

传统的经济发展模式虽然实现了经济的快速发展，但也带来一系列环境问题，如生态系统失衡、全球气候变暖、酸雨、雾霾等。为改变这种以牺牲环境为代价换来的经济增长，人们开始逐步认识到低碳经济发展的重要性。低碳经济的概念最早见于2003年英国发布的能源白皮书《我们能源的未来——创建一个低碳经济体》中，书中指出，提高自然资源的利用效率，用更少的自然资源换取更多的经济产出；低碳经济能够为发展先进技术创造机会，使人们有更高的生活标准和更好的生活质量，同时也能创造新的商机和更多就业机会（龙家勇，2012）。虽然能源白皮书中提出了低碳经济，但没有明确的概念，因此国内外学者从不同的视角开展了低碳经济概念研究。Richmond 和 Kaufmann（2006）指出，如果在关于经济发展和二氧化碳排放量的研究中把能源价格考虑在内，就不存在环境库兹涅茨曲线。Brannlund 和 Ghalwash（2008）基于瑞典家庭水平的截面数据，研究了收入和污染之间的关系，发现在平均收入保持不变的前提下，收入分配平均程度与污染物排放量呈正比。低碳绩效评价是基于生态效率的基础提出来的。1992年，世界可持续发展工商理事会指出“生态效率是提供有价格竞争优势的满足人类需求并保证生活质量的产品或服务，同时降低对生态的影响和资源消耗强度”（Stigson，2000）。1998年，世界经济合作与发展组织认为投入与产出的最佳比即为生态效率。国内对低碳经济研究较早的学者庄贵阳（2005）认为，低碳经济目标是在减缓气候变化的基础上促进人类的可持续发展，实质是能源效率和清洁能源结构问题。付允等（2008）认为，低碳经济是一种绿色经济发展模式，发展方向为低碳经济，发展方式为节能减排，发展方法为碳中和，建立在能源消耗低、二氧化碳排放量低、环境污染低和工作效率高、能源利用效率高、经济效益高“三低三高”基础之上。鲍健强等（2008）认为，低碳经济是经济发展方式、能源消费方式、人类生活方式的一次新变革，它将全方位地改造建立在化石燃料能源基础之上的现代工业文明，使其转向生态经济和生态文明。低碳经济发展水平的评价目前还没有形成一套完整的权威的评价指标体系。我国许多学者对低碳经济水平评价开展了研究，刘嵘等（2010）建立了以河北某县为例的低碳经济评价指标体系；陈丽错和王婷（2018）基于系统模糊优选模型对福建 2010 年及 2014~2017 年低碳经济发展水平进行了动态趋势变化分析。

综合以上学者的观点，整体来说，低碳经济绩效就是在对环境影响程度最低的情况下，促使经济发展。低碳经济绩效评价包括经济、环境、资源、人口等因素。低碳经济绩效评价的方法有主成分分析法、层次分析法、因子分析法、平均对比法和 DEA 等方法，当前主要的研究方法是 DEA 方法，因此本研究采取三阶段 DEA 模型进行评价。

9.1 低碳经济发展绩效评价

Charnes 等（1978）提出了 DEA 方法，DEA 方法是以相对效率概念为基础，根据多指标投入和多指标产出对相同类型单位进行相对有效性评价的一种系统分析方法。通常是对一组给定的决策单元，选定输入、输出的评价指标，求所关心的特定决策单元的有效性系数，以此来评价决策单元的优劣，即被评价单元相对于给定的那组决策单元中的相对有效性。通过输入和输出数据的综合分析，DEA 方法可以得出每个决策单元综合效率的数量指标。据此将各决策单元定级排队，确定有效的决策单元，并可给出其他决策单元非有效的原因和程度，从而为决策者提供重要的管理决策信息。传统的 DEA 方法有两种具有代表性的模型即 CCR 模型和 BBC 模型，其中 CCR 模型为规模报酬固定，而 BBC 模型将固定的规模放宽到可变状态。

Fried 等（1999）指出传统 DEA 模型没有考虑环境因素和随机噪声对决策单元效率评价的影响，并在其发表的两篇论文中探讨了如何将环境因素和随机噪声引入 DEA 模型。Fried 等在 1999 年发表的论文中仅剔除了环境因素，在 2002 年发表的论文中考虑了环境因素和随机噪声，构建的模型在国内被称为三阶段 DEA 模型。所谓的三阶段，关键在于第二阶段如何剔除环境因素和随机噪声。我国关于三阶段 DEA 模型的介绍最早出现在 2008 年，随后有关该模型运用的论文开始大量出现。贵州地处喀斯特山区，截至 2018 年，贵州森林覆盖率达到 57%，但由于贵州为实现全面小康社会，大力发展经济，不断加快城市化进程，碳排放量将不可避免地增加。因此，本研究在借鉴前人研究的基础上，运用三阶段 DEA 模型，分析贵州低碳经济发展的绩效水平，并进一步分析其影响因素，为实现贵州低碳绿色发展提供相关的借鉴和参考。

9.1.1 评价指标体系的建构

为评价贵州低碳经济发展绩效，采用三阶段 DEA 模型对低碳经济发展绩效进行评价，评价基础是根据一定的指标选取原则进行评价指标体系选择。

（1）评价指标体系构建的原则

1）科学性原则。科学性原则是指在选取指标的过程中，指标必须与低碳经济发展绩效高度相关，同时能科学准确地反映贵州低碳经济绩效水平。

2）系统性原则。低碳经济涉及资源、环境、人口、能源等诸多因素，因此在选取评价指标体系时，应全面、完整地包含各个因素。

3）可操作性原则。可操作性是指在构建贵州低碳经济发展绩效评价指标体系过程中，选取的指标应该符合现实和研究需求。

（2）评价指标体系构建

低碳经济绩效评价的方法众多，不同的学者应用不同的方法，即使运用同一方法，选取的指标也因各地区差异而不尽相同，从众多文献来看，当前低碳经济发展绩效评价的常用方法为 DEA 方法，表 9-1 总结了国内学者主要选取的研究方法和指标。

表 9-1　国内学者选取的研究方法和指标

研究者	年份	方法	指标选取
王璐	2014	DEA	投入指标（资源投入、资本投入、劳动投入）；输出指标（GDP、第三产业增加值占比、碳排放量）
吴战勇	2015	DEA	输入指标（劳动投入量、资本投入量指标、资源投入）；输出指标（GDP 和二氧化碳排放量）
喻葩	2015	DEA	投入指标（固定资本、劳动力投入、能源消耗）；输出指标（GDP、二氧化碳排放）
谢志祥等	2017	DEA	投入指标（交通投入、绿化投入、土地投入、劳动力投入、资金投入、能源投入）；产出指标（碳排放总量—环境负荷、GDP—经济收益）
王晓珊	2018	DEA	投入指标（全社会固定资产投资、年末人口数、R&D 经费内部支出、森林覆盖率、工业污染治理投资、GDP/能源生产总量、GDP/能源消费总量）；产出指标（GDP/二氧化碳排放量）

在前人研究基础上，结合低碳经济发展的特点、三阶段 DEA 模型投入产出及环境变量要素和贵州低碳经济发展的实际状况，构建贵州低碳经济发展绩效评价指标体系，见表 9-2。

表 9-2 贵州低碳经济发展绩效评价指标体系

	指标维度	代表指标	单位
投入指标	资本投入	全社会固定资产投资	亿元
	能源投入	能源消费总量	万 tce
	人力资本投入	就业人口	万人
产出指标	期望产出	GDP	亿元
	非期望产出	碳排放量	万 t
环境变量	环保投资	环保投资	亿元
	科研支出	R&D 经费支出	亿元
	城镇化进程	城镇化率	%

从表 9-2 可知，在构建贵州低碳经济发展绩效评价指标体系的过程中，指标体系分为投入指标、产出指标和环境变量三个部分，其中投入指标的代表性指标包括全社会固定资产投资，能源消费总量及就业人口。产出指标主要有 GDP 和碳排放量。期望产出是指人们在一定的投入下渴望得到的回报；非期望产出是指人们在投入后不希望发生的结果，一般均具有负面作用。环境变量主要包括环保投资、R&D 经费支出及城镇化率。

9.1.2 评价模型的构建

(1) 第一阶段：传统的 DEA 模型

在第一阶段，用原始数据进行初始效率评价。DEA 模型分为投入导向和产出导向，根据具体分析目的，可以选择不同的导向。一般而言，大多数运用三阶段 DEA 模型的文献都选择投入导向的 BCC 模型。其效率方程模型为

$$\min\theta - \varepsilon(\boldsymbol{e}^{\mathrm{T}}S^{-} + \boldsymbol{e}^{\mathrm{T}}S^{+})$$

$$\text{s. t.}\begin{cases}\sum_{j=1}^{n} \boldsymbol{X}_j\lambda_j + S^- = \theta\boldsymbol{X}_0 \\ \sum_{j=1}^{n} \boldsymbol{Y}_j\lambda_j - S^+ = \boldsymbol{Y}_0 \\ \lambda_j \geqslant 0; S^-, S^+ \geqslant 0 \\ \boldsymbol{e}^{\mathrm{T}}S^- = \sum_{i=1}^{m} S_i^- \\ \boldsymbol{e}^{\mathrm{T}}S^+ = \sum_{r=1}^{s} S_r^+ \\ j = 1,2,\cdots,n \\ i = 1,2,\cdots,m \\ r = 1,2,\cdots,s \end{cases} \tag{9-1}$$

式中，j 为决策单元 DUM；$\boldsymbol{X}$、$\boldsymbol{Y}$ 分别为投入向量、产出向量；λ_j 为第 j 个 DMU 在所有 DMU 中占的权重；θ 为测度效率值；S^+ 和 S^- 为松弛变量；ε 为较小且大于 0 的常数。DEA 模型本质上是一个线性规划问题。

若 $\theta = 1$，$S^+ = S^- = 0$，则决策单元 DEA 有效；

若 $\theta = 1$，$S^+ \neq 0$ 或 $S^- \neq 0$，则决策单元弱 DEA 有效；

若 $\theta < 1$，则决策单元非 DEA 有效。

（2）第二阶段：SFA 回归

第二阶段主要关注松弛变量，并认为这种松弛变量可以反映初始的低效率，由环境因素、管理无效率和统计噪声构成。第二阶段的主要目标是将第一阶段的松弛变量分解成以上三种效应，要实现这个目标，只有借助于 SFA 回归，在 SFA 回归中，第一阶段的松弛变量对环境变量和混合误差项进行回归。对投入值进行重新调整，将各投入的松弛值当作因变量，将环境变量当作自变量，构建模型：

$$S_{ni} = X_{ni} - X_i\lambda \tag{9-2}$$

$$S_{ni} = f(Z_i;\beta_i) + v_{ni} + \mu_{ni} \quad i = 1,2,\cdots,I; n = 1,2,\cdots,N \tag{9-3}$$

式中，S_{ni} 为第 i 个决策单元第 n 项投入的松弛值；X_{ni} 为第 i 个决策单元中第 n 个投入；$X_i\lambda$ 为决策单元最佳的投入值；Z_i 为环境变量；β_i 为环境变量的系数；$v_{ni} + \mu_{ni}$ 为混合误差项；v_{ni} 为随机干扰；μ_{ni} 为管理无效率。其中，$v \sim N(0, \sigma_v^2)$ 为随机误差项，表示随机干扰因素对投入松弛变量的影响；μ 为管理无效率，表示管理因素对投入松弛变量的影响，假设其服从在零点截断的正态分布，即 $\mu \sim N^+(0, \sigma_\mu^2)$。设 $v \sim N(0, \sigma_v^2)$ 和 $\mu \sim N^+(0, \sigma_\mu^2)$ 独立不相关，即式（9-3）等价于：

$$S_{ni} = \beta_0 + \beta_1 s_1 + \beta_2 s_2 + \cdots + \beta_i s_i + v_{ni} + \mu_{ni} \tag{9-4}$$

对松弛值进行调整，运用 FRONTIER 4.1 软件，估计式（9-4）中的参数，我国对管理无效率分离的研究公式众多，本研究借鉴罗登跃（2012）、陈巍巍等（2014）的公式：

$$E(\mu \mid \varepsilon) = \sigma^* \left[\frac{\phi\left(\lambda \dfrac{\varepsilon}{\sigma}\right)}{\Phi\left(\lambda \dfrac{\varepsilon}{\sigma}\right)} + \frac{\lambda \varepsilon}{\sigma} \right] \tag{9-5}$$

式中，$\sigma^* = \dfrac{\sigma_\mu \sigma_v}{\sigma}$；$\sigma = \sqrt{\sigma_\mu^2 + \mu_v^2}$；$\lambda = \sigma_\mu / \sigma_v$。

计算随机误差项μ，其公式为

$$E(v_{ni} \mid v_{ni} + \mu_{ni}) = S_{ni} - f(Z_i;\beta_i) - E(\mu_{ni} \mid v_{ni} + \mu_{ni}) \tag{9-6}$$

SFA 回归的目的是剔除环境因素和随机因素对效率测度的影响，以便将所有决策单元调整于相同的外部环境中。通过以上计算及回归模型的结果，计算调整后的值，其调整公式为

$$\begin{aligned} X_{ni}^A &= X_{ni} + [\max f(Z_i;\hat{\beta}_n) - f(Z_i;\hat{\beta}_n)] + (\max v_{ni} - v_{ni}) \\ i &= 1,2,\cdots,I; n = 1,2,\cdots,N \end{aligned} \tag{9-7}$$

式中，X_{ni}^A 为调整后的投入；X_{ni} 为调整前的投入；$\max f(Z_i;\hat{\beta}_n) - f(Z_i;\hat{\beta}_n)$ 为对外部环境因素进行调整；$\max v_{ni} - v_{ni}$ 为将所有决策单元置于相同运气水平下。

（3）第三阶段：效率值测算

通过在第二阶段的调整，获得各个决策单元调整后的投入数值。将调整后的投入数值和原始产出数值再一次按照第一阶段的步骤，代入 DEA 模型当中，重新结算各个决策单元的效率，最终得到分离环境因素的干扰和随机误差的效率值。

9.1.3 低碳经济发展绩效评价与结果分析

在第一阶段中，通过对原始数据的收集，结合 DEAP 2.1 软件，对贵州 2005～2018 年低碳经济发展效率进行测算，统计分析结果见表 9-3。

表 9-3 贵州 2005～2018 年低碳经济发展效率值

年份	综合技术效率	纯技术效率	规模效率	规模报酬
2005	1.000	1.000	1.000	
2006	1.000	1.000	1.000	
2007	1.000	1.000	1.000	

续表

年份	综合技术效率	纯技术效率	规模效率	规模报酬
2008	1.000	1.000	1.000	
2009	1.000	1.000	1.000	
2010	0.990	1.000	0.991	irs
2011	1.000	1.000	1.000	
2012	1.000	1.000	1.000	
2013	1.000	1.000	1.000	
2014	0.990	0.991	0.999	irs
2015	0.972	0.989	0.983	irs
2016	0.993	1.000	0.993	drs
2017	0.981	0.991	0.990	irs
2018	1.000	1.000	1.000	
平均值	0.995	0.998	0.997	

注：irs 表示规模报酬递增；drs 表示规模报酬递减，下同

从表9-3看出，在不考虑外部因素影响的情况下，贵州2005～2018年的综合技术效率的平均值为0.995，纯技术效率的平均值为0.998，规模效率的平均值为0.997。贵州在2010年、2014年、2015年、2016年、2017年处于不同程度的无效率状态，其他年份均达到了DEA有效，有11个年份达到了技术有效，9个年份达到了规模有效，说明贵州低碳经济发展水平整体上处于中等水平。2010年和2016年的DEA无效率主要是规模无效导致的，说明应加大对规模效率的投入；2014年和2017年的纯技术效率小于规模效率，说明导致DEA无效的主要是对投入资源无效利用产生资源浪费，各投入要素不是处于最优的配置状态，进而导致技术效率无效。因此，要提升资源投入的利用效率。但从总体上来看，贵州在低碳经济发展过程中，纯技术效率较为良好；2015年，纯技术效率高于规模效率，因此在此阶段应把重点放在规模效率的投入上。从规模报酬的角度看，2010年、2014年、2015年、2017年贵州低碳经济处于规模报酬递增的阶段，为提高低碳经济发展水平，此时应该适当地增加规模要素的投入；2016年贵州低碳经济处于规模报酬递减的阶段，此时应减少规模要素的投入以提高低碳经济水平。整体而言，贵州纯技术效率略高于规模效率，说明贵州低碳经济发展过程中可以通过加大对规模要素的投入，形成规模效应从而提高贵州低碳经济发展水平。

第一阶段的效率值测算并没有考虑外部因素及随机误差的影响，因此估算的结果存在一定的误差，需进一步在考虑外部因素和随机误差影响的条件下进行测

算。将第一阶段——传统 DEA 模型中得到的各投入变量的松弛值当作因变量，将选取的环境因素当作自变量，通过运行 FRONTIER 4. 1 进行 SFA 回归，结果如表 9-4 所示。

表 9-4　第二阶段 SFA 回归结果

变量	全社会固定资产投资/亿元	能源消费总量/万 tce	就业人口/万人
常数项	-1.86×10^3 ***	-1.04×10^2 ***	-1.94×10 ***
环保投资/亿元	-4.51 ***	1.26×10^{-1} ***	5.80×10^{-2} *
R&D 经费支出/亿元	-4.46 **	-1.15 *	-2.18×10^{-1} **
城镇化率/%	6.76 ***	3.74 ***	5.70×10^{-1} **
σ^2	6.72×10^4	2.40×10^3	8.97×10
γ	0.999 999 99	0.999 999 99	0.999 999 99

从表 9-4 运算结果可知，环境变量与投入指标的松弛值间的关系通过了 1%、5% 和 10% 的显著检验，其中 *** 代表 1% 显著水平以上，** 代表 5% 显著水平以上，* 代表 10% 显著水平以上，说明环境变量对各投入指标有影响，且表 9-4 中各投入变量的冗余值的 γ 值越接近丁 1，说明投入的指标越受环境变量的影响。若投入指标的冗余值与环境变量之间呈正相关，说明增加环境变量的值使得冗余值增大，不利于效率的提升，此时应减少投入量的投资；若投入指标的冗余值与环境变量之间呈负相关，说明增加环境变量的值使得冗余值减小，有利于效率的提升，此时应增加投入量的投资。由表 9-5 可知，城镇化率与投入指标的松弛值呈正相关，与 R&D 经费支出、环保投资呈负相关，说明增加 R&D 经费支出和环保投资有利于贵州低碳经济效率的提升。

通过第二阶段 SFA 回归结果的分析，结合式（9-2）~式（9-7），计算出管理无效率，进而计算出环境变量和随机扰动下的调整值，最后得出调整后的值。以调整后的值作为新的投入量，再次运行 DEAP 2. 1，得到结果（表 9-5）。

表 9-5　贵州 2005 ~ 2018 年调整后低碳经济发展效率值

年份	综合技术效率	纯技术效率	规模效率	规模报酬
2005	0.949	1.000	0.949	irs
2006	1.000	1.000	1.000	
2007	1.000	1.000	1.000	
2008	1.000	1.000	1.000	
2009	1.000	1.000	1.000	

续表

年份	综合技术效率	纯技术效率	规模效率	规模报酬
2010	1.000	1.000	1.000	
2011	1.000	1.000	1.000	
2012	1.000	1.000	1.000	
2013	1.000	1.000	1.000	
2014	0.983	0.993	0.990	irs
2015	0.975	0.991	0.984	irs
2016	0.995	1.000	0.995	drs
2017	0.983	0.993	0.990	irs
2018	1.000	1.000	1.000	
平均值	0.992	0.998	0.993	

由表9-5可知，经过调整后的效率值无效的年份有2005年、2014年、2015年、2016年、2017年，相较于调整前，2005年从有效变为无效，其他无效年份的数值均呈现一定程度的变化，说明贵州环境因素和随机干扰项对低碳绩效水平有着重要的影响作用。2005～2017年，调整后的综合技术效率平均值为0.992、纯技术效率平均值为0.998、规模效率的平均值为0.993。在综合技术效率非有效的年份中，2005年、2014年、2015年、2016年、2017年纯技术效率都大于规模效率，其中2005年、2016年的纯技术效率都为1，说明在这段时期内，规模效率是制约DEA有效的主导因素；2005年、2014年、2015年、2018年都出现了规模报酬递增的现象，说明在这段时期内，增加对规模的投入，可以促使DEA有效。2016年出现了规模报酬递减，说明在这段时期内，应适当减少规模效率的投入促使DEA有效。

为更好地对比贵州无效年份的低碳经济发展效率的发展趋势，将调整前后的效率值整合，结果见表9-6。

表9-6　贵州2005～2018年调整前后低碳经济发展效率对比

年份	综合技术效率		纯技术效率		规模效率		规模报酬		DEA	
	调整前	调整后	调整前	调整后	调整前	调整后	调整前	调整后	调整前	调整后
2005	1.000	0.949	1.000	1.000	1.000	0.949		irs	有效	无效
2006	1.000	1.000	1.000	1.000	1.000	1.000			有效	有效
2007	1.000	1.000	1.000	1.000	1.000	1.000			有效	有效
2008	1.000	1.000	1.000	1.000	1.000	1.000			有效	有效

续表

年份	综合技术效率		纯技术效率		规模效率		规模报酬		DEA	
	调整前	调整后	调整前	调整后	调整前	调整后	调整前	调整后	调整前	调整后
2009	1.000	1.000	1.000	1.000	1.000	1.000			有效	有效
2010	0.991	1.000	1.000	1.000	0.991	1.000	irs		无效	有效
2011	1.000	1.000	1.000	1.000	1.000	1.000			有效	有效
2012	1.000	1.000	1.000	1.000	1.000	1.000			有效	有效
2013	1.000	1.000	1.000	1.000	1.000	1.000			有效	有效
2014	0.990	0.983	0.991	0.993	0.999	0.990	irs	irs	无效	无效
2015	0.972	0.975	0.989	0.991	0.983	0.984	irs	irs	无效	无效
2016	0.993	0.995	1.000	1.000	0.993	0.995	drs	drs	无效	无效
2017	0.981	0.983	0.991	0.993	0.990	0.990	irs	irs	无效	无效
2018	1.000	1.000	1.000	1.000	1.000	1.000			有效	有效
平均值	0.995	0.992	0.998	0.998	0.997	0.993				

由表9-6可知，在剔除环境和随机干扰的影响后，贵州低碳经济发展效率在2005年和2014年有着不同程度的下降，而在2010年、2015年、2016年和2017年有着不同程度的上升。从纯技术效率上来看，2005～2013年，纯技术效率在调整前后都为有效，没有发生变化，2014年、2015年、2017年，纯技术效率在调整后有所提高；从规模效率来看，规模效率2005年由调整前的有效变为无效，2010年从调整前的无效变为有效，2014年、2015年、2016年和2017年都较调整前有略微的变动且接近有效水平，应继续追加规模投入，提高规模效率。整体来看，综合技术效率=纯技术效率×规模效率，当综合技术效率=1时，纯技术效率=规模效率=1；贵州低碳经济效率总体处属于中等偏上水平，会受环境和随机干扰的影响，从表9-6中数据可知，综合技术效率和规模效率在受环境和随机干扰影响后其效率值有所下降，而纯技术效率的平均值并没有发生变化，这可能是其在DEA分析中处于较好的环境或者有较好的运气所致。

9.2 低碳经济发展影响因素分析

低碳经济发展受诸多因素影响，本节从碳排放影响因素和能源消费影响因素两个角度来分析贵州低碳经济发展影响因素。

9.2.1 碳排放影响因素分析

单位 GDP 能源消费量是指在一定的时期内，一个国家或地区每生产一个单位的 GDP 所消耗的能源量，是能源消费水平、节能降耗和技术发展的重要指标。单位 GDP 的影响因素主要分为能源的消费组成、经济的增长模式、技术装备的先进性及能源消费总量（钱航，2018）。近年来，碳排放量的增加导致全球气候变化是一个不争的事实。国内外许多学者着手研究碳排放的影响因素，认为技术指标单位 GDP 能源消费量是影响碳排放的关键因素。李国志和李宗植（2010）、夏鸣等（2019）等对碳排放影响因素进行分析，认为技术的进步影响碳排放量。

日本学者 Kaya 于 1989 年在联合国政府间气候变化专门委员会举办的研讨会上提出了恒等式，该恒等式也因此而得名，且当前广泛应用于碳排放影响因素的研究中，它通过一种简单的数学公式将二氧化碳排放量与经济、政策、人口等因素联系起来，与实际联系较为紧密（侯鹏飞，2012）。基于此，本节在参照前人研究的基础上，考虑能源强度、能源消费、经济发展、人口及能源消费结构效益五个要素，选取 Kaya 恒等式并结合 LMDI 分解模型对贵州碳排放影响因素进行分析

（1）Kaya 恒等式

在对贵州碳排放影响因素的分析中，将能源碳排放强度、能源强度、人均 GDP 和人口纳入影响因素分析体系当中，构建 Kaya 恒等式。

$$CO_2 = \frac{CO_2}{E} \times \frac{E}{GDP} \times \frac{GDP}{P} \times P \tag{9-8}$$

式中，CO_2 为二氧化碳排放量；E 为能源消费量；GDP 为国内生产总值；P 为贵州常住总人口；$\frac{CO_2}{E}$ 为能源碳排放强度；$\frac{E}{GDP}$ 为能源强度，表示单位 GDP 能源消费量；$\frac{GDP}{P}$ 为人均 GDP。式（9-8）可以进一步转换为

$$CO_2 = \sum_{i=1}^{3} \frac{C_i}{E_i} \times \frac{E}{GDP} \times \frac{GDP}{P} \times \frac{E_i}{E} \times P = \sum_{i=1}^{3} \varepsilon_i SMe_i P \tag{9-9}$$

式中，i 为能源消费类型；ε_i 为第 i 种能源的碳排放系数；S 为能源碳排放强度；M 为人均 GDP，表示经济增长；e_i 为第 i 种能源的消费比例，表示能源的消费结构。

（2）LMDI 分解模型

纵观国内对碳排放影响因素的研究，主要采用的方法是 LMDI 对数分解法和

STIRPAT 模型法。本研究应用 LMDI 对数分解法。LMDI 对数分解法是由 Ang 等在 20 世纪 90 年代提出的一种分解方法，属于 Divisia IDA 的一个分支（钱航，2018），该方法共有乘法和加法两种分解形式，本研究采取加法的形式，采用碳排放因子效应、能源强度效应、经济效应、人口效应和能源消费结构效应五大效应建立 LMDI 模型。

根据 LMDI 对数分解法，将式（9-9）分解为

$$\Delta C = C_{t_2} - C_{t_1} = \Delta C_{\varepsilon} + \Delta C_{S} + \Delta C_{M} + \Delta C_{e} + \Delta C_{P} \tag{9-10}$$

式中，ΔC 为碳排放效应；ΔC_{ε} 为碳排放因子效应；ΔC_{S} 为能源强度效应；ΔC_{M} 为经济效应；ΔC_{e} 为能源消费结构效应；ΔC_{P} 为人口效应；t_1 和 t_2 为相邻的 2 年；$\Delta C_{t_2} - \Delta C_{t_1}$ 为两时期之间的碳排放增量。

根据 LMDI 对数分解法，本研究的碳排放分解因子的权重可表示为

$$w = \sum_{i=1}^{3} \frac{C_{t_2} - C_{t_1}}{\ln C_{t_2} - \ln C_{t_1}} \tag{9-11}$$

因此，碳排放因子效应 ΔC_{ε}、能源强度效应 ΔC_{S}、经济效应 ΔC_{M}、能源消费结构效应 ΔC_{e}、人口效应 ΔC_{P} 的计算公式分别为

$$\begin{aligned}
\Delta C_{\varepsilon} &= \sum_{i=1}^{3} \frac{C_{t_2} - C_{t_1}}{\ln C_{t_2} - \ln C_{t_1}} \times \ln \frac{\varepsilon_{t_2}}{\varepsilon_{t_1}} \\
\Delta C_{S}0 &= \sum_{i=1}^{3} \frac{C_{t_2} - C_{t_1}}{\ln C_{t_2} - \ln C_{t_1}} \times \ln \frac{S_{t_2}}{S_{t_1}} \\
\Delta C_{M} &= \sum_{i=1}^{3} \frac{C_{t_2} - C_{t_1}}{\ln C_{t_2} - \ln C_{t_1}} \times \ln \frac{M_{t_2}}{M_{t_1}} \\
\Delta C_{e} &= \sum_{i=1}^{3} \frac{C_{t_2} - C_{t_1}}{\ln C_{t_2} - \ln C_{t_1}} \times \ln \frac{e_{t_2}}{e_{t_1}} \\
\Delta C_{P} &= \sum_{i=1}^{3} \frac{C_{t_2} - C_{t_1}}{\ln C_{t_2} - \ln C_{t_1}} \times \ln \frac{P_{t_2}}{P_{t_1}}
\end{aligned} \tag{9-12}$$

由于单位能源生产的二氧化碳含量是不变的，所以 $\Delta C_{\varepsilon} = 0$，即碳排放效应可表达为

$$\begin{aligned}
\Delta C = &\sum_{i=1}^{3} \frac{C_{t_2} - C_{t_1}}{\ln C_{t_2} - \ln C_{t_1}} \times \ln \frac{S_{t_2}}{S_{t_1}} + \sum_{i=1}^{3} \frac{C_{t_2} - C_{t_1}}{\ln C_{t_2} - \ln C_{t_1}} \times \ln \frac{M_{t_2}}{M_{t_1}} \\
&+ \sum_{i=1}^{3} \frac{C_{t_2} - C_{t_1}}{\ln C_{t_2} - \ln C_{t_1}} \times \ln \frac{e_{t_2}}{e_{t_1}} + \sum_{i=1}^{3} \frac{C_{t_2} - C_{t_1}}{\ln C_{t_2} - \ln C_{t_1}} \times \ln \frac{P_{t_2}}{P_{t_1}}
\end{aligned} \tag{9-13}$$

(3) 结果分析

1) 能源碳排放量分析。从能源统计年鉴找到各能源的消费量，结合各能源的碳排放系数，计算出能源碳排放量，如图 9-1 所示。

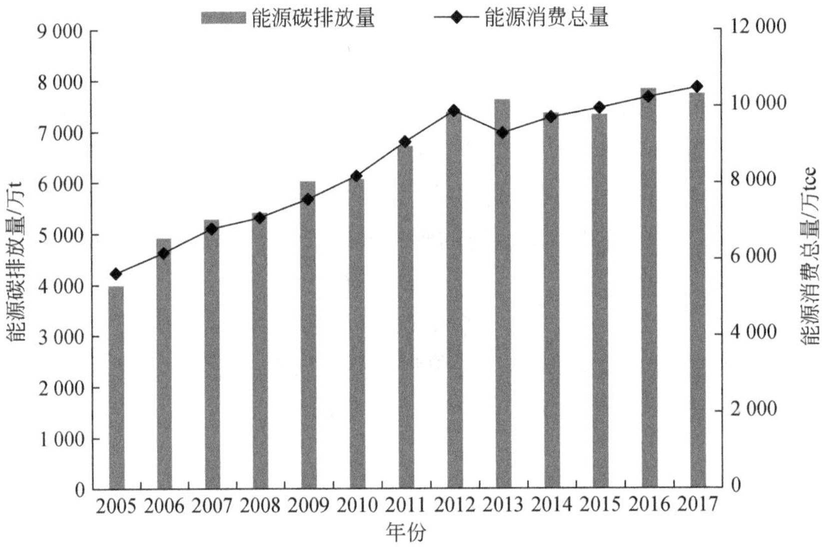

图 9-1　贵州 2005 ~ 2017 年能源碳排放量及能源消费总量的动态变化趋势

由图9-1 可知，贵州能源消费总量从2005 年的5641. 25 万 tce 增加到2017 年的 10 482. 2 万 tce，共增长 4840. 95 万 tce，年均增长 403. 41 万 tce，年均增长率为 5. 30%；能源碳排放量从 2005 年的 3989. 97 万 t 增加至 2017 年的 7738. 39 万 t，共增长 3748. 42 万 t，年均增长 312. 37 万 t，年均增长率为 5. 68%。贵州能源消费总量在 2005 ~ 2017 年一直保持着增加的趋势，其中 2005 ~ 2012 年增长速度较快，2013 年能源碳排放量较 2012 年略有下降，之后的几年呈现缓慢上升的趋势；贵州能源碳排放量与能源消费总量的增长趋势大致一致，2014 年较 2013 年略有下降。贵州属于喀斯特山区，近几年来经济快速发展，其能源碳排放量和能源消费总量的增长速度都有所放缓，一方面是因为贵州在借鉴其他发达省份的经验，在发展的同时兼顾环境保护，不走先污染后治理的老路；另一方面是由于先进技术的发展，单位 GDP 能源消费量降低，能源的碳排放强度降低，从而减缓了碳排放量的增长速度；再者，当前我国提倡使用新能源，贵州能源消费结构发生了变化，碳排放较大的能源逐步被清洁能源和可再生能源所代替。

2) 碳排放影响因素分析。根据 Kaya 恒等式和 LMDI 分解模型，结合《贵州统计年鉴》中的数据，选取能源强度效应、经济效应、能源消费结构效应和人口效应四个因素，对 2005 ~ 2017 年贵州碳排放影响因素进行分解，见表 9-7。

表 9-7　贵州碳排放影响因素分解　　　（单位：万 t）

时段	能源强度效应 ΔC_S	人口效应 ΔC_P	经济效应 ΔC_M	能源消费结构效应 ΔC_e	碳排放 ΔC
2005 ~ 2006 年	-283. 32	-47. 83	730. 33	526. 53	925. 71
2006 ~ 2007 年	-574. 06	-80. 69	1 147. 68	-141. 18	351. 75
2007 ~ 2008 年	-908. 24	-53. 21	1 180. 23	-100. 59	118. 19
2008 ~ 2009 年	-160. 77	-94. 47	631. 39	251. 44	627. 59
2009 ~ 2010 年	-513. 18	-99. 97	1 081. 27	-437. 88	30. 24
2010 ~ 2011 年	-707. 00	-18. 39	1 387. 28	-7. 76	654. 13
2011 ~ 2012 年	-691. 82	30. 55	1 264. 61	66. 32	669. 66
2012 ~ 2013 年	-1 724. 05	38. 98	1 231. 24	678. 30	224. 47
2013 ~ 2014 年	-696. 92	12. 44	1 007. 95	-593. 09	-269. 62
2014 ~ 2015 年	-740. 42	44. 79	874. 76	-244. 31	-65. 18
2015 ~ 2016 年	-640. 84	54. 55	795. 43	281. 31	490. 45
2016 ~ 2017 年	-884. 23	54. 55	1 021. 60	-293. 66	-101. 74
合计	-8 524. 85	-158. 70	12 353. 77	-14. 57	3 655. 65

从表 9-7 可知，各分解因素对贵州碳排放量的作用分为两类，一类是引起碳排放增加的经济效应，经济效应促使碳排放增加了 12 353. 77 万 t；另一类是引起碳排放减少的能源强度效应、人口效应和能源消费结构效应，三种效应分别使碳排放减少 8524. 85 万 t、158. 70 万 t 和 14. 57 万 t。由此可知，贵州碳排放主要是经济效应产生的，经济效应与碳排放增加呈正相关；促使碳排放减少的主要因素是能源强度效应，说明能源强度效应与碳排放增加呈负相关；能源消费结构效应和人口效应在研究期内与碳排放增加呈负相关。

经济效应是贵州 2005 ~ 2017 年碳排放增加的决定因素。总的来说，经济效应是引起 2005 ~ 2017 年贵州碳排放增加的唯一的因素，其贡献率达到了 337. 94% 。由表 9-7 中数据可知，经济效应引起的碳排放量在每一年都占据着主导地位。西部大开发战略给贵州的发展带来了机遇，截至 2020 年底，贵州已经完成了全面脱贫的目标，消除了绝对贫困，贵州大力发展经济，提高发展速度，从而使得经济迅速增长。但在经济的增长过程中，消耗了大量煤炭、天然气、石油等其他的化石燃料，从而加大了碳排放量；伴随着经济水平的提高，人们对生活的质量要求也不断提高，随之对各种消费品的需求也不断加大，导致碳排放增加。

能源强度效应是碳排放减少的主要因素，2005～2017 年，能源强度效应使得贵州碳排放减少了 8524.85t，其对碳排放增加的贡献率为-233.20%。碳排放强度可以作为衡量是否是资源节约型、环境友好型社会的标准。能源强度的减少可以抑制碳排放量的增加，贵州在发展经济的过程中，一直在探索走出一条符合喀斯特山区低碳经济发展的道路。不断优化和改变其发展模式，注重对资源的循环利用，通过不断创新和改进资源利用技术，提高能源利用的技术标准，从而提高资源的利用效率。

人口效应从总体来说使得碳排放量减少了 158.70 万 t。2005～2011 年，人口效应持续使碳排放量减少，共减少 394.56 万 t。2011～2017 年，人口效应使得碳排放量增加，共增加 235.86 万 t。按照当前的发展趋势，接下来的时间里，人口效应将继续导致碳排放量增加。近几年来，随着交通条件不断得到改善，贵州凭借其优越的自然条件一度成为旅游的热门省份之一，贵阳温和的气候吸引了大量的外来人口居住；再者，贵州成为许多高科技产业数据中心的重要基地，也吸引了大量的外来人员；西部大开发也促使贵州新增许多外来务工人员。人口的增加必然会加大对消费品的需要，从而引起碳排放量的增加。

能源消费结构效应使得贵州 2005～2017 年碳排放量减少了 14.57 万 t，优化能源消费结构效应对碳排放的减少有着重要的影响作用。就当前来说，贵州能源消费结构还需要进一步优化。贵州当前正在探索一条符合贵州实际情况的低碳经济发展道路。因此，积极推广绿色新能源的使用，大力研发清洁、可再生能源，对贵州低碳经济发展有着重要的作用。

9.2.2 能源消费影响因素分析

根据产品需求消费理论、现实实际情况和其他学者的研究经验，得出影响能源消费的因素主要分为四大类：自然及社会因素、制度及政策因素、价格因素、技术因素（康秋匣，2015），主要表现在产业结构、能源价格、能源消费结构、经济发展水平、技术进步和人口数量等方面。

IPAT 模型由美国著名人口学家 Ehrlich 和 Holdren 在 1971 年提出，该模型认为环境压力是人口、富裕度和技术的乘积。之后许多学者将该模型应用于各个领域的研究，该模型在国内主要应用在能源消耗、草业、环境影响分析、人类碳足迹和二氧化碳等方面（王小伟等，2019）。本研究将 IPAT 模型运用于能源消费方面，在对碳排放影响因素分析的基础上，借鉴前人的研究，从能源强度因子、人口效应因子和经济发展因子的角度运用 IPAT 方程并结合 LMDI 分解模型对能源消费量的影响进行分析。

（1）IPAT 方程

IPAT 方程的基本表达式为

$$I = PAT \tag{9-14}$$

式中，I 为能源消耗对碳排放的影响；P 为人口规模；A 为经济发展发展程度，$A = \frac{\mathrm{GDP}}{P}$；$T$ 为技术，$T = \frac{E}{\mathrm{GDP}}$。

将式（9-14）调整为能源消费的 IPAT 方程，其表达式为

$$E = IPA \tag{9-15}$$

式中，E 为能源消费总量；I 为单位 GDP 能源负荷；A 为人均 GDP；P 为人口规模。

设 E_{t_1} 和 E_{t_2} 分别为相邻两年的能源消费总量，则

$$\Delta E = E_{t_2} - E_{t_1} = I_{t_2} P_{t_2} A_{t_2} - I_{t_1} P_{t_1} A_{t_1} \tag{9-16}$$

（2）LMDI 对数分解法

根据式（9-14）~式（9-16），可得

$$\Delta \mathrm{EI} = \sum_{i=1}^{3} \frac{E_{t_2} - E_{t_1}}{\ln \frac{E_{t_2}}{E_{t_1}}} \times \ln \frac{I_{t_2}}{I_{t_1}}$$

$$\Delta \mathrm{EA} = \sum_{i=1}^{3} \frac{E_{t_2} - E_{t_1}}{\ln \frac{E_{t_2}}{E_{t_1}}} \times \ln \frac{A_{t_2}}{A_{t_1}} \tag{9-17}$$

$$\Delta \mathrm{EP} = \sum_{i=1}^{3} \frac{E_{t_2} - E_{t_1}}{\ln \frac{E_{t_2}}{E_{t_1}}} \times \ln \frac{P_{t_2}}{P_{t_1}}$$

式中，EI 为能源强度因子；EP 为人口效应因子；EA 为经济发展因子；E_i 为煤炭、石油、天然气的能源消费量。通过式（9-17），式（9-16）可进一步转换为

$$\Delta E = E_{t_1} - E_{t_2} = \Delta \mathrm{EI} + \Delta \mathrm{EA} + \Delta \mathrm{EP} = \sum_{i=1}^{3} \frac{E_{t_2} - E_{t_1}}{\ln \frac{E_{t_2}}{E_{t_1}}} \times \ln \frac{I_{t_2}}{I_{t_1}}$$
$$+ \sum_{i=1}^{3} \frac{E_{t_2} - E_{t_1}}{\ln \frac{E_{t_2}}{E_{t_1}}} \times \ln \frac{A_{t_2}}{A_{t_1}} + \sum_{i=1}^{3} \frac{E_{t_2} - E_{t_1}}{\ln \frac{E_{t_2}}{E_{t_1}}} \times \ln \frac{P_{t_2}}{P_{t_1}} \tag{9-18}$$

（3）结果分析

根据式（9-17）~式（9-18）及《贵州统计年鉴》中相关指标的原始数据，计算出贵州能源消费影响因素，结果见表9-8。

表9-8　贵州2005~2017年能源消费影响因素分解（单位：万tce）

时段	ΔEI	ΔEA	ΔEP	ΔE
2005~2006年	-534.74	1 378.41	-90.27	753.40
2006~2007年	-1 082.48	2 164.12	-152.15	929.49
2007~2008年	-1 708.86	2 220.60	-100.12	411.62
2008~2009年	-302.44	1 187.78	-177.72	707.62
2009~2010年	-965.29	2 033.86	-188.04	880.53
2010~2011年	-1 328.60	2 607.01	-34.56	1 243.85
2011~2012年	-1 300.76	2 377.73	57.44	1 134.41
2012~2013年	-3 239.74	2 313.68	73.25	-852.81
2013~2014年	-1 307.19	1 890.58	23.33	606.72
2014~2015年	-1 384.68	1 635.91	83.77	335.00
2015~2016年	-1 194.80	1 483.03	101.70	389.93
2016~2017年	-1 646.30	1 902.07	101.56	357.33
合计	-15 995.88	23 194.78	-301.81	6 897.09

由表9-8可知，贵州能源强度因子与能源消费总量呈现负相关关系，由能源强度因子引起能源消费总量减少了15 995.88万tce，其贡献率为-231.92%。2005~2017年，由能源强度因子引起的能源消费总量总体上在减少，说明贵州单位GDP所消耗的能源在降低，能源利用效率在不断提高；经济因子对贵州能源消费总量的影响最大，由经济发展因子引起的能源碳消费总量增加了23 914.78万tce，其贡献率为336.30%，从表9-8中可以看出，2005~2017年，由经济发展因子引起的能源消费总量总体呈现上升的趋势，随着贵州经济发展速度的加快，社会也不断进步，对能源的消费也不断加大，所以经济因子导致能源消费总量大幅提高；在研究时间内人口效应因子总体上与能源消费总量呈负相关关系，使得能源消费总量减少了301.81万tce。根据计算结果，可将人口效应因子对能源消费总量的影响分为两个时间段，一是2005~2011年，人口效应因子与能源消费总量呈负相关关系；二是2011~2017年，人口效应因子与能源消费总量呈正相关关系，说明伴随着贵州常住人口的增多，由人口效应因子引起的能源消费总量在增加，按照当前的发展状况及贵州经济发展的速度，贵州的发展吸引

了大量外来人口，这种人口的迁入将会进一步增加贵州能源消费总量。

9.3 本章小结

本章主要运用三阶段 DEA 模型对贵州低碳经济发展效率进行绩效评价，同时运用 Kaya 恒等式、LMDI 对数分解法和 IPAT 方程从碳排放影响因素和能源影响因素两个角度对贵州碳排放因素进行分析。

通过三阶段 DEA 模型对贵州 2005～2018 年低碳经济进行绩效评价，对比第一阶段和第三阶段 DEA 模型结果得出：①贵州 2005～2018 年低碳经济效率整体处于中等水平，2005～2018 年有 5 个年份达到 DEA 无效，9 个年份达到 DEA 有效，从整体上来看，导致 DEA 无效的原因主要是规模效率，因此贵州在接下来的发展年份中，应注重规模效率的投入。②通过运行第二阶段随机前沿回归结果，在计算出管理无效率的前提下，剔除环境变量和随机干扰项的影响后，得到新的投入值，再次运行 DEAP 2.1，得到新的效率值，对比第一阶段效率值发现，纯技术效率的平均值没有发生变化，但在不同的年份其效率值在一定程度上发生改变，综合技术效率和规模效率的平均值都有一定程度的下降，说明环境变量和随机干扰项对贵州低碳经济发展效率有一定程度的影响。③从整体上来看，综合技术效率等于纯技术效率乘以规模效率，当纯技术效率达到有效后，导致 DEA 无效的主要是规模效率，2005～2018 年，调整前这种情况发生在 2010 年和 2016 年，调整后这种情况发生在 2005 年和 2016 年。调整前后达到纯技术效率有效的都是 11 个年份，因此在研究期内，影响贵州低碳经济发展效率的最主要因素是规模效率，在规模递增的年份，贵州应寻求时机，适当地加大对规模的投入以促使贵州低碳经济发展水平进一步提高。

从碳排放影响因素和能源消费影响因素两个角度来分析贵州低碳经济影响因素，研究结果表明：①经济因素与碳排放量呈正相关，同时经济效应是贵州 2005～2017 年碳排放量增加的决定因素，2005～2017 年经济因素引起的碳排放量为 12 353.77 万 t，其贡献率为 337.94%。能源强度效应与碳排放呈负相关，能源强度效应对减少碳排放量起着主导作用，能源强度效应在 2005～2017 年，为贵州减少了 8524.85 万 t 碳排放量，其贡献率为 -233.20%。能源消费结构效应和人口效应在贵州研究时间内整体上与碳排放量呈负相关关系，但在不同的年份也呈现不同的相关关系，因此优化能源消费结构对贵州减排有着重要的作用，人口效应在 2005～2011 年与碳排放呈负相关，但在 2011 年后呈正相关，按照当前贵州经济的发展趋势，随着外来人口的迁入，贵州人口效应与碳排放量将持续呈正相关的关系。2005～2017 年能源消费结构效应对碳排放量的贡献率为 -0.4%；

人口效应对碳排放量的贡献率为4.34%，虽然能源消费结构效应和人口效应对碳排放的影响较小，但它们仍然是不可忽视的因素。②经济因素与能源消费呈正相关，同时经济发展因子是对能源消费贡献最大的因素，由经济发展因子产生的能源消费总量为23 194.78 万 tce，其贡献率为 336.30%。③贵州能源强度因子与能源消费总量呈负相关关系，由能源强度因子引起的能源消费总量减少了 15 995.88 万 tce，其贡献率为-231.92%，人口效应因子对能源消费总量的影响与对碳排放量的影响基本一致，人口效应因子引起的能源消费总量减少了 301.81 万 tce，其贡献率为-4.38%。

综上所述，经济因素是引起贵州碳排放和能源消费量增加的主要因素，因此贵州在经济发展过程中要注重探索出一条低碳绿色发展的道路，能源强度是贵州碳排放和能源消费量减少的重要因素，因此要不断加大对先进技术的投入，促使单位 GDP 能源消费量进一步减少；能源消费结构效应和人口效应因子与碳排放及能源消费量的关系既有正相关，也有负相关，贵州在发展过程中应不断研发利用新能源和清洁能源，优化能源消费结构，合理控制人口数量，使得两者与碳排放和能源消费量保持负相关。贵州正处于发展的关键时期，探索出一条符合贵州低碳经济发展的道路，对推进喀斯特山区生态文明建设和绿色低碳发展具有重要意义。

第 10 章 基于系统动力学模型的贵州低碳经济发展研究

本章在前期低碳经济相关研究的基础上，采用系统动力学方法，从经济、社会、能源、碳排放四个方面利用 Vensim 软件建立系统动力学模型，利用系统动力学联系与发展的特点，预测在强脱钩分析、扩张性负脱钩分析、弱脱钩分析的状态下，贵州经济发展子系统、社会发展子系统、能源消费子系统、碳排放子系统动态发展关系，预测贵州低碳经济发展走向。

10.1 系统动力学概述

在了解系统动力学评价方法的基础上，通过对系统动力学的概念及发展进程进行梳理，确定建模原则，厘清建模步骤，为贵州低碳经济发展的系统动力学模型研究（确定系统边界、绘制因果流图、进行仿真模拟）提供理论支撑。

系统动力学由美国麻省理工学院 Forrester 教授提出，用于解决非线性因素引起的高阶次、复杂的社会、经济、生态等系统问题。系统动力学先后经历了三个阶段：第一阶段为该学科的诞生，即 20 世纪 50 ~ 60 年代，为后期系统动力学蓬勃发展奠定了雄厚基础。第二阶段为 20 世纪 70 ~ 80 年代以后，系统动力学进入蓬勃发展时期，受到世界范围的关注，这促进其在全球的传播和发展，确定了其在经济社会问题研究中的学科地位。第三阶段为 20 世纪 90 年代至今，系统动力学被广泛应用与传播，与之相关的著作《增长的极限》《超越极限：正视全球性崩溃，展望可持续的未来》提出从现状过渡到可持续发展社会的路径，引发热议。从管理科学角度，系统动力学逐渐成为管理科学的主流研究方法之一。

系统动力学方法主要为借助计算机软件，针对复杂系统之间的因果关系、响应产生的反馈事件进行研究，通过对各种反馈进行研究，对现有数据、情报进行收集整理，建立仿真预测结构。模型的主要功能在于向人们提供一个进行学习与政策分析的工具。从系统方法论上来说，系统动力学方法主要是结构、历史与功能的统一，将定性与定量研究方法相结合，综合系统的推理，按照模型的建立推断研究系统问题的未来走向。系统结构可以看作是一个复杂的网络，错综复杂的要素之间相互联系与制约，组成这些系统结构与要素的主要包括状态变量、速率变量和辅助变量等。结合系统动力学自身的优势，总结出其具有以下特征。

1）用于解释经济、社会等复杂的问题。系统动力学将各要素结合起来，探究各系统之间的动态关系，解决经济、社会、生态等系统中复杂结构、功能与行为之间辩证统一的交叉与综合性问题，梳理系统之间的联动关系，解决全系统出现的问题。

2）定性与定量相结合，历史、结构与功能相结合。系统动力学通过 Vensim 软件对研究要素建立动态的仿真模型，并进行相关存量流量图绘制，将已有的相关数据与趋势相结合，构建系统方程式及模型。

3）解决数据完整性、周期性问题。模型在构建中会涉及指标难以量化，或者收集数据难度较大等问题，通过构建系统动力学模型，建立和发现指标或者系统中的动态因果关系，根据已有数据进行演绎，推理得出完整数据，解决周期预测等问题。

4）长期有效的预测，提供政策参考。系统动力学设计的初衷与落脚点在于通过现有的社会经济现实，推断未来的走向，并根据不同情景条件设置，找到长期有效的理想发展路径，实现可持续发展。

10.2 低碳经济发展要素分析

探究影响贵州低碳经济系统的关键变量，并将此确定为研究主要问题及对象，确定系统边界，在此基础上构建系统动力学模型，系统中包括经济发展子系统、社会发展子系统、能源消费子系统、碳排放子系统。其中，经济发展子系统、能源消费子系统与碳排放子系统为系统中的重点研究对象，社会发展子系统为辅助研究系统，系统之间相互连接、相互影响与制约。

10.2.1 经济发展子系统

经济基础是上层建筑的重要保障。在贵州低碳经济的发展中，经济发展子系统为其他子系统及各项指标提供了基础条件。经济发展子系统假设贵州经济得到又好又快发展，不仅推动社会各项事业进步，而且增加了科技经济、产业结构升级等技术资金的投入，促进能源消费增长率降低及能源消耗碳排放减少。

在经济发展子系统中，首要考虑的是 GDP，在以 GDP、GDP 增长率为基础的情况下，选取固定资产投资、三次产业产值及其产业就业人口等指标，同时考虑其他系统之间的关系，突出贵州经济社会、能源消费与碳排放之间的关系，构建能源消费及增长率、科技投入、总人口与 GDP 之间的因果联系。经济发展子系统评估指标如表 10-1 所示。

表 10-1 经济发展子系统评价指标

指标序号	评价指标	指标含义	单位
1	GDP	国内生产总值	亿元
2	人均 GDP	GDP/总人口	元
3	GDP 增长率	本年度 GDP/上年度 GDP-1	万元/年
4	第一产业产值	第一产业当年生产总值	亿元
5	第二产业产值	第二产业当年生产总值	亿元
6	第三产业产值	第三产业当年生产总值	亿元
7	固定资产投资	购置固定资产并产生作用的货币表现值	亿元
8	R&D 投入	GDP×R&D 投入比例	亿元
9	人均固定资产投资	固定资产投资/总人口	元

10.2.2 社会发展子系统

社会发展通常被视作以人为中心的各种社会文化活动的综合，人口是社会发展的重要因素，在低碳经济与能源消费中扮演重要角色，人均能源消费量对能源消费总量的相互作用、城镇发展、高等教育的投入比例都与人口相关。除此之外，需考虑各产业发展产值需要投入的劳动力，以及绿色低碳经济发展的背景下，医疗等技术水平提高，人口自然增长率增长及人均碳排放量的变化趋势预测等。以上指标构成社会发展子系统，具体评价指标如表 10-2 所示。

表 10-2 社会发展子系统评价指标

指标序号	评价指标	指标含义	单位
1	人口数量	常住人口	万人
2	R&D 投入	GDP×R&D 投入比例	亿元
3	人口自然增长率	人口出生率-死亡率	‰
4	城镇居民恩格尔系数	食品消费支出总额/个人消费	
5	第一产业就业人数	第一产业当年就业人员总人数	万人
6	第二产业就业人数	第二产业当年就业人员总人数	万人

续表

指标序号	评价指标	指标含义	单位
7	第三产业就业人数	第三产业当年就业人员总人数	万人
8	高等教育人数	当年在校研究生、本科生人数	万人
9	减排政策	主要涉及碳税等目标值	万元

10.2.3 能源消费子系统

能源消费子系统指标象征着各项经济生活活动会产生的能源消耗，一般情况下，包含煤炭、石油、天然气、电力（水电、核电、风力发电等）、其他能源五大类。根据《2006 年 IPCC 国家温室气体清单指南》对标准煤及碳排放系数的界定，不同能源消耗折算系数存在差异，且差异较大，故需对所有能源种类进行测度，本研究基于第 5 章研究点，结合贵州实际省情，在能源消费及强度测度上仅考虑天然气、煤炭、石油消费，并构成因果关系图，具体评价指标如表 10-3 所示。

表 10-3　能源消费子系统评价指标

指标序号	评价指标	指标含义	单位
1	能源消费总量	所有能源消费量的总和	万 tce
2	能源消费强度	能源消费总量/GDP	tce/万元
3	天然气消费量	天然气消耗折算成标准煤具体量	万 tce
4	煤炭消费量	煤炭消耗折算成标准煤具体量	万 tce
5	石油消费量	石油消耗折算成标准煤具体量	万 tce

10.2.4 碳排放子系统

碳排放即能源转化成为碳或者二氧化碳，是温室气体产生的主要原因之一。与碳排放直接相关的指标，除了碳排放系数外，还有能源消费，而其他相关指标隶属于经济发展子系统、社会发展子系统及能源消费子系统，受到减排政策、减排目标及科研经费投入的影响，在此只列出与碳排放直接相关的评价指标，具体如表 10-4 所示。

表 10-4　碳排放子系统评价指标

指标序号	评价指标	指标含义	单位
1	碳排放总量	各能源碳排放量的综合	万 t
2	碳排放强度	碳排放量/GDP	t/万元
3	碳税	释放碳需缴纳的税费	万元
4	天然气碳排放系数	0. 422 625	
5	煤炭碳排放系数	0. 732 9	
6	石油碳排放系数	0. 557 375	

10. 3　贵州低碳经济发展模型的构建

根据各子系统评价指标构建系统因果关系回路图，最终形成贵州低碳经济发展模型巨系统。研究中将基期定为 2005 ~ 2018 年，进行历史数据检验，并通过仿真模拟运行，测算 2019 ~ 2030 年相关数值，对模型走势进行分析。

10. 3. 1　模型设计思路

建立贵州低碳经济发展模型，模型主要体现经济发展与碳排放之间的关系，目的是调整相关突出指标，实现贵州经济低碳发展及可持续发展。

在确定采用系统动力学模型方法进行研究的前提下，需按照图 10-1 的基本步骤进行操作（王其藩，1995）。

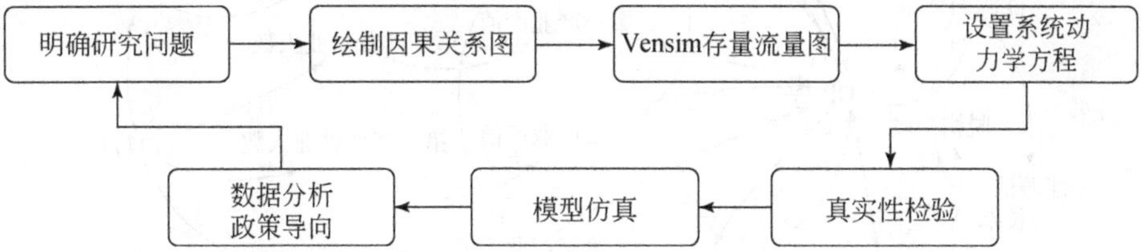

图 10-1　系统动力学模型基本操作流程

第一步为在明确研究问题的基础上，确定研究目的。第二步为梳理研究的基本资料，划分出整个系统及子系统边界，根据子系统之间的联系考虑变量的设定，初步设计回路反馈并绘制因果关系图，绘制 Vensim 存量流量图，解析其中的线性与非线性关系，进行辅助变量、水平变量、速率变量和常量的方程式设定或进行赋值。第三步为对设定的研究步长和预测时间进行真实性检验，保证研究的科学性、合理性及高吻合度。第四步为根据经济社会或者研究背景对有条件的参数进行调整改进，设计不同的研究仿真方案，探究最佳可持续路径，得出相关研究问题的解决方法，根据仿真的数据，进而提出相关政策和政策实施路径。

10.3.2 模型边界划分

根据贵州发展实际，将贵州的低碳经济系统作为研究对象，通过 Vensim 软件建立系统动力学模型，该模型包括经济发展子系统、社会发展子系统、能源消费子系统、碳排放子系统。其中，经济发展子系统、能源消费子系统、碳排放子系统为重点子系统，社会发展子系统是影响各子系统发展的外生影响系统，各子系统相互影响、相互制约。本节在 10.2 节确定的各子系统评价指标的基础上，进行模型边界划分，绘制因果关系图。

1）经济发展子系统因果关系。经济发展子系统是整个系统的关键核心部分，主要涉及指标如图 10-2 所示，在实际绘制过程中，将 GDP 作为核心，引入社会发展子系统中的人口数量，有利于测算实际经济水平。同时，能源消费量也与 GDP 息息相关。根据以上关系，绘制经济发展子系统因果关系图（图 10-2）。由于部分指标的数据获得性问题，选择同类可测算指标代替，并以此推断出实际 GDP 的存量值。GDP 与单位能源消费量及 R&D 投入之间具有相互联动作用，也是经济发展子系统与其他子系统之间的桥梁，最终影响碳排放量的大小。

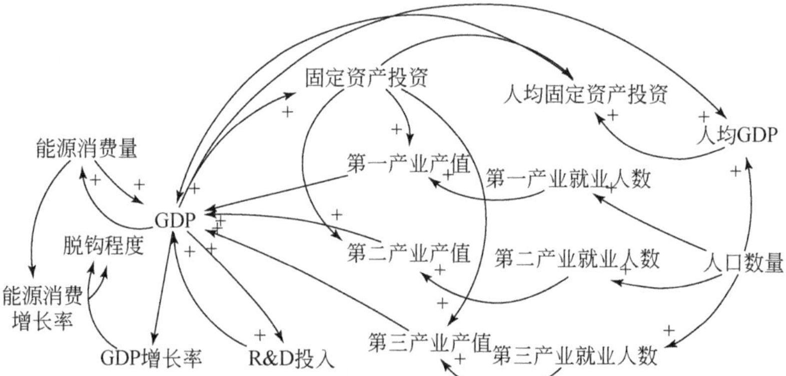

图 10-2　经济发展子系统因果关系图

2）社会发展子系统因果关系。在社会发展子系统中，主要选择三次产业就业人数、人口自然增长率、R&D 投入、高等教育人数等指标来绘制社会发展子系统因果关系图（图 10-3）。高等教育人数是碳排放减排的科技支撑，人口数量和 GDP 共同作用于碳排放强度，人均能源消费量是社会发展子系统与能源消费子系统的纽带，高等教育人数是联系碳排放系统的桥梁。

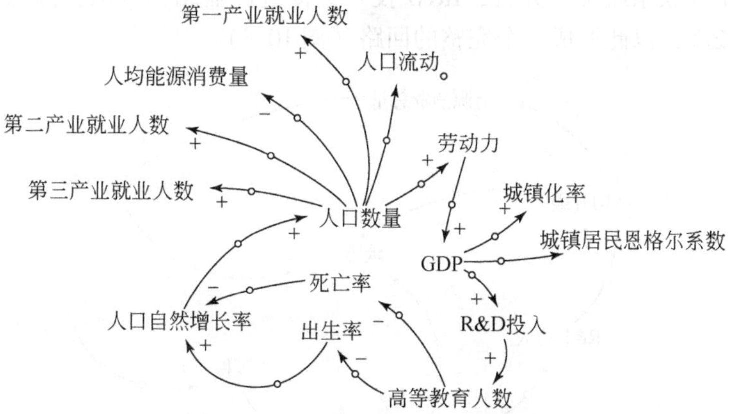

图 10-3　社会发展子系统因果关系图

3）能源消费子系统因果关系。在能源消费子系统中，基于数据的可获得性，只考虑天然气、煤炭、石油三类一次化石能源消费引起的碳排放量（图 10-4）。因此，计算得出的能源消费总量与年鉴数据存在出入，本研究以三类能源的碳排放总量为准。能源消费子系统未涵盖的水电、核电、风电及其他新型能源碳排放系数几乎为零，或已在相同领域计算，为避免能源重复，不再考虑测算。三类能源的计算系数均为常数，故直接测度三类能源消费量即可，为下一步碳排放量测算奠定基础。

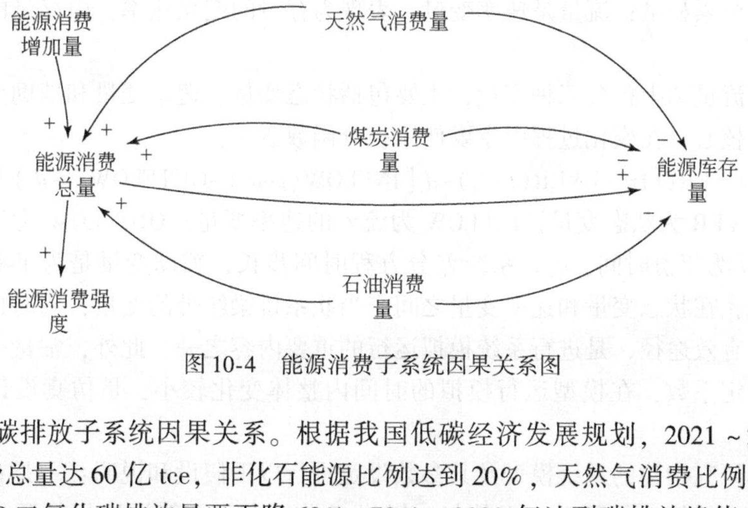

图 10-4　能源消费子系统因果关系图

4）碳排放子系统因果关系。根据我国低碳经济发展规划，2021 ~ 2030 年，能源消费总量达 60 亿 tce，非化石能源比例达到 20%，天然气消费比例达 15%，单位 GDP 二氧化碳排放量要下降 60% ~ 70%，2030 年达到碳排放峰值。碳排放强度作为经济发展子系统的桥梁，是碳排放总量与 GDP 的比值，我国目前还未征收碳税，但在发达国家已有可借鉴经验，故选择碳排放强度这一指标作为社会发展子系统的联系纽带。并且，R&D 投入会促进产业结构升级，降低能源消费总量的增长率，以此形成一个完整的回路（图 10-5）。

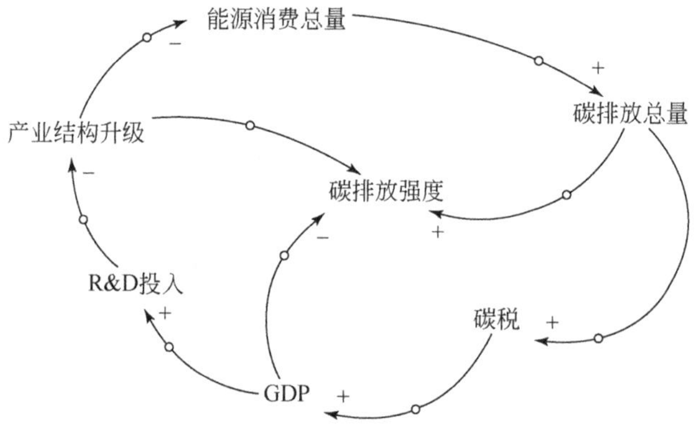

图 10-5　碳排放子系统因果关系图

10.3.3　低碳经济发展系统动力学流图分析

（1）低碳经济系统存量流量

存量与流量是系统动力学中的重要概念。存量，顾名思义为系统的现存状态，是一个累积量；流量是速率变量，表现为存量的变化速率，由存量的变化流量引起。

存量流量图中包含三种变量，主要包括状态变量、速率变量和辅助变量。状态变量是核心，在变化过程中主要使用积分函数表示：

$$\mathrm{LEVER}(t)=\mathrm{LEVER}(t-d_t)+d_t[\mathrm{INFLOW}(t-d_t)-\mathrm{OUTFLOW}(t-d_t)] \quad (10\text{-}1)$$

式中，LEVER 为状态变量；INFLOW 为流入的速率变量；OUTFLOW 为流出的速率变量；t 为年份时间；d_t 为系统差分方程时间步长；辅助变量是为了实现决策研究目的，在状态变量和速率变量之间充当联系桥梁纽带的变量，同时也突出反馈机制的有效途径，是进行系统模拟运行的重要内容之一。此外，常量一般为固定值或固定系数，在模型运行模拟的时间内整体变化较小，是仿真设计的一大工具。

对本研究构建的系统模型及其参数设定进行以下假设和说明：一是在第 7 章的基础上，仍然选择石油、天然气、煤炭三类一次化石能源进行能源消费量测算，并推出碳排放量及能源消费总量。二是在初期研究的条件下，部分参数如GDP 增长率等，维持 2018 年的不变，三类一次化石能源消费比例采用其 2005 ~ 2018 年所占的消费比例平均值计算。三是结合研究区实际，与实际指标测度相协调，对部分变量进行简化处理，如我国还未实行碳税制度，碳税全部用于支持R&D 投入，用于新能源开发；同时，假定碳排放减少量不考虑技术原因，单纯受新能源开发影响等。四是常量，即三类能源碳排放系数的设定按照第 7 章系数来源与处理方法的结果值进行设置。

经过收集文献、相关数据，综合考虑贵州实际，选择 41 个变量，其中状态变量 3 个、速率变量 5 个、常量 4 个、辅助变量 29 个。贵州低碳经济系统动力学模型的参数及方程、绘制的存量流量图具体如下（图 10-6）。

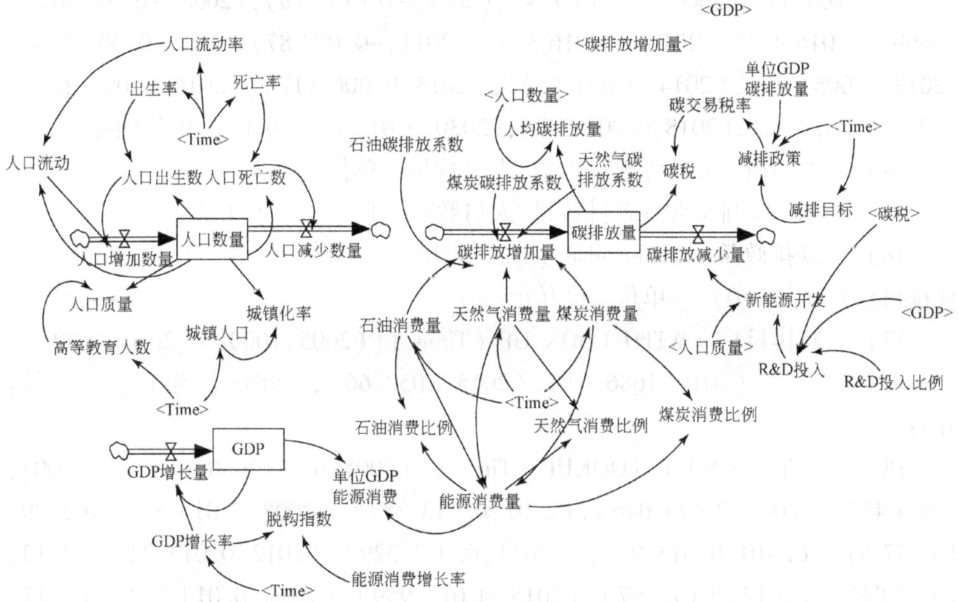

图 10-6 贵州低碳经济系统存量流量图

1） FINALTIME = 2030 单位：年 模拟的最后时间；

2） GDP = INTEG（GDP 增长量，2.00542×10^{7}） 单位：万元；

3） GDP 增长率 = WITH LOOKUP （Time,（[(2005,0)-(2030,0.3)],(2005,0.2),(2006,0.1663),(2007,0.2333),(2008,0.2353),(2009,0.0982),(2010,0.1762),(2011,0.244),(2012,0.2013),(2013,0.1799),(2014,0.1459),(2015,0.1292),(2016,0.1228),(2017,0.1483),(2018,0.0935),(2030,0.0935)）） 单位：万元/年；

4） GDP 增长量 = GDP×GDP 增长率 单位：万元；

5） R&D 投入=GDP×R&D 投入比例+碳税 单位：万元；

6） R&D 投入比例=0.000 610 4 单位：Dmnl；

7） 人口减少数量=人口死亡数 单位：万人；

8） 人口出生数=人口数量×出生率 单位：万人；

9） 人口增加数量=人口出生数+人口流动 单位：万人；

10） 人口数量=INTEG（人口增加数量-人口减少数量，3730） 单位：万人；

11） 人口死亡数=人口数量×死亡率 单位：万人；

12） 人口流动=人口数量×人口流动率 单位：万人；

13） 人口流动率=WITH LOOKUP（Time,([(2005,-0.06)-(2030,0.01)],(2005,-0.051 06),(2006,-0.010 724),(2007,-0.015 718),(2008,-0.009 912),(2009,-0.016 407),(2010,-0.016 398),(2011,-0.002 87),(2012,0.004 344),(2013,0.005 209),(2014,0.001 662),(2015,0.006 117),(2016,0.007 225),(2017,0.007 032),(2018,0.005 587),(2030,0.01))) 单位：万人/年；

14） 人口质量=高等教育人数/人口数量 单位：万人；

15） 人均碳排放量=碳排放量/人口数量 单位：万 t/万人；

16） 减排政策=if then else（Time≥2019：AND：（单位 GDP 碳排放量-减排目标)>0，1，0） 单位：t/万元；

17） 减排目标=WITH LOOK UP（Time,([(2005,1000)-(2030,3000)],(2005,1103.95),(2010,1686.64),(2015,2053.66),(2030,2054))) 单位：万 t；

18） 出生率=WITH LOOKUP（Time,([(2005,0)-(2030,0.02)],(2005,0.014 477),(2006,0.014 046),(2007,0.013 387),(2008,0.013 557),(2009,0.0137 63),(2010,0.013 947),(2011,0.013 329),(2012,0.013 24),(2013,0.013 015),(2014,0.012 97),(2015,0.012 959),(2016,0.013 333),(2017,0.014 106),(2018,0.013 861),(2030,0.013 570 8))) 单位：万人/年；

19） 单位 GDP 碳排放量=碳排放增加量/GDP 单位：t/万元；

20） 单位 GDP 能源消费=能源消费量/GDP 单位：tce/万元；

21） 城镇化率=城镇人口/人口数量 单位：Dmnl；

22） 城镇人口=WITH LOOKUP（Time,([(2005,0)-(2030,3000)],(2005,1002.25),(2006,1031.72),(2007,1062.49),(2008,1046.79),(2009,1057),(2010,1176),(2011,1213),(2012,1268.52),(2013,1324.89),(2014,1403.57),(2015,1482.74),(2016,1569.53),(2017,1647.52),(2018,1710.72),(2030,2700))) 单位：万人；

23） 天然气消费比例=天然气消费量/能源消费量 单位：万 tce；

24） 天然气消费量 = WITH LOOKUP（Time,([(2005,0)-(2030,50)],(2005,5.555),(2006,5.478),(2007,5.564),(2008,5.214),(2009,4.598),(2010,4.609),(2011,5.236),(2012,5.786),(2013,9.262),(2014,11.682),(2015,14.652),(2016,18.821),(2017,19.503),(2030,50))) 单位：万 tce；

25） 天然气碳排放系数=0.422 625 单位：Dmnl；

26） 新能源开发=R&D 投入×人口质量 单位：万元/万人；

27） 死亡率=WITH LOOKUP（Time,([(2005,0)-(2030,0.01)],(2005,0.006 702),(2006,0.006 745),(2007,0.006 652),(2008,0.006 805),(2009,0.006 746),(2010,0.006 542),(2011,0.006 939),(2012,0.006 946),(2013,0.00 713),(2014,0.007 175),(2015,0.007 179),(2016,0.00 688),(2017,0.00 688),(2018,0.006 831),(2030,0.006 868))) 单位：Dmnl；

28） 煤炭消费比例=煤炭消费量/能源消费量 单位：万 tce；

29） 煤炭消费量 = WITH LOOKUP（Time,([(2005,4000)-(2030,15 000)],(2005,5207.96),(2006,6425.13),(2007,6837.99),(2008,6591.57),(2009,7794),(2010,7792),(2011,8632),(2012,9520.19),(2013,9751),(2014,9370),(2015,9167),(2016,9745),(2017,9578),(2030,12 000))) 单位：万 tce；

30） 煤炭碳排放系数=0.7329 单位：Dmnl；

31） 石油消费比例=石油消费量/能源消费量 单位：万 tce；

32） 石油消费量 = WITH LOOKUP（Time,([(2005,0)-(2030,2000)],(2005,306.272),(2006,363.419),(2007,473.753),(2008,556.183),(2009,558.454),(2010,637.015),(2011,704.263),(2012,725.019),(2013,849.026),(2014,881.109),(2015,1086.7),(2016,1218.71),(2017,1274),(2030,2000))) 单位：万 tce；

33） 石油碳排放系数=0.557 375 单位：Dmnl；

34） 碳交易税率=if then else（减排政策=1，0，0） 单位：Dmnl；

35） 碳排放减少量=新能源开发 单位：万 t；

36） 碳排放增加量=天然气消费量×天然气碳排放系数+煤炭消费量×煤炭碳排放系数+石油消费量×石油碳排放系数 单位：万 t；

37） 碳排放量=INTEG（碳排放增加量-碳排放减少量，3989.97） 单位：万 t；

38） 碳税=碳交易税率×碳排放量 单位：万元；

39） 能源消费量=天然气消费量+煤炭消费量+石油消费量 单位：万 tce；

40）　能源消费增长率=0.05　单位：Dmnl；

41）　脱钩指数=能源消费增长率/GDP 增长率　单位：Dmnl；

42）　高等教育人数 =WITH LOOKUP（Time,([(2005,0)-(2030,200)],(2005,21.2922),(2006,22.9054),(2007,25.0058),(2008,27.6609),(2009,30.9274),(2010,33.4699),(2011,35.6536),(2012,39.6159),(2013,43.97),(2014,47.5068),(2015,51.6366),(2016,59.038),(2017,64.6263),(2030,200)))　单位：万人。

（2）有效性检验

本模型初始年份设置为 2005 年，2005～2030 年数据为调试约束条件，对贵州低碳经济系统进行仿真测试，对各子系统进行系统动态仿真模拟预测，此处选取经济发展系统的核心指标 GDP、体现 GDP 与碳排放量之间关系的单位碳排放强度及影响各变量的人口数量作为检验变量，基于数据可获取性，对碳排放强度变量检验时间为 2005～2017 年，对 GDP、人口数量（常住人口）两个变量 2005～2018 年的数据，分别进行实际值与模拟值对比检验，计算误差。误差公式为

$$D_t = \frac{X_t' - X_t}{X_t} \times 100\% \tag{10-2}$$

式中，X_t' 为 t 时刻的预测值；X_t 为 t 时刻的实际历史值；D_t 为偏离度。

运用 Vensim 软件对贵州低碳经济系统动力学模型仿真模拟，得出 2005～2018 年的 GDP、2005～2017 年的单位人口碳排放强度及 2005～2018 年人口数量的真实值、模拟值与误差，结果如表 10-5～表 10-7 所示。

表 10-5　GDP 真实值与模拟值误差统计

年份	真实值/亿元	模拟值/亿元	误差/%
2005	2 005.42	2 005.42	0.00
2006	2 338.98	2 406.50	2.89
2007	2 884.61	2 806.71	-2.70
2008	3 563.27	3 461.51	-2.86
2009	3 913.27	4 276.00	9.27
2010	4 602.79	4 635.91	0.72
2011	5 725.99	5 523.33	-3.54
2012	6 878.59	6 871.02	-0.11
2013	8 116.34	8 254.15	1.70

续表

年份	真实值/亿元	模拟值/亿元	误差/%
2014	9 300. 52	9 739. 07	4. 72
2015	10 502. 56	11 160. 00	6. 26
2016	11 792. 35	12 601. 90	6. 87
2017	13 540. 83	14 149. 40	4. 49
2018	14 806. 45	16 247. 70	9. 73

表 10-6　单位人口碳排放强度真实值与模拟值误差统计

年份	真实值/（t/万人）	模拟值/（t/万人）	误差/%
2005	1. 99	1. 99	0. 00
2006	2. 10	2. 04	-2. 86
2007	1. 83	1. 79	-2. 19
2008	1. 52	1. 49	-1. 97
2009	1. 54	1. 41	-8. 44
2010	1. 32	1. 29	-2. 27
2011	1. 17	1. 22	4. 27
2012	1. 07	1. 07	0. 00
2013	0. 94	0. 92	-2. 13
2014	0. 79	0. 76	-3. 80
2015	0. 70	0. 66	-5. 71
2016	0. 66	0. 62	-6. 06
2017	0. 57	0. 55	-3. 51

表 10-7　人口数量真实值与模拟值误差统计

年份	真实值/万人	模拟值/万人	误差/%
2005	3730. 00	3730. 00	0. 00
2006	3690. 00	3568. 55	-3. 29
2007	3632. 00	3556. 33	-2. 08
2008	3596. 00	3524. 39	-1. 99
2009	3537. 00	3513. 25	-0. 67
2010	3479. 00	3480. 26	0. 04
2011	3469. 00	3448. 96	-0. 58
2012	3484. 07	3461. 10	-0. 66

续表

年份	真实值/万人	模拟值/万人	误差/%
2013	3502.22	3497.92	-0.12
2014	3508.04	3536.73	0.82
2015	3529.50	3563.10	0.95
2016	3555.00	3605.49	1.42
2017	3580.00	3654.81	2.09
2018	3600.00	3706.92	2.97

从表 10-5 ~ 表 10-7 可以看出，通过 Vensim 软件构造的贵州低碳经济系统动力学模型仿真模拟出的 GDP、单位人口碳排放强度与人口数量的误差的绝对值均小于 10%。相关文献研究表明，误差绝对值小于 10%，说明该模型拟合度较好，可以用于预测巨系统的走势。

（3）运行结果分析

在经济发展子系统中，GDP 增长量受 GDP 与 GDP 增长率控制，贵州 2005 ~ 2030 年经济发展子系统指标仿真预测结果如图 10-7 所示。

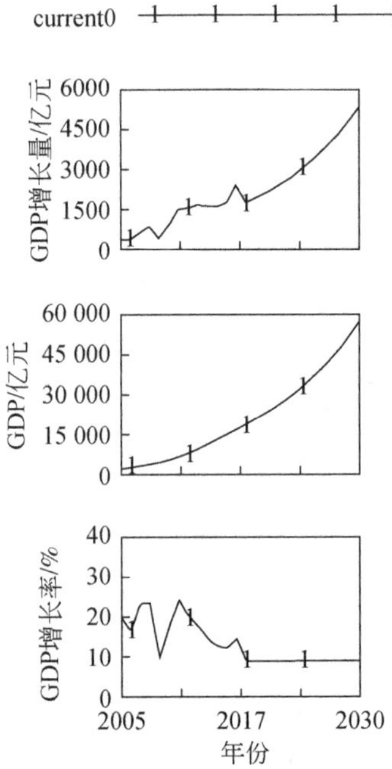

图 10-7　贵州 2005 ~ 2030 年经济发展子系统指标仿真预测

通过图 10-7 可以看出，在 GDP、GDP 增长率、GDP 增长量中，GDP 与 GDP 增长量走势相同，GDP 增长率呈现先波动后稳定的态势，这是基于表函数假设，以及结合国家和贵州经济发展的趋势模型预测得出的结论。同时，根据图 10-7 后台生成的仿真数据，到最后模拟年份，GDP 总量预计达到 43 431 亿元，是 2005 年的 21.66 倍，贵州作为西南地区的典型省份，虽喀斯特地貌十分突出，但经过产业结构调整，后发赶超势头强劲，符合经济发展规律。

社会发展子系统中，2005 ~ 2030 年，贵州社会发展子系统选取具有社会发展代表性的人口数量及体现社会发展的城镇化率作为主要指标进行模拟仿真展示。从图 10-8 可以看出，随着时间的推移和研究区经济的发展，人口流入及出生率上升，人口数量缓慢增加，到模拟仿真最后一年，人口数量约 4200 万人，较基期 2005 年增长约 12.13%，人口数量趋势为先降后升，2011 年人口数量最低。城镇化率上，由于城镇人口与人口数量的缓慢上升，2005 ~ 2030 年城镇化率从 26.87% 上升到计划目标 60%，城市快速发展，基础设施日益完善，教育科研得到较大投入，能源消费量随着人口及城市发展增多，碳排放总量相对增多。

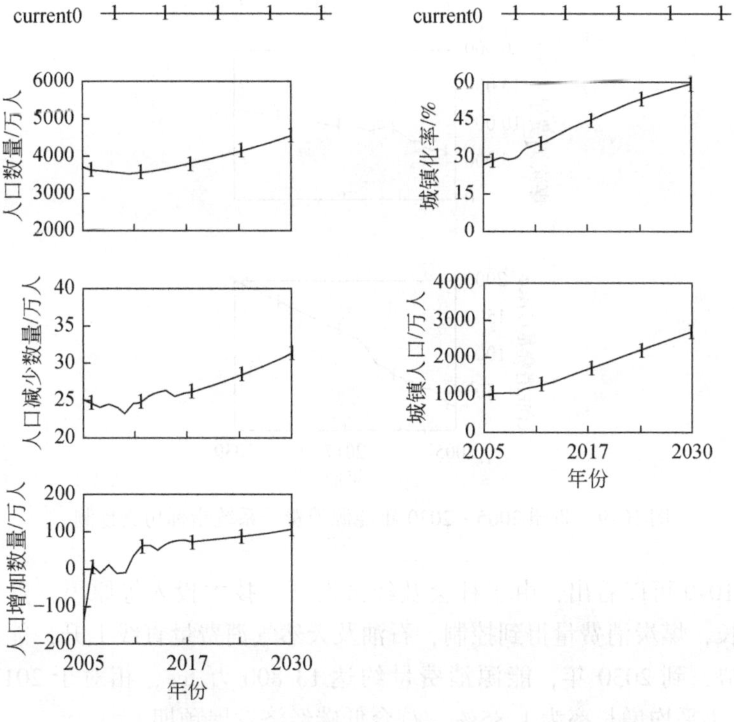

图 10-8　贵州 2005 ~ 2030 年社会发展子系统指标仿真预测

能源消费子系统中，测度贵州一次化石能源消费的主要分类为煤炭、石油、天然气，贵州 2005 ~ 2030 年能源消费子系统指标仿真预测结果如图 10-9 所示。

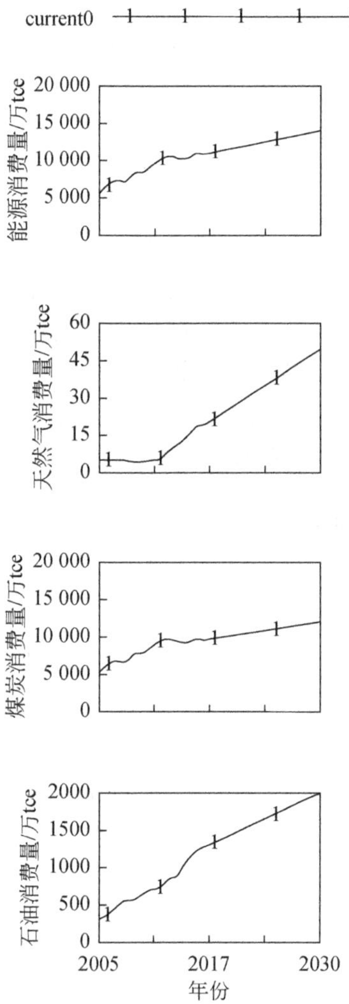

图 10-9　贵州 2005 ~ 2030 年能源消费子系统指标仿真预测

从图 10-9 可以看出，由于社会及经济发展、技术投入等原因，贵州能源消费缓慢增长，煤炭消费量得到控制，石油及天然气消费量直线上升，能源消费量呈平缓态势，到 2030 年，能源消费量约达 13 800 万 tce，相对于 2017 年增加 26.98%，年平均增长率为 1.85%，符合低碳经济发展预期。

碳排放子系统中，通过碳排放增加量与 GDP 的仿真可得出贵州碳排放强度，贵州 2005 ~ 2030 年碳排放子系统碳排放强度仿真预测结果如图 10-10 所示，能源开发走势仿真预测结果如图 10-11 所示，碳排放量仿真预测结果如图 10-12 所示。

从图 10-10 可以看出，单位 GDP 碳排放强度逐年下降，由 2005 年的 1.90t/万元降至 2030 年的 0.22t/万元，绿色低碳发展得到初步显现。图 10-11、图 10-12 显示新能源开发会促进碳排放的减少，以及体现碳排放增加与减少的走势，碳排放增加量与减少量之间存在的差值虽然越来越小，但还是有差距，体现了以低碳经济为目的的碳减排初有成效，碳排放量预计在 2025 年达到峰值，能源结构调整科学，但是清洁能源的功能还未体现，天然气消费量达到计划标准，提升迅速；减排政策中的碳税政策还未正式全面施行，若全面旅行，将有效减少碳排放的强度；产业结构升级调整、转型，人口质量提高与新能源开发相互作用，低碳经济将得以持续发展。

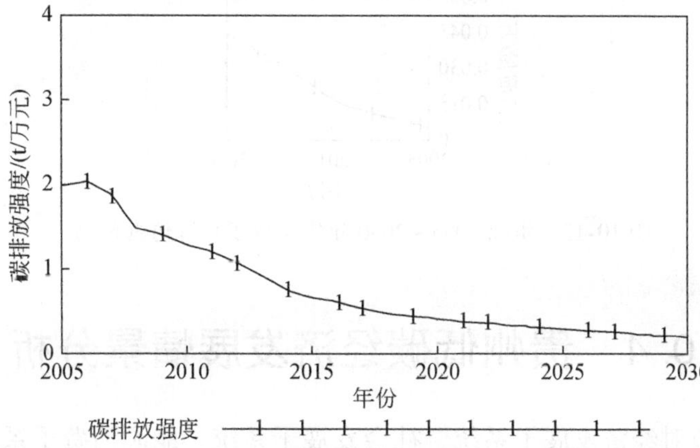

图 10-10　贵州 2005 ~ 2030 年碳排放子系统单位 GDP 碳排放强度仿真预测

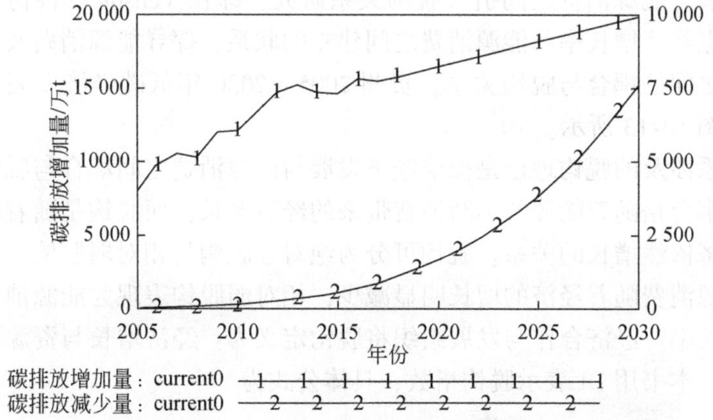

图 10-11　贵州 2005 ~ 2030 年碳排放子系统能源开发走势仿真预测

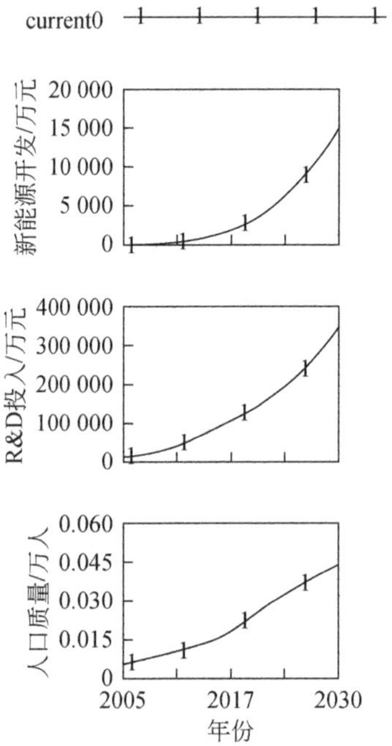

图 10-12　贵州 2005 ~ 2030 年碳排放子系统仿真预测

10.4　贵州低碳经济发展情景分析

从 10.3 节对经济发展子系统、社会发展子系统、能源消费子系统、碳排放子系统的仿真模拟可以看出，未来贵州低碳经济的走势及将遇到的主要问题。本节将经济发展与能源消费之间引入脱钩关系研究，即在 Vensim 软件仿真模拟的过程中，根据经济增长率与能源消费之间建立的联系，探寻能源消费及其碳排放与经济发展之间的耦合与脱钩关系。贵州 2005 ~ 2030 年低碳经济发展模拟仿真脱钩指数如图 10-13 所示。

脱钩关系涉及的脱钩理论是探求经济发展与能源消费之间耦合与脱钩关系的一种理论，耦合是随着能源的不断消费带来的经济增长，而脱钩是随着能源消费减少出现经济依然增长的关系。脱钩可分为绝对强脱钩与相对弱脱钩，绝对强脱钩表现为能源消费随着经济的增长明显减少，相对弱脱钩表现为能源消费增长率小于经济增长率。经济合作与发展组织将脱钩定义为：经济增长与资源环境耦合关系的瓦解。本书用 DI 表示脱钩指数，具体公式为

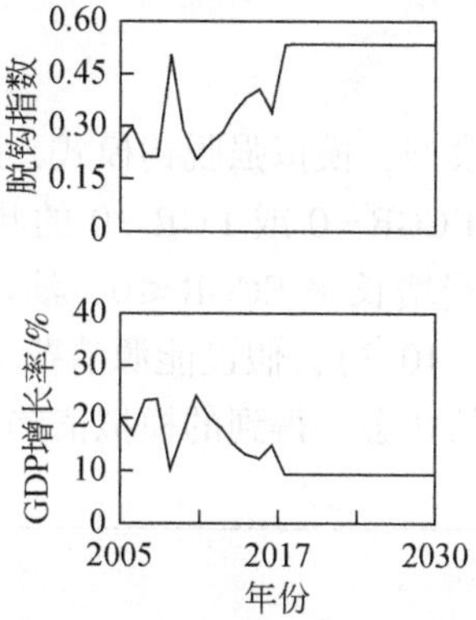

图 10-13　贵州 2005 ~ 2030 年低碳经济发展模拟仿真脱钩指数

$$DI = \frac{ECGR}{EGR} \tag{10-3}$$

$$ECGR = \frac{EC_t - EC_{t-1}}{EC_{t-1}} \tag{10-4}$$

$$EGR = \frac{GDP_t - GDP_{t-1}}{GDP_{t-1}} \tag{10-5}$$

式中，ECGR 为能源消费增长率；EGR 为经济增长率；EC_t 和 EC_{t-1} 为研究区域第 t 年和第 $t-1$ 年的能源消费量，同理 GDP_t 和 GDP_{t-1} 分别为研究区第 t 年和第 $t-1$ 年经济总量。考虑临界状态下（即 ECGR = 0 或 EGR = 0）的脱钩界定情况，对经济发展与能源消费的脱钩界定标准进行完善，如表 10-8 所示，在此标准上进行发展情景设定。

表 10-8　经济增长与能源消费的脱钩量

脱钩状态	判别条件	含义
绝对强脱钩	DI≤0	经济增长，能源消费降低，环境压力下降
扩张性负脱钩	DI≥1.2	经济增长，能源消费同步大幅增长，环境压力同步增大
相对弱脱钩	0<DI<1.2	经济增长，能源消费缓慢增长，环境压力缓慢增加

10.4.1 强脱钩分析

根据建立的系统动力学模型，模拟强脱钩模式，既要考虑经济增长与能源消费的临界点模式，又要满足 ECGR=0 或 EGR=0 的状况。以仿真模拟 GDP 增长率为基础，通过调整能源消费增长率 ECGR≤0，演示出贵州低碳经济与能源消费之间的比例关系，根据式（10-3），假设能源消费增长率为-0.1，即 GDP 增长率增长，能源消费增长为负的状态，得到的模拟值趋势如图 10-14 所示。

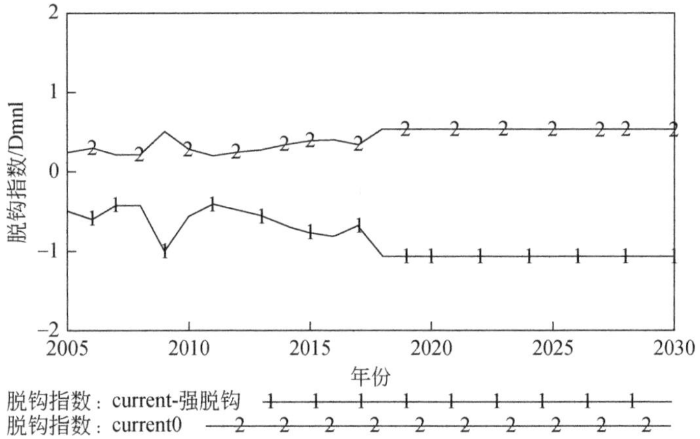

图 10-14 贵州 2005～2030 年低碳经济发展模拟仿真强脱钩对比变化

由图 10-14 可以看出，线条 1 为强脱钩指数的走势变化，能源消费增长率低于 GDP 增长率，脱钩指数为负；走势随着 GDP 模拟值的稳定逐渐趋于稳定。可以判断出，在强脱钩指数的假设下，研究区经济发展稳定，能源消费由于新能源开发减排政策影响呈现负增长，碳排放逐步减少，生态压力逐渐减小，实现经济社会可持续绿色低碳发展，强脱钩情景为低碳经济发展模式最理想的状态。

10.4.2 扩张性负脱钩分析

模拟经济增长与能源消费之间出现的扩张性负脱钩情景，即考虑经济增长与能源费增长率之间的关系，以仿真模拟 GDP 增长率为基础，当脱钩指数 DI≥1.2 的临界点时，可以通过调整能源消费增长率 ECGR，得出贵州低碳经济与能源消费之间的比例关系。根据式（10-3），假设能源消费增长率为 0.011 22，即能源消费增长率与 GDP 增长率同步增长且高于 GDP 增长率的状态，得到的模拟值趋势如图 10-15 所示。

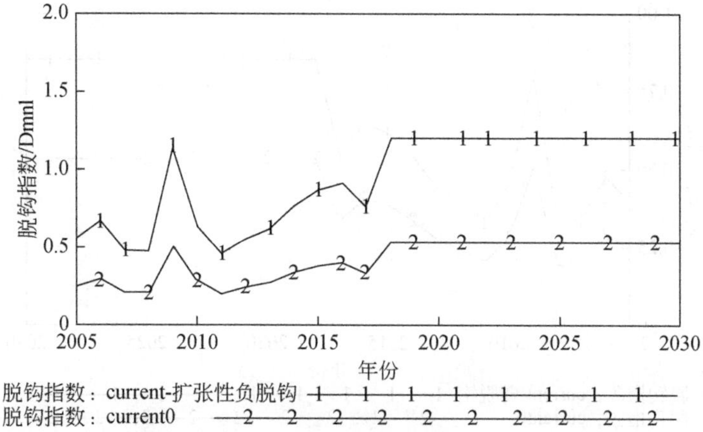

图 10-15　贵州 2005～2030 年低碳经济发展模拟仿真扩张性负脱钩对比变化

由图 10-15 可以看出，线条 1 为扩张性负脱钩指数的走势变化，能源消费增长率高于 GDP 增长率，脱钩指数为正且逐渐接临界值 1.2，走势随着 GDP 模拟值的稳定逐渐趋于稳定。可以判断出，在扩张性负脱钩的假设下，研究区经济增长是以能源资源的大量消耗为基础，碳排放量逐步增多，减排目标基本失灵，经济增长中的科研投入取得的技术升级成效不显著，环境压力同步增大，绿色低碳可持续发展目标的实现存在困难，扩张性负脱钩情景是实现低碳经济发展不可取的手段。

10.4.3　弱脱钩分析

弱脱钩情景中，经济增长与能源消费之间的关系表现为经济增长，同时能源消费缓慢增长。在已建立的系统动力学模型中，能源消费增长原始比例为 0.05，脱钩指数走势如图 10-16 所示，经济增长与能源消费处于弱脱钩状态。考虑脱钩临界点满足 0<DI<1.2 的状况，在仿真模拟界面显示的 GDP 增长率基础上，通过调整能源消费增长率 ECGR 常数值，演示出贵州低碳经济与能源消费之间的比例关系，根据式（10-3），假设能源消费增长率为 0.08，即 GDP 增长率增长，能源消费增长率低于 GDP 增长率状态，得到的模拟值趋势如图 10-16 所示。

由图 10-16 可以看出，线条 1 为弱脱钩指数的走势变化，能源消费增长率低于 GDP 增长率，脱钩指数小于 1，走势随着 GDP 模拟值的稳定逐渐趋于稳定。可以判断出，在弱脱钩指数的假设下，研究区经济发展稳定，能源消费受新能源开发、减排政策影响缓慢增长，碳排放总量逐步稳定，生态压力存在但有压力减小的趋势，环境压力缓慢增加，可持续绿色低碳发展有待实现，弱脱钩情景为研

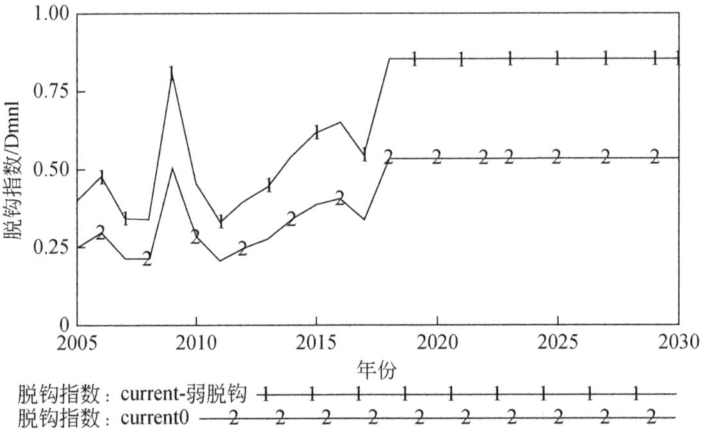

图 10-16　贵州 2005 ~ 2030 年低碳经济发展模拟仿真弱脱钩对比变化

究区低碳经济发展现实状态。

10.4.4　脱钩指数综合分析

对不同仿真模拟情景下能源消费增长率与 GDP 增长率的关系进行对比分析，结果如图 10-17 所示。可以看出，线条 2 与线条 4 为弱脱钩关系，最为接近研究区现实。在未来的绿色低碳经济发展进程中，可以通过碳减排技术、产业结构调整、科学研发投入等减少能源消耗和碳排放量，形成“绿水青山”与“金山银山”并存的美好前景。

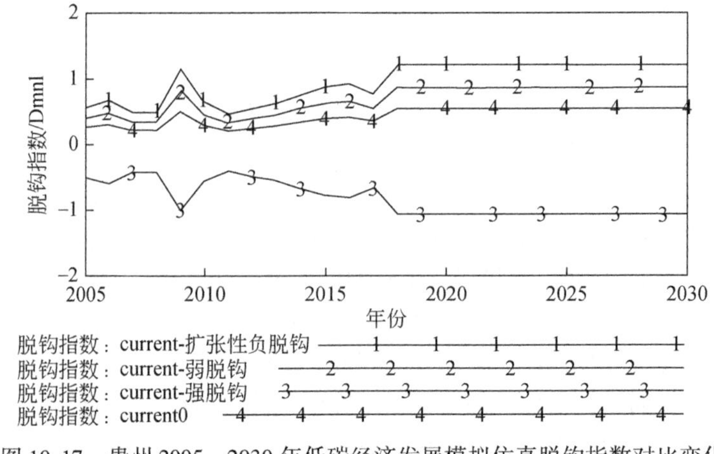

图 10-17　贵州 2005 ~ 2030 年低碳经济发展模拟仿真脱钩指数对比变化

10.5 本章小结

系统动力学通过建模分析系统内部因素间的相互作用机制及反馈机理，这一特征与低碳经济系统契合，因此可以通过情景模拟来检验相关政策作用的效果，为政府决策者提供合理的建议。本章对系统动力学理论进行简要陈述，对系统动力学模型构建步骤进行阐述，明确碳排放、能源消耗、经济发展三者之间互相制约、互为因果的关系。通过研究模型思路设计，针对影响贵州低碳经济发展的要素，建立经济发展子系统、社会发展子系统、能源消费子系统、碳排放子系统指标体系，对系统动力学模型的建立进行系统边界划分，在此基础上，经过收集文献、相关数据，综合考虑贵州实际，选择 41 个变量，其中状态变量 3 个、速率变量 5 个、常量 4 个、辅助变量 29 个，绘制存量流量图，确定贵州低碳经济系统动力学模型的参数及方程并进行运行。

通过 Vensim 软件构造的贵州低碳经济系统动力学模型仿真模拟出的 2005 ~ 2018 年的相关数据的误差均小于 10%，说明该模型拟合度较好，可以用于预测巨系统的走势。贵州低碳经济发展的经济发展子系统、社会发展子系统、能源消费子系统、碳排放子系统的仿真模拟结果如下。

经济发展子系统的仿真模拟中，由仿真模拟数据可以看出，最后模拟年份，GDP 总量预计达到 43 431 亿元，是 2005 年的 21.66 倍。社会发展子系统的仿真模拟中，随着研究区经济的发展，人口流入及出生率上升，常住人口缓慢增加，到模拟仿真最后一年，人口数量约 4200 万人，较基期 2005 年增长约 12.13%；常住人口数量趋势为先降后升，2011 年常住人口数量达到最低值；由于城镇人口与人口数量的缓慢上升，2005 ~ 2030 年城镇化率从 26.87% 上升到计划目标 60%。能源消费子系统的仿真模拟中，煤炭消费量得到控制，石油及天然气消费量直线上升，能源消费总量呈平缓态势，到 2030 年，能源消费量约达 13 800 万 tce，相对于 2017 年增加 26.98%，年平均增长率为 1.85%，符合低碳经济发展预期。碳排放子系统的仿真模拟中，碳排放强度逐年下降，由 2005 年的 1.90t/万元降至 2030 年的 0.22t/万元，绿色低碳发展得到初步显现，碳排放量预计在 2025 年达到峰值，能源结构调整科学，但是清洁能源的功能还未完全体现，减排政策中碳税政策还没正式全面施行，若全面实施，将会有效减少碳排放的强度；产业结构升级调整、转型，人口质量提高与新能源开发相互作用，将使得低碳经济发展更加迅速。

为体现贵州低碳经济与能源消费的比例关系，反映研究区经济与能源的耦合与脱钩关系，引入脱钩理论，通过对研究变量临界值的设定，展现贵州经济发展与能源消费强脱钩、扩张性负脱钩、弱脱钩时的脱钩指数走势，研究区现实情况为弱脱钩，可以通过碳减排技术、产业结构调整、科技研发投入等减少能源消耗，减少碳排放量，实现经济社会的低碳绿色可持续发展。

第11章 贵州土地利用碳排放效应及风险评价

碳排放是经济发展的必然产物，也是引起全球气候变暖、生态环境恶化的重要因素。改革开放以来，随着中国工业化和城镇化进程的加快，碳排放问题也成为社会各界关注的热点。如何实现低碳可持续发展成为各界研究的重点课题。土地利用类型、利用方式、管理方式是影响碳排放的重要因素。自20世纪80年代起，国外学者开始研究土地利用类型变化对碳排放的影响。Houghton（1999）开展了土地利用变化对二氧化碳排放量的影响研究；Guo和Lin（2001）运用Bookkeeping模型方法计算中国水稻土的温室气体排放。我国对土地利用碳排放效应的研究虽起步较晚，但自21世纪初以来，内容逐渐丰富，主要有：葛全胜等（2008）研究我国过去三百多年土地利用类型和植被引起的碳排放量；李颖等（2008）以江苏为例，研究土地利用类型与碳排放量关系；冯杰等（2019）基于1999～2015年中国各省土地利用、能源、社会经济统计数据，结合土地利用和能源消耗碳排放计算方法，分析了土地利用碳排放及其影响因素。综合来看，国内外对土地利用碳排放的研究主要集中在以下几个方面：一是土地利用碳排放影响因素及驱动力的研究；二是土地利用碳排放核算方法的研究；三是土地利用与碳排放关系的研究；四是碳源和碳汇的分类计算等其他相关研究。

贵州地处生态脆弱的喀斯特山区，经济发展水平较为落后，实现脱贫攻坚成果巩固与乡村振兴的有效衔接面临挑战，当前正处于经济快速发展的时期，土地资源开发程度必然随之加大，这同时也会改变土地利用方式。土地开发利用程度加大，土地利用方式向建设用地等碳源占比大的地类转变。如何实现贵州低碳可持续发展，处理好经济发展与生态文明建设之间的关系，探索出一条符合喀斯特山区“既要金山银山，也要绿水青山”的低碳发展道路成为重要任务。基于此，本章主要以贵州喀斯特地区为例，根据土地利用变更数据及其他相关数据，运用数学计量模型对2005～2018年不同土地利用碳排放效应的演变规律进行研究，对土地利用风险进行评价，以期为喀斯特山区低碳绿色发展提供一定的参考。

11.1 贵州土地利用现状

随着贵州经济的快速发展，工业化和城镇化速度加快，土地利用方式发生极大的变化，从而土地附加值也在提高。因此，本节分别从研究区概况和土地利用概况两个角度了解与分析贵州土地利用状况。

11.1.1 研究区概况

（1）自然地理概况

贵州地处中国西南部，介于东经103°36′～109°35′、北纬24°37′～29°13′，东靠湖南，南邻广西，西毗云南，北连四川和重庆。土地面积约17.61万km^2，占全国陆地面积的1.83%。贵州地貌属于中国西部高原山地，包括高原山地、丘陵和盆地三种基本类型，其中92.5%的面积为山地和丘陵。贵州地势西高东低，自中部向北、东、南三面倾斜，平均海拔在1100m左右。贵州是世界上岩溶地貌发育最典型的地区之一，岩溶出露面积占全省总面积的61.92%。贵州河流顺地势由西部、中部向北、东、南三面分流，气候温暖湿润，属亚热带湿润季风气候区，植被丰富，截至2018年底，贵州森林覆盖率达57%。

（2）社会经济概况

贵州2005～2018年常住总人口、经济发展状况统计分析结果见图11-1和图11-2。

由图11-1可知，贵州常住总人口总体呈现下降的趋势，从2005年的3730万人下降到2018年的3600万人。2005～2011年，贵州常住总人口呈现下降趋势，这与我国当时实行的计划生育、控制人口数量的政策息息相关。2011年，我国积极开展应对人口老龄化行动，在全国各地全面实施双独二孩政策；2013年，中国实施单独二孩政策；2015年10月，中国共产党第十八届中央委员会第五次全体会议公报指出，促进人口均衡发展，坚持计划生育的基本国策，完善人口发展战略，全面实施一对夫妇可生育两个孩子政策，积极开展应对人口老龄化行动。因此，自2011年后，贵州常住总人口又开始呈现缓慢上升的趋势。

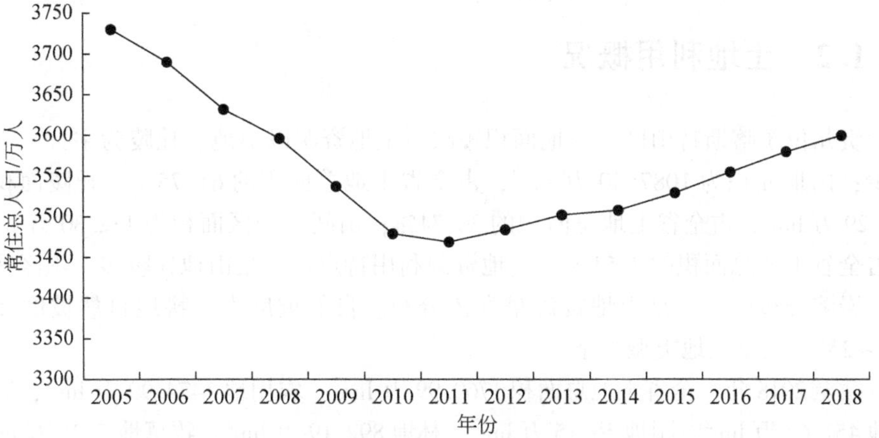

图 11-1 贵州 2005 ~ 2018 年常住总人口

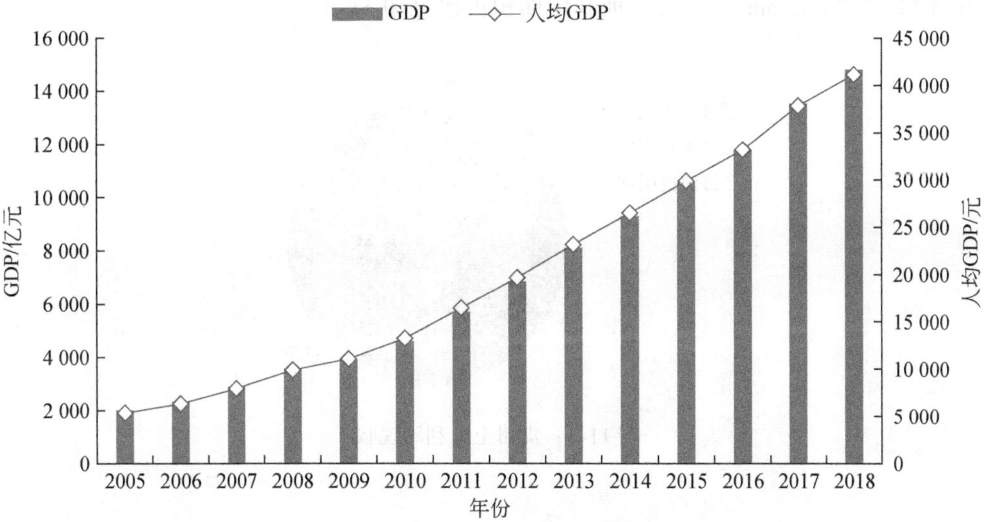

图 11-2 贵州 2005 ~ 2018 年经济发展状况

从图 11-2 可以看出，贵州经济在研究时段内快速发展且一直呈现上升的趋势。2005 ~ 2018 年，贵州地区 GDP 和人均 GDP 保持一致，呈现上升的趋势。地区 GDP 从 2005 年的 2005.42 亿元增长到 2018 年的 14 806.45 亿元，年均增长 984.69 亿元，年均增长率为 16.62%。人均 GDP 从 2005 年的 5376.46 元增长到 2018 年的 41 129.03 元，年均增长 2750.20 元，年均增长率为 16.94%。贵州地处喀斯特山区，发展经济是当前的重要任务，因此贵州在发展中需借鉴其他省份的成功经验，并兼顾本省的实际条件，走出一条“既要金山银山，也要绿水青山”的低碳绿色发展道路。

11.1.2 土地利用概况

贵州位于喀斯特山区，耕地面积短缺，土地资源以山地、丘陵为主，平坝地较少；山地面积为1087.40万hm^2，占全省土地总面积的61.75%，丘陵面积为541.29万hm^2，占全省土地总面积的30.74%；山间平坝区面积为132.30万hm^2，仅占全省土地总面积的7.51%。土地资源利用特点：一是山地丘陵多。坝区平地少，岩溶分布广。二是土地资源呈立体分布。自然坡度大，耕地自然坡度多在15°~25°。三是土地类型复杂。

截至2018年，全省土地总面积1760.99万hm^2：农用地1474.99万hm^2，其中耕地451.67万hm^2，园地16.15万hm^2，林地892.19万hm^2，牧草地7.21万hm^2，其他农用地107.77万hm^2；建设用地70.32万hm^2；未利用地215.68万hm^2，其中水域17.28万hm^2。三大土地利用面积占比见图11-3。

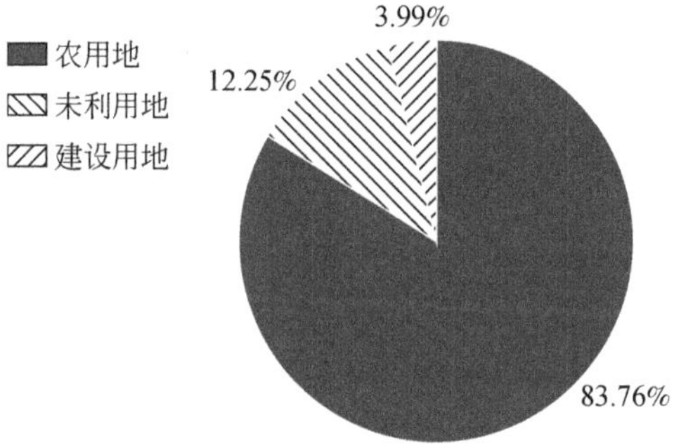

图11-3　贵州土地利用现状

11.2 土地利用动态变化

从土地利用数量、土地利用结构的变化来分析贵州2005~2018年土地利用动态变化。从土地利用数量变化方面分析贵州土地利用各类型的变化趋势；从土地利用结构变化方面分析贵州土地利用类型的多样性及土地利用的集中化程度，进而分析土地利用变化的速度。对贵州土地利用数量和结构现状进行分析与了解，有助于贵州土地利用结构优化和土地利用可持续发展。

11.2.1 土地利用数量变化

贵州 2005～2018 年土地利用情况统计分析结果见图 11-4 和图 11-5。

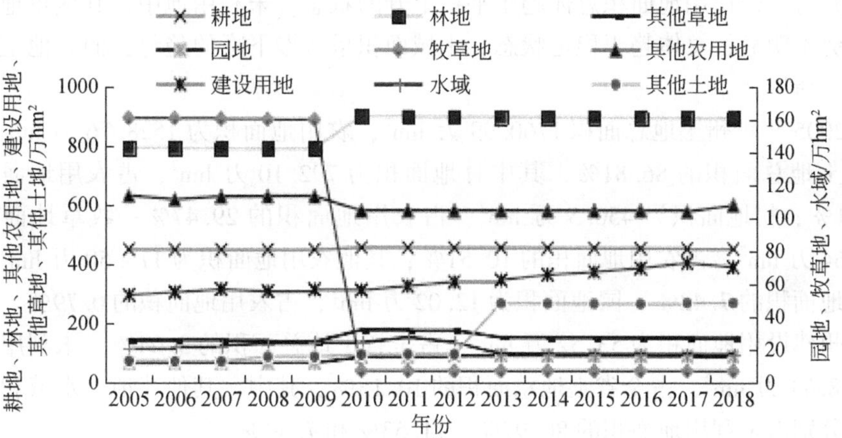

图 11-4　贵州 2005～2018 年土地利用情况

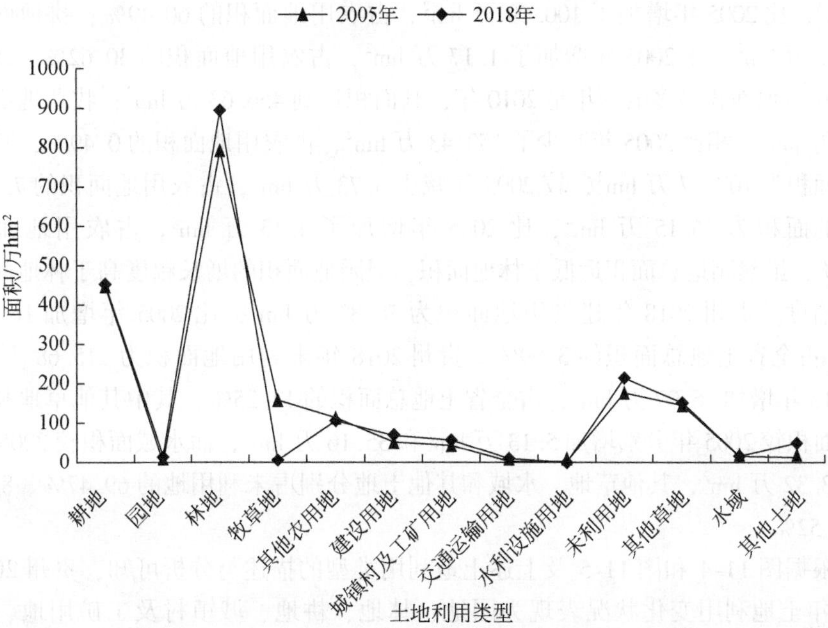

图 11-5　贵州 2005 年和 2018 年土地利用类型变化情况

由图 11-4、图 11-5 中可知，贵州耕地面积总体趋于平稳的状况；林地面积总体呈现增长的趋势，其中林地面积在 2009 ~ 2010 年增长最快，增长了 108.84 万 hm^2，之后的几年，林地面积呈现缓慢减少的趋势；园地面积的变化趋势与林地相类似。其他农用地面积呈缓慢下降的趋势；牧草地面积整体下降较快，2009 ~ 2010 年面积变化最大，下降 152.34 万 hm^2，研究时段内的其他年份均呈缓慢下降的趋势。建设用地面积总体趋于平稳上升的状态。未利用地中，其他草地的变化趋势不明显，总体趋于稳定状态，水域面积呈缓慢下降的趋势，而其他土地的面积有所增加。

2005 年贵州土地总面积 1760.99 万 hm^2，农用地面积为 1528.76 万 hm^2，占全省土地总面积的 86.81%，其中林地面积为 792.10 万 hm^2，占农用地面积的 51.81%；耕地面积为 450.5 万 hm^2，占农用地面积的 29.47%；牧草地面积为 160.64 万 hm^2，占农用地面积的 10.51%；其他农用地面积为 113.50 万 hm^2，占农用地面积的 7.42%；园地面积为 12.02 万 hm^2，占农用地面积的 0.79%。2005 年贵州建设用地面积为 53.52 万 hm^2，占全省土地总面积的 3.04%。未利用地面积 178.71 万 hm^2，占全省土地总面积的 10.15%，其中，其他草地、水域和其他土地分别占未利用地面积的 80.97%、11.53% 和 7.50%。

2018 年贵州土地总面积为 1760.99 万 hm^2，其中农用地面积为 1474.99 万 hm^2，比 2005 年减少了 53.77 万 hm^2，占全省土地总面积的 83.76%；林地面积为 892.19 万 hm^2，比 2005 年增加了 100.09 万 hm^2，占农用地面积的 60.49%；耕地面积为 451.67 万 hm^2，比 2005 年增加了 1.17 万 hm^2，占农用地面积的 30.62%，2005 ~ 2018 年耕地面积最多的一年是 2010 年，其面积达到 456.63 万 hm^2；牧草地面积为 7.21 万 hm^2，相比 2005 年减少了 153.43 万 hm^2，占农用地面积的 0.49%；其他农用地面积为 107.77 万 hm^2，较 2005 年减少 5.73 万 hm^2，占农用地面积的 7.31%；园地的面积为 16.15 万 hm^2，比 2005 年增加了 4.13 万 hm^2，占农用地面积的 1.09%，虽然园地总面积远低于林地面积，但园地面积的增长幅度高于林地面积的增长幅度。贵州 2018 年建设用地面积为 70.32 万 hm^2，比 2005 年增加 16.80 万 hm^2，占全省土地总面积的 3.99%。贵州 2018 年未利用地面积为 215.68 万 hm^2，较 2015 年增加 36.97 万 hm^2，占全省土地总面积的 12.25%，其中其他草地和其他土地面积较 2005 年分别增加 5.13 万 hm^2 和 35.16 万 hm^2，而水域面积较 2005 年则减少 3.32 万 hm^2，其他草地、水域和其他土地分别占未利用地的 69.47%、8.01% 和 22.52%。

根据图 11-4 和图 11-5 及上述土地利用类型的描述与分析可知，贵州 2005 ~ 2018 年土地利用变化状况表现为园地、林地、耕地、城镇村及工矿用地、交通运输用地、其他草地及其他土地面积增加；牧草地、其他农用地、水利设施用地及水域面积减少。林地和园地面积增加说明贵州在发展经济的过程中也在重视生态环境的保护，植树造林。耕地的增加说明贵州在发展中坚持守住 18 亿亩①耕地红线。建设用地的增加说明贵州加快了城市化进程。

11.2.2 土地利用结构变化

（1）土地利用类型多样化指数分析

土地利用类型多样性是反映土地利用类型总体结构的重要指标（黄睿，2011）。土地利用类型多样化指数的计算模型一般采用吉布斯-马丁多样化指数计算，计算模型为

$$G = 1 - \frac{\sum_{i=1}^{n} X_i^2}{\left(\sum_{i=1}^{n} X_i\right)^2} \tag{11-1}$$

式中，G 为土地利用类型多样化指数；X_i 为第 i 类土地利用类型的面积；n 为土地利用类型的分类数。土地利用类型多样化指数越大，说明土地利用结构越均衡；土地利用类型多样化指数为零时，说明只有一种土地利用类型。一个地区的土地利用类型越丰富，n 越大，G 越接近 1。

通过式（11-1）计算出贵州土地利用类型多样化指数为 0.75，说明贵州土地利用类型较为丰富，多样化程度中等偏上，贵州土地利用类型主要有林地、耕地、园地、牧草地、其他农用地、城镇村及工矿用地、交通运输用地、水利设施用地、其他草地、水域和其他土地共 11 类土地利用类型。截至 2018 年，耕地、园地、林地、牧草地和其他农用地分别占贵州土地总面积的 25.65%、0.92%、50.66%、0.41%和 6.12%；城镇村及工矿用地、交通运输用地和水利设施用地分别占贵州土地面积的 3.34%、0.64%和 0.02%；其他草地、水域和其他土地分别占贵州土地面积的 8.50%、0.98%和 2.76%。从以上数据可以看出，各土地利用类型分布不均，其所占贵州土地面积的比例差距较大，这也是土地利用类型多样化指数有待进一步提高的原因之一。

（2）土地利用类型动态度分析

土地利用类型动态度是某区域内一定时间范围内的某种土地利用类型数据的

---

① 1 亩≈666.7m²。

数量变化情况（王艺洁等，2016）。计算模型为

$$K = \frac{U_b - U_a}{U_a} \times \frac{1}{T} \times 100\% \tag{11-2}$$

式中，K 为土地利用类型动态度；U_a 、U_b 为研究时间内初始土地利用数据、末期土地利用数据；T 为研究时间段。对土地利用类型动态度的分析，可以反映研究区一段时间内土地利用变化的程度。

通过式（11-2）及贵州 2005 年和 2018 年土地利用数据，计算出贵州 2005 年和 2018 年土地利用类型动态度，见表 11-1。

表 11-1　贵州 2005 年和 2018 年土地利用类型动态度

土地利用类型	2005 年土地面积 /万 hm^2	2018 年土地面积 /万 hm^2	土地利用类型动态度/%
耕地	450.50	451.67	0.02
园地	12.02	16.15	2.45
林地	792.10	892.19	0.90
牧草地	160.64	7.21	-6.82
其他农用地	113.50	107.77	-0.36
城镇村及工矿用地	44.02	58.76	2.39
交通运输用地	5.59	11.24	7.22
水利设施用地	3.91	0.32	-6.56
其他草地	144.70	149.83	0.25
水域	20.6	17.28	-1.15
其他土地	13.41	48.57	18.73

由表 11-1 可知，贵州各土地利用类型的变化速度不同，且差距较大。其中，变化速度最快的是其他土地，其动态度为 18.73%；耕地、林地、其他农用地及其他草地的动态度较小，分别为 0.02%、0.90%、-0.36% 及 0.25%。2005 ~ 2018 年，其他土地的动态变化最大，其次是交通运输用地、牧草地和水利设施用地。耕地和林地的变化速度较为缓慢且变化不活跃。在以上土地利用类型中，2005 ~2018 年土地面积增加的有园地、林地、耕地、城镇村及工矿用地、交通运输用地、其他草地和其他土地，面积增加最大的是林地，增加了 100.09 万 hm^2，其次是其他土地与城镇村及工矿用地，增加面积分别为 35.16 万 hm^2、14.74 万 hm^2；其他几种土地利用类型面积虽有增加，但增加面积较小，增加面积最小的是耕地，增加面积仅 1.17 万 hm^2；牧草地、其他农用地、水利设施用地及水域的面积在减少，其中，面积减少最多的是牧草地，由 2005 年的

160.64 万 hm^2，减少到 2018 年的 7.21 万 hm^2，减少了 153.43 万 hm^2，水域面积减少最少，减少了 3.32 万 hm^2。

（3）土地利用数量结构分析

本小节分别从农用地、建设用地和未利用地三个方面来分析土地利用结构变化。

从表 11-2 及图 11-6 可知，贵州 2018 年农用地面积总量比 2005 年减少了 53.77 万 hm^2，变化幅度为-3.52%。从农用地的主要类型来看，园地、林地、耕地的面积增加，而牧草地和其他农用地的面积则表现为减少。其中，园地面积增加了 4.13 万 hm^2，占农用地面积比例由 2005 年的 0.79% 上升到 2018 年的 1.09%，且它的变化幅度仅次于牧草地的-95.51%，为 34.36%；林地面积从 2005 年的 792.10 万 hm^2 增加到 2018 年的 892.19 万 hm^2，增加了 100.09 万 hm^2，其变化幅度为 12.64%，占农用地面积比例由 2005 年的 51.81% 上升到 2018 年的 60.49%；耕地面积的变化不大，仅增加了 1.17 万 hm^2，其变化幅度仅为 0.26%，耕地面积 2005 年占农用地面积的 29.47%，到 2018 年则占农用地面积的 30.62%；牧草地面积的变化量和变化幅度在五大农用地中均居第一位，其面积由 2005 年的 160.64 万 hm^2 减少到 2018 年的 7.21 万 hm^2，变化幅度为-95.51%，占农用地面积比例由 2005 年的 10.51% 下降到 2018 年的 0.49%；其他农用地从 2005 年的 113.50 万 hm^2 下降到 2018 年的 107.77 万 hm^2，面积减少了 5.73 万 hm^2，其变化幅度为-5.05%。在五大农用地中，林地面积是增加最多的，牧草地面积则是降低最多的。

表 11-2　2005～2018 年贵州农用地结构变化

年份	农用地/万 hm^2	园地/万 hm^2	林地/万 hm^2	耕地/万 hm^2	牧草地/万 hm^2	其他农用地/万 hm^2
2005	1528.76	12.02	792.10	450.50	160.64	113.50
2006	1525.19	12.13	791.85	449.38	160.54	111.29
2007	1525.20	12.12	791.19	448.73	160.12	113.04
2008	1524.57	12.13	790.87	448.53	159.78	113.26
2009	1525.45	12.12	790.73	449.62	159.75	113.23
2010	1483.87	15.76	899.57	456.63	7.41	104.50
2011	1480.92	15.76	897.33	456.00	7.32	104.51
2012	1479.74	16.56	896.15	455.21	7.29	104.53
2013	1479.34	16.80	895.45	455.26	7.28	104.55

续表

年份	农用地/万 hm^2	园地/万 hm^2	林地/万 hm^2	耕地/万 hm^2	牧草地/万 hm^2	其他农用地/万 hm^2
2014	1477. 38	16. 63	894. 59	454. 39	7. 27	104. 50
2015	1476. 57	16. 60	894. 02	454. 10	7. 26	104. 59
2016	1474. 94	16. 38	893. 33	453. 41	7. 25	104. 57
2017	1471. 80	16. 21	892. 61	451. 88	7. 22	103. 88
2018	1474. 99	16. 15	892. 19	451. 67	7. 21	107. 77
2005 ~ 2018 年变化总量	-53. 77	4. 13	100. 09	1. 17	-153. 43	-5. 73
2005 ~ 2018 年变化幅度/%	-3. 52	34. 36	12. 64	0. 26	-95. 51	-5. 05

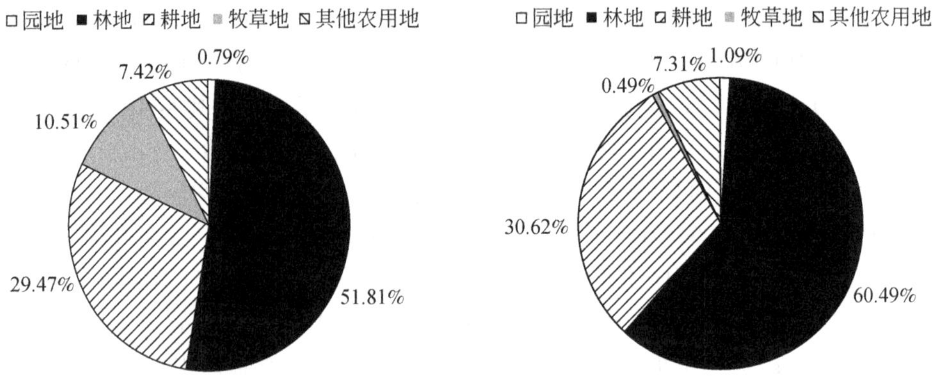

(a) 2005年贵州农用地土地利用结构　(b) 2018年贵州农用地土地利用结构

图 11-6　2005 年和 2018 年贵州农用地土地利用结构

从表 11-3、图 11-7 中可以看出，2005 ~ 2018 年贵州建设用地的面积增加了 16. 80 万 hm^2，其变化幅度为 31. 39%；从建设用地三种主要类型来看，城镇村及工矿用地、交通运输用地的面积都表现为增加，只有水利设施用地表现为减少；城镇村及工矿用地变化总量表现为增加 14. 74 万 hm^2，其变化幅度为 33. 48%；交通运输用地变化总量表现为增加 5. 65 万 hm^2，其变化幅度为 101. 07%；水利设施用地总量减少了 3. 59 万 hm^2，其变化幅度为-91. 82%。城镇村及工矿用地在三大类主要建设用地中所占的比例在 2005 年为 82. 25%，在 2018 年则增加到 83. 56%；交通运输用地在三大类主要建设用地中所占的比例在 2005 年为 10. 44%，到 2018 年增加到 15. 98%；水利设施用地在三大类主要建设用地中所占的比例的变化较为明显，从 2005 年的 7. 31% 降到 2018 年的 0. 46%，面积所占比例变化较为明显。

表 11-3　2005～2018 年贵州建设用地结构变化

年份	建设用地/万 hm^2	城镇村及工矿用地/万 hm^2	交通运输用地/万 hm^2	水利设施用地/万 hm^2
2005	53.52	44.02	5.59	3.91
2006	55.18	44.52	5.79	4.87
2007	57.01	44.82	5.98	6.21
2008	56.39	45.66	6.77	3.96
2009	56.68	46.25	6.13	4.30
2010	56.44	46.25	6.25	3.94
2011	59.00	48.00	7.02	3.98
2012	61.38	49.87	7.55	3.96
2013	62.55	50.42	8.13	4.00
2014	65.72	52.36	9.24	4.12
2015	67.47	53.85	9.49	4.13
2016	69.73	55.49	10.08	4.16
2017	72.83	57.95	10.70	4.18
2018	70.32	58.76	11.24	0.32
变化总量	16.80	14.74	5.65	-3.59
变化幅度/%	31.39	33.48	101.07	-91.82

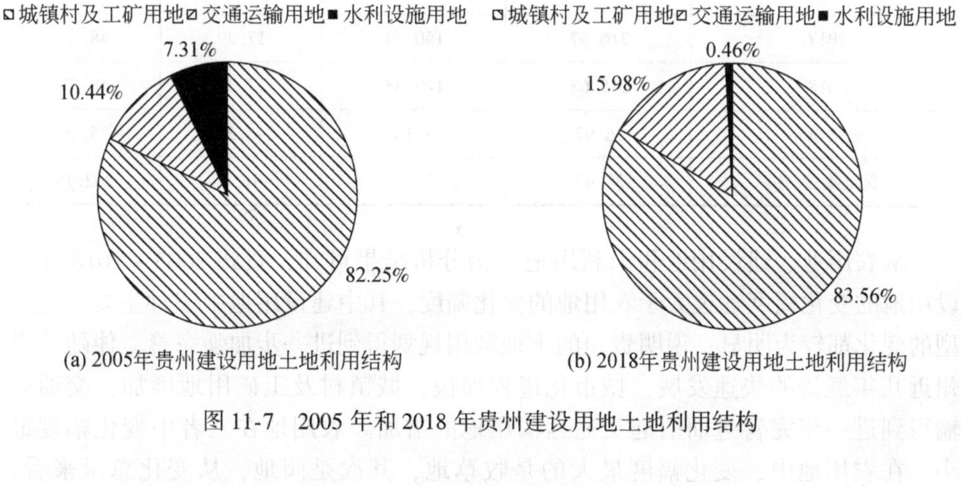

(a) 2005年贵州建设用地土地利用结构　(b) 2018年贵州建设用地土地利用结构

图 11-7　2005 年和 2018 年贵州建设用地土地利用结构

表 11-4 统计结果表明，贵州 2005～2018 年未利用地总量变化表现为增加，从 2005 年的 178.71 万 hm^2 增加到 2018 年的 215.68 万 hm^2，共增加 36.97 万 hm^2，其变化幅度为 20.69%。其中，其他草地、其他土地分别由 2005 年的 144.70 万 hm^2、13.41 万 hm^2 上升到 2018 年的 149.83 万 hm^2、48.57 万 hm^2，其变化幅度分别为 3.55%、262.19%；水域则由 2005 年的 20.60 万 hm^2 下降到 2018 年的 17.28 万 hm^2，14 年共下降 3.32 万 hm^2，其变化幅度为-16.12%。

表 11-4　2005～2018 年贵州未利用地结构变化

年份	未利用地/万 hm^2	其他草地/万 hm^2	水域/万 hm^2	其他土地/万 hm^2
2005	178.71	144.70	20.60	13.41
2006	180.62	145.72	21.76	13.14
2007	178.78	143.00	22.72	13.06
2008	180.03	139.89	24.06	16.08
2009	178.86	138.45	24.46	15.95
2010	220.68	178.91	24.50	17.27
2011	221.07	175.86	27.74	17.47
2012	219.87	177.77	24.72	17.38
2013	219.10	153.24	17.60	48.26
2014	217.89	152.39	17.39	48.11
2015	216.95	151.59	17.37	47.99
2016	216.32	151.12	17.33	47.87
2017	216.37	150.54	17.29	48.54
2018	215.68	149.83	17.28	48.57
变化总量	36.97	5.13	-3.32	35.16
变化幅度/%	20.69	3.55	-16.12	262.19

从农用地、建设用地和未利用地结构分析结果可知，贵州 2005～2018 年建设用地的变化幅度远远大于农用地的变化幅度，其中建设用地中三种主要用地类型的变化都较为明显，说明贵州的土地利用规划得到进一步加强完善，伴随着贵州近几年经济的快速发展，城市化进程加快，城镇村及工矿用地增加，交通运输得到进一步完善进而引起交通运输用地的增加。农用地在三者中变化幅度最小，在农用地中，变化幅度最大的是牧草地，其次是园地，从变化总量来看，

大部分的牧草地转化为林地，说明贵州退耕还林、退牧还林政策的实施效果较为明显。

11.3 不同土地利用碳排放效应分析

不同的土地利用类型的碳源、碳汇不同。本节分别从碳源和碳汇的角度，测算贵州 2005 ~ 2018 年土地利用碳排放量，进而计算土地利用净碳排放量，掌握引起土地利用碳排放增加的主要因素，为贵州土地低碳利用提供一定的参考。

11.3.1 土地利用碳排放测算

碳排放的测算是分别对碳源和碳汇进行计算，并进一步计算出贵州 2005 ~ 2018 年土地利用净碳排放量。

（1）碳源的测算

碳源主要包括农用地碳排放和建设用地碳排放。

1）农用地碳排放测算。通过阅读碳排放相关文献总结前人研究成果，并结合贵州农用地实际状况，贵州农用地碳排放测算主要包括农用地化肥使用折纯量产生的碳排放量的测算、农作物播种面积产生的碳排放量的测算、农业机械总动力产生的碳排放量的测算、有效灌溉面积产生的碳排放量的测算和农用塑料薄膜使用量产生的碳排放量的测算。计算公式为

$$E_f = G_1A + G_2B + G_3C + G_4D + G_5E \tag{11-3}$$

式中，E_f 为农用地碳排放量；G_1、G_2、G_3、G_4、G_5 为农用地化肥使用折纯量、农作物播种面积、农业机械总动力、有效灌溉面积、农用塑料薄膜使用量。A、B、C、D、E 为对应的碳排放系数。在综合前人研究的基础上，碳排放系数取值如表 11-5 所示。

表 11-5 农用地各指标碳排放系数

系数	农用地化肥使用折纯量/(kg/t)	农作物播种面积/(kg/hm^2)	农业机械总动力/(kg/kW)	有效灌溉面积/(kg/hm^2)	农用塑料薄膜使用量/(kg/kg)
碳排放系数	895.6	16.47	0.18	266.48	5.18

根据式（11-3）、表 11-5 及以上指标的原始数据，计算得出贵州 2005 ~ 2018 年农用地碳排放量（表 11-6）。

表 11-6　贵州 2005 ~ 2018 年各指标碳排放量及农用地碳排放量

年份	农用地化肥使用折纯量/t	农作物播种面积/hm^2	农业机械总动力/kW	有效灌溉面积/hm^2	农用塑料薄膜使用量/kg	农用地碳排放量/万 t
2005	69. 33	7. 91	0. 18	18. 96	15. 19	111. 57
2006	71. 85	8. 00	0. 22	21. 26	15. 89	117. 22
2007	73. 48	7. 35	0. 25	23. 83	17. 46	122. 38
2008	74. 42	7. 61	0. 28	26. 31	24. 74	133. 36
2009	77. 51	7. 87	0. 29	28. 98	24. 07	138. 72
2010	77. 50	8. 05	0. 31	31. 85	18. 74	136. 45
2011	84. 24	8. 27	0. 33	33. 76	21. 16	147. 76
2012	87. 92	8. 54	0. 38	35. 11	22. 82	154. 77
2013	89. 15	8. 88	0. 40	4. 47	24. 88	127. 78
2014	90. 72	9. 09	0. 44	38. 09	25. 36	163. 69
2015	92. 86	9. 13	0. 46	40. 15	25. 59	168. 19
2016	92. 85	9. 22	0. 49	41. 38	26. 45	170. 38
2017	85. 66	9. 32	0. 51	42. 25	26. 49	164. 23
2018	80. 24	9. 02	0. 52	42. 80	28. 40	160. 98

从表 11-6 可以看出，贵州农用地碳排放量在 2005 ~ 2018 年整体呈现上升趋势，但在 2012 ~ 2013 年出现过拐点。其中，农用地化肥使用折纯量产生的碳排放量是农用地碳排放量的主要组成要素，农用地化肥使用折纯量产生的碳排放量 2005 ~ 2015 年稳步增长，之后呈现下降趋势。农用地化肥使用折纯量产生的碳排放量一直占据着农用地碳排放量的 50% 以上，在 2013 年达到了 69. 77%；农业机械总动力相较于其他指标而言，对农用地碳排放量产生的影响较小，2005 ~ 2018 年，农业机械总动力产生的碳排放量最多的一年也只占据农用地碳排放量的 0. 32%。贵州 2005 年农用地碳排放量为 111. 57 万 t，2018 年增加到了 160. 98 万 t，共增加了 49. 41 万 t，农用地碳排放量的增加与农用地化肥使用折纯量、有效灌溉面积、农用塑料薄膜使用量等的增加密不可分。

2）建设用地碳排放测算。建设用地包括居住用地、商服用地、独立工矿用地、交通运输用地等类型，相关研究证明，建设用地碳排放量可以通过计算人类利用建设用地从事各类活动的能源消耗产生的碳排放量来间接反映。因此，本节对建设用地碳排放的测算采用南灵和谢凯（2016）的做法，结合贵州实际状况及数据的可获取性，得到建设用地碳排放测算模型：

$$E_c = \mathrm{GDP}'HK$$
$$\mathrm{GDP}' = \mathrm{GDP}_1 + \mathrm{GDP}_2 \qquad (11\text{-}4)$$

式中，E_c 为建设用地碳排放量；H 为单位 GDP 能源消费量，单位为 tce/万元；K 为煤炭碳排放系数，取值 0.7476tC/t；GDP_1 和 GDP_2 分别为第二产业产值和第三产业产值。结合式（11-4）和第二产业、第三产业及单位 GDP 原始数据，得出建设用地碳排放量，见表 11-7。

表 11-7　贵州 2005 ~ 2018 年建设用地碳排放量　　（单位：万 t）

年份	建设用地碳排放量
2005	3 910.07
2006	4 359.66
2007	4 817.05
2008	4 494.22
2009	4 861.06
2010	5 281.87
2011	5 202.33
2012	6 423.81
2013	6 955.55
2014	5 742.91
2015	7 049.14
2016	8 560.49
2017	11 114.33
2018	13 101.78

由表 11-7 可知，贵州 2005 ~ 2018 年建设用地碳排放量呈增加趋势，由 2005 年的 3910.07 万 t 增加到 2018 年的 13 101.78 万 t，年均增长量为 707.05 万 t，年均增长率为 9.75%，2018 年贵州建设用地碳排放量约为 2005 年的 3.35 倍。近年来，贵州经济发展速度加快，建设用地面积增加，同时建设用地的使用率和第二产业、第三产业的产值也在提高，因此贵州建设用地碳排放量也在提高。

(2) 碳汇的测算

在结合并总结前人研究的基础上，将贵州碳汇的计算主要分为两类测算，一类是对林地、园地、牧草地、水域及未利用地的碳吸收进行测算；另一类是对耕地的碳吸收进行测算。

1) 林地、园地、牧草地、水域及未利用地的碳吸收测算公式为

$$C_i = G_i f_i \tag{11-5}$$

式中，C_i 为第 i 种土地利用类型碳吸收量；G_i 为第 i 种土地利用类型的面积；f_i 为对应碳吸收率。在前人研究的基础上，选取的各土地利用类型的碳吸收率见表 11-8。

表 11-8　各土地利用类型的碳吸收率　（单位：t/hm^2）

系数	园地	林地	牧草地	未利用地	水域
碳吸收率	0.644	0.644	0.021	0.005	0.218

根据碳吸收率，计算出贵州 2005 ~ 2018 年园地、林地、牧草地、未利用地及水域碳吸收量，结果如表 11-9 所示。

表 11-9　各土地利用类型碳吸收量及碳吸收总量　（单位：万 t）

年份	园地碳吸收量	林地碳吸收量	牧草地碳吸收量	未利用地碳吸收量	水域碳吸收量	碳吸收总量
2005	7.74	510.11	3.37	0.89	4.49	526.60
2006	7.79	509.76	3.36	0.89	4.74	526.54
2007	7.79	509.43	3.35	0.91	4.95	526.43
2008	7.82	509.33	3.36	0.91	5.25	526.67
2009	7.81	509.23	3.35	0.90	5.33	526.62
2010	10.14	579.32	0.16	1.10	5.34	596.06
2011	10.15	577.88	0.15	1.11	6.05	595.34
2012	10.70	577.09	0.15	1.10	5.39	594.43
2013	10.82	576.69	0.15	1.10	3.84	592.60
2014	10.71	576.12	0.15	1.09	3.79	591.86
2015	10.63	575.75	0.15	1.09	3.79	591.41
2016	10.52	575.21	0.15	1.08	3.78	590.74

续表

年份	园地碳吸收量	林地碳吸收量	牧草地碳吸收量	未利用地碳吸收量	水域碳吸收量	碳吸收总量
2017	10.44	574.84	0.15	1.08	3.77	590.28
2018	10.40	574.57	0.15	1.08	3.77	589.97

由表 11-9 可知，农用地各土地利用类型的碳吸收量及碳吸收总量都呈现出波动变化趋势。由历年碳吸收总量数据对比可知，总体而言，园地碳吸收量、林地碳吸收量、未利用地碳吸收量及碳吸收总量呈现波动上升，而其他两类土地碳吸收量呈现波动下降的趋势。碳吸收总量从 2005 年的 526.60 万 t 上升到 2018 年的 589.97 万 t，共增长了 63.37 万 t，年均增长 4.87 万 t，年均增长率为 0.88%。其中，碳吸收量最多的是林地，然后依次是园地、水域、未利用地及牧草地。相较于建设用地的碳排放量的变化速率来说，碳吸收量的变化速率很小。

2）耕地的碳吸收测算。耕地不仅是碳源，同时也是碳汇，耕地的碳吸收主要表现为农作物光合作用所固定的碳。计算公式为

$$
\begin{aligned}
C_{\mathrm{f}} &= \sum C_d \\
C_d &= C_i Y_w / H_i
\end{aligned}
\tag{11-6}
$$

式中，C_{f} 为耕地碳吸收量；C_d 为第 d 类农作物碳吸收量；C_i 表示第 i 类农作物的碳吸收率；Y_w 为第 w 类农作物经济产量；H_i 为第 i 种农作物经济系数。结合贵州耕地作物种植情况，选取的主要农作物的经济系数和碳吸收率见表 11-10。

表 11-10　贵州主要农作物的经济系数和碳吸收率

系数	稻谷	小麦	玉米	大豆	薯类	油菜	花生	甘蔗	烤烟
经济系数	0.40	0.40	0.40	0.34	0.70	0.25	0.43	0.50	0.55
碳吸收率	0.4709	0.4853	0.4709	0.4500	0.4500	0.4500	0.4500	0.4500	0.4500

根据表 11-10 以及贵州农作物经济产量，算出各种农作物碳吸收量及耕地碳吸收量，见表 11-11。

表 11-11　各种农作物碳吸收量及耕地碳吸收量　（单位：万 t）

年份	稻谷碳吸收量	小麦碳吸收量	玉米碳吸收量	大豆碳吸收量	薯类碳吸收量	油菜碳吸收量	花生碳吸收量	甘蔗碳吸收量	烤烟碳吸收量	耕地碳吸收量
2005	531.90	88.57	405.32	21.38	137.02	137.72	7.68	60.98	28.19	1418.76
2006	477.17	54.75	396.39	18.64	120.63	113.72	4.31	57.49	25.13	1268.23

续表

年份	稻谷碳吸收量	小麦碳吸收量	玉米碳吸收量	大豆碳吸收量	薯类碳吸收量	油菜碳吸收量	花生碳吸收量	甘蔗碳吸收量	烤烟碳吸收量	耕地碳吸收量
2007	506.07	58.07	420.40	19.76	127.93	116.80	5.16	60.27	25.54	1340.00
2008	518.74	51.94	460.53	21.93	138.09	108.68	6.74	64.58	30.85	1402.08
2009	509.82	54.01	477.02	21.00	134.25	126.72	7.65	57.84	30.21	1418.52
2010	501.36	30.12	489.06	21.16	111.94	92.92	8.04	47.02	30.29	1331.91
2011	341.92	61.12	286.91	9.41	153.84	129.26	6.35	39.24	26.59	1054.64
2012	452.73	63.56	402.91	10.38	151.61	140.72	8.23	115.16	30.53	1375.83
2013	406.46	62.49	350.86	10.64	169.30	147.20	8.63	143.36	34.19	1333.13
2014	480.99	79.12	391.71	16.53	182.48	161.53	11.07	97.91	28.88	1450.22
2015	498.05	79.33	404.53	18.00	192.80	161.51	11.22	86.00	26.91	1478.35
2016	513.01	50.74	537.30	35.35	164.90	159.39	11.35	64.33	22.47	1558.84
2017	504.93	49.99	519.38	25.50	171.18	158.44	11.79	45.28	20.00	1506.49
2018	473.32	40.26	304.86	26.10	187.19	155.20	11.99	56.23	18.63	1273.78

由表11-11可知，贵州耕地碳吸收量在2005～2018年整体呈现出波动下降的趋势。其中，稻谷的碳吸收量在几种农作物中占耕地碳吸收量比例最大，2007年达到了37.77%，其次是玉米、薯类、油菜，其他的几种农作物也占据着一定的比例。贵州耕地碳吸收量从2005年的1418.76万t，下降到2018年的1273.78万t，碳吸收量下降了144.98万t，年均下降11.15万t，下降率为0.83%，这可能与贵州这几年大力发展经济，大量耕地转变为建设用地使得耕地面积减少有关。

（3）净碳排放量的测算

根据以上过程计算出的贵州2005～2018年土地利用碳排放量及碳吸收量，计算出贵州2005～2018年土地利用净碳排放量。其计算方式就是用碳源减去碳汇，结果见表11-12。

表11-12　贵州2005～2018年土地利用净碳排放量　（单位：万t）

年份	碳排放量	碳吸收量	净碳排放量
2005	4 021.64	1 945.36	2 076.28

续表

年份	碳排放量	碳吸收量	净碳排放量
2006	4 476.88	1 794.77	2 682.11
2007	4 939.43	1 866.43	3 073.00
2008	4 627.58	1 928.75	2 698.83
2009	4 999.78	1 945.14	3 054.64
2010	5 418.32	1 927.97	3 490.35
2011	5 350.09	1 649.98	3 700.11
2012	6 578.58	1 970.26	4 608.32
2013	7 083.33	1 925.73	5 157.60
2014	5 906.60	2 042.08	3 864.52
2015	7 217.33	2 069.76	5 147.57
2016	8 730.87	2 149.58	6 581.29
2017	11 278.56	2 096.77	9 181.79
2018	13 262.76	1 863.75	11 399.01

由表 11-12 可以看出，贵州土地利用净碳排放量在 2005 ~ 2018 年共增加了 9322.73 万 t，年均增长 717.13 万 t，年均增长率为 9.61%，表明贵州土地利用碳排放的增加趋势较为明显，净碳排放量可能持续增长，且大部分碳排放来自建设用地，而碳吸收量可能会有下降的趋势，因此当前贵州土地生态安全面临着严峻的挑战，分析土地利用碳排放与低碳指标的关联度对减少土地利用碳排放具有实践意义。

11.3.2 土地利用碳排放动态变化分析

在对土地利用碳排放进行测算的基础上，分析贵州 2005 ~ 2018 年碳源、碳汇的动态变化状况，了解贵州 2005 ~ 2018 年的碳排放情况。分析 2005 ~ 2018 年碳排放的变化趋势，从而为贵州未来土地利用碳排放的控制提供一定的借鉴。

(1) 碳源动态变化分析

由前述可知，碳源总量等于农用地碳排放量和建设用地碳排放量之和，贵州 2005 ~ 2018 年土地利用碳源总量变化情况见表 11-13 和图 11-8。

表 11-13　贵州 2005～2018 年碳源总量及其组成变化情况　　（单位：万 t）

年份	农用地碳排放量	建设用地碳排放量	碳源总量
2005	111.57	3 910.07	4 021.64
2006	117.22	4 359.66	4 476.88
2007	122.38	4 817.05	4 939.43
2008	133.36	4 494.22	4 627.58
2009	138.72	4 861.06	4 999.78
2010	136.45	5 281.87	5 418.32
2011	147.76	5 202.33	5 350.09
2012	154.77	6 423.81	6 578.58
2013	127.78	6 955.55	7 083.33
2014	163.69	5 742.91	5 906.6
2015	168.19	7 049.14	7 217.33
2016	170.38	8 560.49	8 730.87
2017	164.23	11 114.33	11 278.56
2018	160.98	13 101.78	13 262.76

由表 11-13 可知，2005～2018 年，建设用地碳排放量在碳源总量中占据着主导地位，占比达到 97% 以上，最高的一年达到 98.79%，导致这种现象的原因可能是贵州位于喀斯特山区，在完成 2020 年全面脱贫目标过程中，贵州大力发展经济，城市化进程不断加快，建设用地的面积不断增加。农用地碳排放量占碳源总量的比例呈现下降的趋势，2005 年占 2.77%，到 2018 年仅占 1.21%，导致这一现象的原因除上述的建设用地面积增加外，还有一重要原因可能是贵州为响应国家相关政策号召，发展绿色农业，减少了对化肥农药的使用，从而降低了农用地碳排放量。

由图 11-8 可知，贵州 2005～2018 年土地利用碳源总量的变化呈现波动增长的趋势，由 2005 年的 4021.64 万 t 增加到 2018 年的 13 262.76 万 t，增加了 9241.12 万 t，年均增长 710.86 万 t，年均增长率为 9.61%；其中，2005～2014 年，碳源总量呈现缓慢的波动增长趋势，2014 年后，其增长速度急速加快。贵州当前面临的主要问题是如何在促进经济增长的同时降低碳排放量。

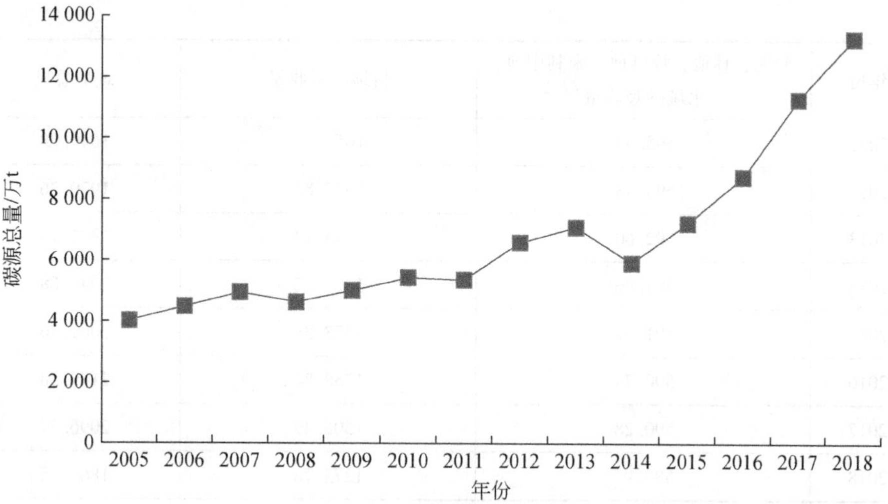

图 11-8　贵州 2005 ~ 2018 年土地利用碳源总量变化状况

(2) 碳汇动态变化分析

本书计算的碳汇总量包括园地、林地、牧草地、未利用地、水域碳吸收量及耕地碳吸收量。

由表 11-14 可知，耕地碳吸收量在碳汇总量中占据着主导地位，占比达到 60% 以上，最高的一年达到 72.93%。但从总体来看，2005 ~ 2018 年耕地碳吸收量占碳汇总量比例有所下降，从 2005 年的 72.93% 下降到 2018 年的 68.35%；其他五类土地碳吸收量占碳汇总量比例在 27% 以上，其所占比例总体呈现上升的趋势，从 2005 年的 27.07% 上升到 2018 年的 31.65%，这一现象产生的原因可能是退耕还林还草政策在贵州得到了较好执行。

表 11-14　贵州 2005 ~ 2018 年碳汇总量及组成变化情况　(单位：万 t)

年份	园地、林地、牧草地、未利用地、水域碳吸收量	耕地碳吸收量	碳汇总量
2005	526.60	1418.76	1945.36
2006	526.54	1268.23	1794.77
2007	526.43	1340.00	1866.43
2008	526.67	1402.08	1928.75
2009	526.62	1418.52	1945.14
2010	596.06	1331.91	1927.97

续表

年份	园地、林地、牧草地、未利用地、水域碳吸收量	耕地碳吸收量	碳汇总量
2011	595.34	1054.64	1649.98
2012	594.43	1375.83	1970.26
2013	592.60	1333.13	1925.73
2014	591.86	1450.22	2042.08
2015	591.41	1478.35	2069.76
2016	590.74	1558.84	2149.58
2017	590.28	1506.49	2096.77
2018	589.97	1273.78	1863.75

由图 11-9 可知，贵州 2005 ~ 2018 年土地利用碳汇总量的变化呈现波动下降的趋势，由 2005 年的 1945.36 万 t 减少到 2018 年的 1863.75 万 t，共减少了 81.61 万 t，年均减少 6.28 万 t，年均下降率为 0.33%；其中，2011 年是 2005 ~ 2018 年中碳汇总量最低的一年，为 1649.98 万 t。

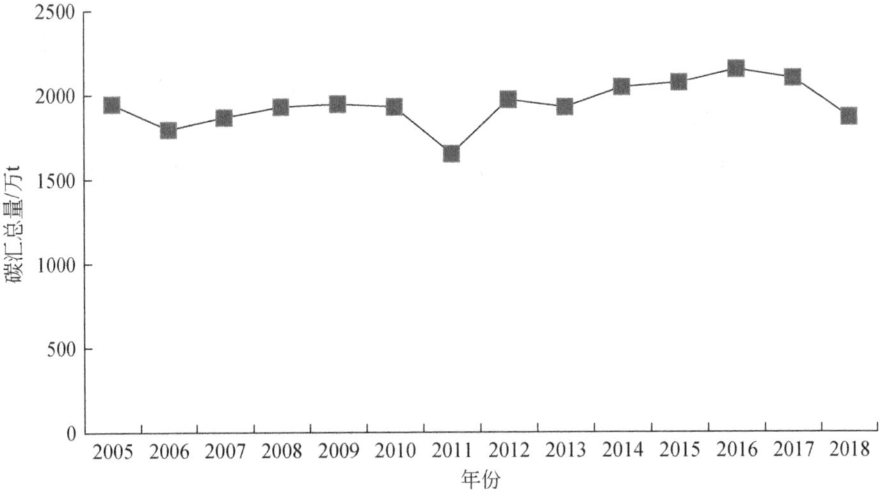

图 11-9　贵州 2005 ~ 2018 年土地利用碳汇总量变化情况

根据土地利用碳排放分析得出，贵州碳排放的增加速度远远大于碳吸收的速度，且碳吸收呈下降的趋势，贵州正处于经济发展的上升时期，如何促进贵州土地利用低碳发展成为当前的一大重点。发展低碳经济、合理规划土地利用的方向、优化土地利用布局是当前研究的重点领域，有助于实现控制碳源、增加碳吸收、促进贵州生态文明建设的目的。

11.4 不同土地利用碳排放风险评价

在土地利用碳排放计算的基础上，选用碳排放风险指数来测算贵州 2005 ~ 2018 年土地利用碳排放风险的变化；选用碳足迹压力指数来计算贵州 2005 ~ 2008 年碳排放压力的变化状况。通过两种指数的计算，进一步掌握贵州碳排放的发展规律和演变趋势。

11.4.1 土地利用碳排放风险的变化

(1) 生态风险及碳排放风险指数的概念及计算模型

生态风险是指生态系统及其组分受系统外其他要素的威胁，这种威胁会破坏系统的结构和功能，从而影响生态系统的安全。碳排放量如果超出了生态系统的承受范围，会危及区域内生态系统的安全健康，甚至会对全球生态系统造成危害（郑永超和文琦，2020）。多数生态风险评价研究主要集中在化学物质的生态风险评价上，对区域景观的生态风险评价也进行了有效探索（臧淑英等，2005）。国外对生态风险评价的研究较早且有一定的成果，我国对生态风险的研究开展较晚，近年来，许多学者基于 3S 技术，开展了土地利用生态风险评价，如臧淑英等（2005）对大庆土地利用进行生态分析；宋洪磊（2015）采用地统计学方法空间表达铜陵土地利用碳排放风险，对碳排放风险进行采样，采用 GIS 软件中的地统计分析模块，选择普通克里格法进行整个研究区表面模拟预测，在验证模型准确性的基础上，得到铜陵碳排放风险分布图；车敏（2017）在总结前人研究的基础上，结合碳排放提出了碳排放风险指数，计算出准格尔旗的碳排放风险指数范围。

本节的土地利用碳排放风险评估及评估模型采用土地利用碳排放风险指数，碳排放风险指数是在生态风险指数的基础上提出来的概念。曾辉和刘国军（1999）提出了不同土地利用类型不同的生态风险指数，通过土地利用类型来表示研究区生态风险的大小。土地利用碳排放风险指数大小由评价单元内各土地利用类型的面积及其碳排放系数共同决定，碳排放风险指数越大说明单位区域内碳排放量越大（汤峰等，2019），其计算模型为

$$L_{ER} = \sum_{i=1}^{n} \frac{A_i P_i}{A} \tag{11-7}$$

式中，L_{ER} 为碳排放风险指数；A_i 为第 i 种土地利用类型的面积；P_i 为第 i 种土地利用类型的碳排放系数；A 为研究区总面积；$A_i P_i$ 为第 i 种土地利用类型的碳排放量。

（2）贵州 2005 ~ 2018 年碳排放风险指数的计算及变化分析

根据式（11-7），计算出贵州 2005 ~ 2018 年碳排放风险指数（图 11-10）。

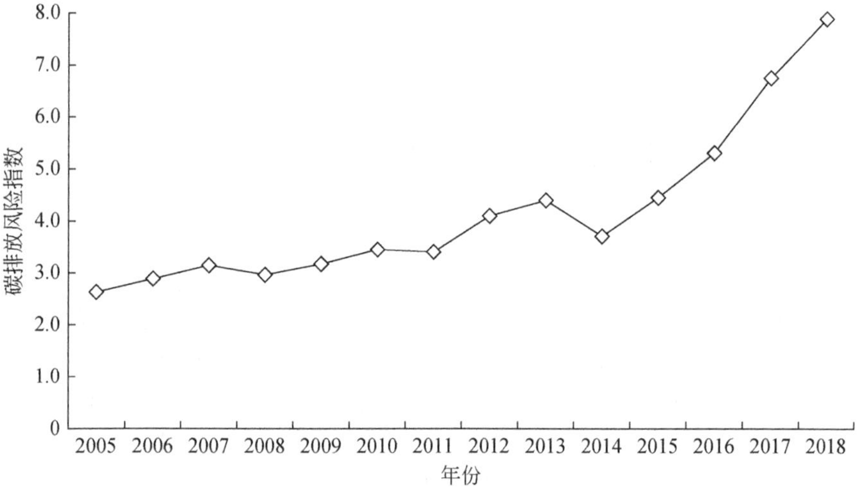

图 11-10　贵州 2005 ~ 2018 年碳排放风险指数

碳排放风险指数越大，表示碳排放风险程度越高；碳排放风险指数越小，表示碳排放风险程度越低。由图 11-10 可知，从总体上来看，贵州 2005 ~ 2018 年碳排放风险指数一直呈现波动上升的趋势，说明贵州碳排放风险程度在变高。2005 ~ 2013 年，碳排放风险指数呈现缓慢上升的趋势，2014 年碳排放风险指数较 2013 年有所下降，但 2014 年之后，碳排放风险指数呈现快速增长的趋势，这与贵州近几年来大力发展经济，城市化进程不断加快，农业现代化使用了大量的能源有关。贵州碳排放风险指数从 2005 年的 2. 63 增长到 2013 年的 4. 40，年均增长 0. 22，年均增长率为 6. 64%；2014 ~ 2018 年年均增长 1. 05，年均增长率为 20. 76%。对比两个时间段的增长速度，贵州在后面一个时段的发展中在一定程度上忽视了土地生态环境，按照当前的发展趋势，在未来几年，土地利用碳排放风险指数将会持续增高，因此贵州在接下来的发展中应注重节能减排。

11.4.2 土地利用碳排放压力的变化

(1) 碳足迹压力指数相关概念及计算方法

碳足迹是基于生态足迹概念提出来的，是对某种活动引起的直接或间接的二氧化碳排放量的度量；作为人类活动对环境的影响和压力程度的衡量，碳足迹成为近年来国外生态学研究的新的热点领域（赵荣钦等，2010）。本节用碳足迹压力指数来反映人类社会对区域生态系统的扰动影响，以更好地反映贵州 2005 ~ 2018 年土地利用碳排放压力的变化。将碳足迹压力指数定义为陆地生态系统碳源与碳汇效应之比（彭文甫等，2016），计算公式为

$$C_{\mathrm{p}} = \frac{C_{\mathrm{m}}}{C_{\mathrm{s}}} \tag{11-8}$$

式中，C_{p} 为碳足迹压力指数；C_{m} 为不同土地利用类型的碳源量，单位为万 t；C_{s} 为不同土地利用类型的碳汇量，单位为万 t。当碳足迹压力指数小于 1 时，该区域的土地利用类型碳排放小于碳吸收，说明该区域生态系统碳平衡稳定；当碳足迹压力指数大于 1 时，该区域的土地利用类型碳排放大于碳吸收，说明该区域生态系统碳平衡失调，给当地的碳循环生态系统造成的压力过大（郑永超和文琦，2020）；当碳足迹压力指数等于 1 时，该区域碳排放与碳吸收能力处于均衡的状态。

(2) 贵州 2005 ~ 2018 年碳足迹压力指数计算及压力变化分析

对贵州 2005 ~ 2018 年土地利用碳排放进行核算，得出贵州 2005 ~ 2018 年土地利用碳源总量和碳汇总量，结合碳足迹压力指数计算公式，计算得出贵州 2005 ~ 2018 年土地利用碳足迹压力指数，见表 11-15。

表 11-15 碳源总量、碳汇总量及碳足迹压力指数

年份	碳源总量/万 t	碳汇总量/万 t	碳足迹压力指数
2005	4 021.64	1 945.36	2.07
2006	4 476.88	1 794.77	2.49
2007	4 939.43	1 866.43	2.65
2008	4 627.58	1 928.75	2.40
2009	4 999.78	1 945.14	2.57
2010	5 418.32	1 927.97	2.81

续表

年份	碳源总量/万 t	碳汇总量/万 t	碳足迹压力指数
2011	5 350.09	1 649.98	3.24
2012	6 578.58	1 970.26	3.34
2013	7 083.33	1 925.73	3.68
2014	5 906.6	2 042.08	2.89
2015	7 217.33	2 069.76	3.49
2016	8 730.87	2 149.58	4.06
2017	11 278.56	2 096.77	5.38
2018	13 262.76	1 863.75	7.12

结合表 11-15，将碳足迹压力指数生成折线图（图 11-11），以便于更好地分析贵州 2005 ~ 2018 年碳足迹压力指数变化趋势。

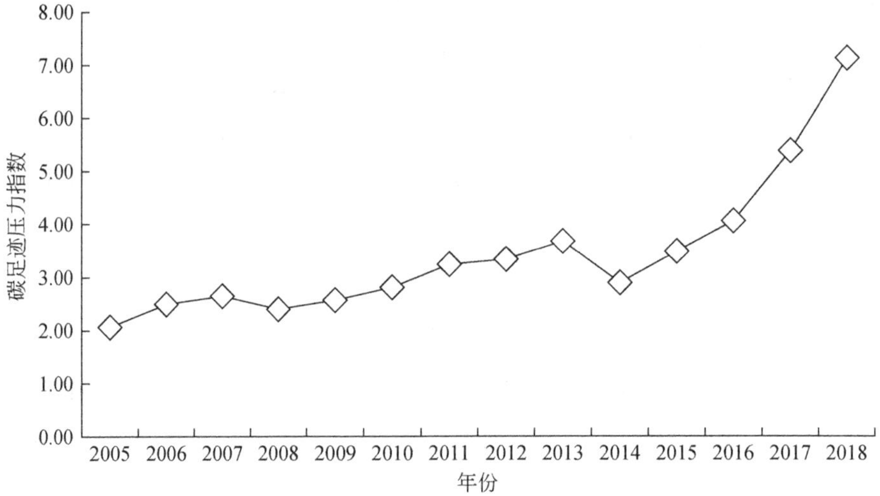

图 11-11　贵州 2005 ~ 2018 年碳足迹压力指数变化

生态压力会影响生态系统的平衡和稳定，研究 2005 ~ 2018 年贵州土地利用类型碳足迹压力指数的变化，结果表明，贵州 2005 ~ 2018 年碳足迹压力指数都大于 1，意味着 2005 ~ 2018 年碳吸收一直小于碳排放，说明贵州生态平衡一直处于失调的状况，贵州碳循环也处于较大的压力状态。从 2005 ~ 2018 年碳足迹压力指数动态变化来看，贵州碳足迹压力指数一直呈现波动上升的趋势，从 2005 年的 2.07 上升到 2018 年的 7.12，2018 年的碳足迹压力指数约为 2005 年的 3.44 倍，碳足迹压力指数年均增长 0.39，从趋势来分析，在未来的几年，贵州碳足迹压力指数依然会持续上升。2005～2013 年，碳足迹压力指数的增长速度较为缓慢，2008 年甚至较 2007 年有所下降；这主要与贵州当时的经济发展速度有关，且国家提出相关政策要增加碳汇减少碳源。2013～2014 年，碳足迹压力指数下降的幅度较大，但从 2014 年起，碳足迹压力指数的增长速度大幅度提升，这与贵州经济发展速度加快、城市化进程加快、建设用地扩大有关。贵州在未来的发展中应更加注重节能减排，要进一步调整优化土地利用结构，减缓碳足迹压力指数的增长速度，改变碳足迹压力指数的变化方向，降低经济发展对生态环境的压力，实现低碳可持续发展。

11.5 本章小结

本章主要从四个部分来全面系统地进行贵州土地利用碳排放效应分析及风险评价。

1）从贵州的整体概况和土地利用概况来对贵州土地利用现状进行初步了解。贵州地处中国西南部，是世界上岩溶地貌发育最典型的地区之一，岩溶出露面积占全省总面积的 61.92%，截至 2018 年森林覆盖率达 57%，其生态环境状况位于全国平均水平以上。贵州经济状况较为落后，但由于西部大开发战略等相关政策，近年来贵州经济快速发展，城市化进程不断加快。贵州土地资源以山地、丘陵为主，平坝地较少，耕地资源较少，截至 2018 年底，贵州建设用地、农用地、未利用地分别占全省土地总面积的 3.99%、83.76%、12.25%。

2）从土地利用数量变化和土地利用结构变化来分析土地利用动态变化。从土地利用数量变化来看，2005～2018 年，贵州土地利用数量变化表现为园地、林地、耕地、城镇村及工矿用地、交通运输用地、其他草地和其他土地面积增加；牧草地、其他农用地、水利设施用地及水域面积减少。其中，变化最明显的是牧草地。土地利用结构分别从土地利用类型多样化指数、土地利用类型动态度和土地利用数量结构的角度进行分析，结果表明，贵州土地利用类型多样化指数为 0.75，说明贵州土地利用多样化程度中等偏上，但贵州各土地利用类型分布不均，各地类所占比例差距大。贵州各土地利用类型的变化速度不同，差距较大，其中变化速度最快的为其他土地，其土地利用类型动态度为 18.73%，变化最小的是耕地，其动态度为 0.02%，这可能是由于耕地面积本身就很大且我国政府出台许多耕地相关保护政策。分析土地利用数量结构可知，2018 年贵州农用地面积总量比 2005 年减少了 53.77 万 hm^2，变化幅度为 -3.52%，在五大农用地中，林地的面积是增加最多的，牧草地面积则是降低最多的；贵州建设用地的面积在 2005～2018 年增加了 16.80 万 hm^2，其变化幅度为 31.39%，在建设用地下的三个二级地类中，城镇村及工矿用地、交通运输用地的面积表现为增加，水利设施用地的面积表现为减少，且水利设施用地面积的变化较明显，从 2005 年的 7.31% 降到 2018 年的 0.46%；贵州 2005 ~ 2018 年未利用地面积表现为增加。

3）计算贵州 2005 ~ 2018 年土地利用碳排放量，并对研究期内碳排放量的变化进行分析。采用的碳排放计算方法是分别计算碳源总量和碳汇总量，再通过碳源总量减去碳汇总量得出 2005 ~ 2018 年土地利用净碳排放量。碳源总量的计算包括农用地碳排放量和建设用地碳排放量的计算。通过计算得出，碳源主要是建设用地，但不管是农用地还是建设用地，碳排放量都呈现出增长的趋势，建设用地碳排放的增长速度要远远高于农用地碳排放的增长速度，碳源总量从 2005 年的 4021.64 万 t 增加到 2018 年的 13 262.76 万 t，共增加了 9241.12 万 t，年均增长 710.86 万 t，年均增长率为 9.61%。碳汇总量的计算包括林地、园地、牧草地、水域、未利用地和耕地的碳排放量的计算。碳汇主要是耕地和林地，原因是贵州耕地和林地面积的总量较大，但观察 2005 ~ 2018 年碳汇总量变化趋势，发现其总体呈现波动下降的趋势，碳汇总量从 2005 年的 1945.36 万 t 减少到 2018 年的 1863.75 万 t，共减少了 81.61 万 t，年均减少 6.28 万 t，年均下降率为 0.33%。基于上述研究可得出，贵州在土地利用过程中应增加碳汇、减少碳源。

4）对贵州不同土地利用类型碳排放风险进行分析，分别从土地利用碳排放风险变化和土地利用碳排放压力变化进行分析。通过对碳排放风险指数的计算和分析得出，贵州碳排放风险指数在 2005 ~ 2018 年总体呈现上升的趋势，从 2005 年的 2.63 增加到 2018 年的 7.89，年均增长率为 8.82%，贵州碳排放风险指数在逐渐增大，说明贵州碳排放压力也在增大；通过对碳足迹压力指数的计算和分析得出，贵州碳足迹压力指数一直呈现波动上升的趋势，其碳足迹压力指数一直都大于 1，说明贵州在研究时段内，一直处于碳排放压力较大的状态，且根据碳足迹压力指数的变化趋势可知，在未来的几年里，碳足迹压力指数将持续增大，生态压力会影响生态系统的平衡和稳定，因此为促进贵州低碳绿色发展，贵州在土地利用过程中应采取降低碳排放压力的措施。

研究结果表明，贵州近几年正处于经济快速发展的时期，城市化进程不断加快，因此有大量的农用地向非农用地转变，造成了土地利用碳排放量的增长速度越来越快，碳排放风险指数和碳足迹压力指数也在逐年增大。在未来的发展中，贵州应更加注重对土地的合理规划，优化土地利用布局，降低土地利用碳排放风险和碳足迹压力指数，保护耕地红线，加强农田耕作管理，促进农田生态系统固碳减排，促进碳源向碳汇转变，提升土地生态功能，通过创新研发新技术，使得能源得到高效循环利用，进而促进贵州低碳绿色发展。

第 12 章　贵州土地利用变化与碳排放量的关系分析

随着人类社会对能源的开发和利用不断加深，社会经济得到快速发展，实现了从原始文明向现代化工业文明的转变。然而，随着人口数量不断增加，城市化、工业化进程的快速推进，人类在利用能源的过程中向大气排放了大量的二氧化碳等温室气体，造成了许多环境问题，如全球气候变暖、生态环境恶化等。国内外学者对土地利用与碳排放的关系开展了研究。研究证明，土地利用类型的变化会影响陆地生态系统的碳吸收和碳排放。因此，开展土地利用变化与碳排放量的关系研究，对土地利用总体规划的制定、土地的合理利用、低碳经济的发展和生态环境的保护都有着重要的意义。

12.1　灰色关联分析模型构建

构建灰色关联分析模型主要是为了分析贵州土地利用类型与碳排放间的关联度，从而证明不同的土地利用类型与碳排放间的关联性。本节主要介绍灰色关联分析理论与基础概念，以及灰色关联分析方法的计算步骤。

12.1.1　灰色关联分析理论与基础概念

灰色系统理论是 20 世纪 80 年代由邓聚龙教授创立的一门系统工程学科，它的本质是通过对较少的数据和信息进行有效分析，从中获取有利用价值的数据，从而达到对系统的准确认知。灰色关联分析是对传统的灰色系统方法中的不足进行改进后的系统的分析方法。它也是灰色系统理论的重要组成部分，是灰色系统分析、预测和决策的基石（王鹏，2018）。它主要是通过对灰色关联度的分析，来确定系统内各因素的影响程度及各因素对系统主行为的贡献。其基本思想是根据序列曲线几何形状来判断联系是否紧密。具体说来，就是采取一定的数学方法来分析系统内各因素的关系，通过系统内各因素的发展趋势来判断因素之间的关联程度，从而进一步通过关联程度来确定占主导地位的因素。

灰色关联分析方法是一种对系统内各因素进行量化分析，并对各因素动态发展态势进行比较分析的方法。灰色关联度的意义在于判断系统发展中两个因素的关联程度，如果两个因素的发展态势趋于一致，说明两者的关联程度高；如果两个因素的发展态势趋于相反，则说明两者的关联程度低。计算关联系数的实质就是对关联程度的高低进行定量分析。关联度的分析是基于灰色系统的过程，对因素之间的时间序列进行比较分析，从而确定灰色系统的主导因素，它是一个动态变化的过程。灰色关联系统主要包括两种数列，一种是参考数列，是反映系统行为特征的数列；另外一种是比较数列，是影响系统行为的数列。

12.1.2 灰色关联分析方法的计算步骤

灰色关联分析是通过一定的方法寻找系统内部各因素之间的数值关系。关联度是系统内部各因素之间的关联程度。系统内部各因素之间是相互作用、相互制约的，关联分析的根本任务在于理清各因素的相互关系，确定关联度的量化模型，充分反映因素之间的相关程度。

（1）确定分析数列

确定反映系统行为特征的参考数列和影响系统行为的比较数列。

设参考数列（也称为母序列）为

$$x_0 = \{x_0(1), x_0(2), x_0(3), \cdots, x_0(n)\} \tag{12-1}$$

设比较数列（也称为子序列）为

$$x_1, x_2, x_3, \cdots, x_m$$

$$\begin{aligned} x_1 &= \{x_1(1), x_1(2), x_1(3), \cdots, x_1(n)\} \\ x_2 &= \{x_2(1), x_2(2), x_2(3), \cdots, x_2(n)\} \\ x_3 &= \{x_3(1), x_3(2), x_3(3), \cdots, x_3(n)\} \\ &\vdots \\ x_m &= \{x_m(1), x_m(2), x_m(3), \cdots, x_m(n)\} \end{aligned} \tag{12-2}$$

（2）数据的无量纲化处理

样本序列中数据的量纲不同，数量级与数值之间存在较大的差距，从而导致数据缺乏直接可比性。为使数据具有可比性，需要消除量纲的影响，即需要对原始数据进行无量纲化处理，然后使用处理后的数据进行关联度的计算。常用无量纲化处理方法有初始法、极大值法、均值法、归一化法、极小值法、标准化法等方法。本节采用标准化法对序列的原始数据进行无量纲化处理。

$$X_i = [x(1)d, x(2)d, x(3)d, \cdots, x(n)d] \tag{12-3}$$

$$x(k)d = \frac{x(k) - \bar{x}}{\sigma} \tag{12-4}$$

式中，$d = \{x_1(1),\ x_1(2),\ x_1(3),\ \cdots,\ x_1(n)\}$；$k = 1, 2, 3, \cdots, n$；$\sigma$ 为样本标准差且不等于零；$\bar{x}$ 为样本均值。

(3) 关联系数的计算

关联分析的实质是比较不同时刻曲线之间的几何形状的差别，因此关联程度的衡量尺度可以是曲线之间的差值。参考数列和比较数列所对应的参数的关联系数就是 x_0 与 x_i 。

k 时刻的关联系数计算公式为

$$\zeta_i(k) = \gamma[x_0(k), x_i(k)] = \frac{\min\limits_{i\in m}\min\limits_{k\in n}[|x_0(k) - x_i(k)|] + \rho\max\limits_{i\in m}\max\limits_{k\in n}[|x_0(k) - x_i(k)|]}{|x_0(k) - x_i(k)| + \rho\max\limits_{i\in m}\max\limits_{i\in n}[|x_0(k) - x_i(k)|]} \tag{12-5}$$

式中，$\zeta_i(k)$ 为第 k 时刻比较曲线 x_i 对于曲线 x_0 的相对差值，这种相对差值称为 x_i 对于 x_0 在第 k 时刻的关联系数；ρ 为分辨系数，$\rho \in [0, 1]$，一般取0.5（贺晓，2005）。

(4) 计算关联度

关联系数是比较序列与参考序列关联程度的值，所以它的数值不止一个，而数值过于分散不利于进行整体比较。因此要将各关联系数归集为一个值，即求出其平均值，作为比较序列与参考序列间关联程度的数量表示（岳超等，2017），关联度公式如下：

$$r_i = \frac{\sum\limits_{k=1}^{n}\zeta_i(k)}{n} \tag{12-6}$$

(5) 关联度排序

因素间的关联程度不仅是指关联度的大小，还可以用关联度的大小次序描述。将 m 个子序列和同一个母序列关联度按照大小顺序排列起来，组成关联序，为 $\{x\}$，它反映了对于母序列来说各子序列的"优劣"关系。如果 $r_{0i}>r_{0j}$，则称对于同一母序列 $\{x_0\}$，$\{x_i\}$ 优于 $\{x_j\}$，记为 $\{x_i\}>\{x_j\}$。

12.2 贵州土地利用与碳排放量的关系

土地利用的环境效应研究是土地科学的重要研究方向（李小康等，2018）。

近年来，温室效应越演越烈，低碳经济成为学术界关注的重点。国内外学者较早地开展了土地利用与碳排放关系的研究。土地利用碳排放已经成为全球第二大碳排放源。胡国霞等（2015）的研究证明由土地利用变化引起的碳排放量占人为源碳排放量的30%以上。贵州属于典型的喀斯特山区，为响应国家号召，遵循国家相关政策，贵州近年来加快了经济的发展。在这个过程中，对土地利用方式的改变是必然的。对贵州土地利用类型与碳排放关系的研究可以为协调贵州生态保护与土地开发利用提供一定的参考。

12.2.1 土地利用碳排放的影响机理

当前，关于土地利用碳排放的影响机理在学术界并没有形成广泛的共识，但国内许多学者从不同的角度阐述了土地利用与碳排放之间的关系。赖力（2010）将土地利用的碳排放机理区分为自然干扰机制、土地利用覆被类型转变机制、土地管理方式转变机制三类。马肖迪和谭晓波（2019）通过对统计年鉴的能源碳排放效应、能源强度效应、经济规模效应、土地规模效应及人口规模效应的计算，分析各个因素对土地利用碳排放的影响作用。随着城市化进程的快速发展，土地利用结构的变化显现，土地利用强度也随着科技的进步大大提高。因此，越来越多的学者研究土地利用结构和强度的变化对碳排放产生的影响。张苗等（2018）通过建立扩展的STIRPAT模型证明了土地利用结构和强度等社会经济因素的改变会影响碳排放。由此可知，土地利用碳排放有许多的影响因素。本节对相关文献进行总结归纳，主要从土地利用变化因素、社会经济发展因素及能源结构和能源利用效率因素来探讨土地利用碳排放的影响机理。

（1）土地利用变化因素对土地利用碳排放的影响

不同的土地利用方式和结构会产生不同的土地利用碳排放效应。在土地利用方式中主要表现为碳排放和碳吸收。第一产业中的耕地和承载人类生产生活的建设用地是碳排放的主要来源，即碳源。林地、园地、草地等土地利用类型是碳吸收的主要类型，即碳汇。碳源和碳汇影响着土地利用碳排放。

土地利用类型的变化是影响土地利用碳排放的主要因素。土地利用的变化方式主要包括农用地向非农用地的转变、农用地覆被类型的转变、建设用地配置及土地利用的管理方式的转变。随着城市化、工业化进程的加快，大量农用地转化为非农用地，许多学者如姜群鸥等（2008）、马晓哲等（2019）、罗上华等（2012）的研究在土地利用碳排放的主要来源上的观点一致，都认为农用地非农化是农业土地利用碳排放的主要来源。农用地覆被类型的转变即农用地内部相互转化，主要有草地向林地和耕地的转变、耕地向林地和草地的转变及林地向耕地和草地的转变。相关研究证明，影响碳排放变化的主要因素之一是土地利用变化，它是居化石能源燃烧之后的第二大碳排放源。土地利用结构的变化会引起土地利用方式的改变，从而导致生态面积、建设用地面积的增加或减少或者农用地中化肥、农药、农膜等的使用率的增加或减少，进而引起碳排放量的升高或降低。土地利用碳排放量的变化会影响土地利用碳排放安全。因此，优化土地利用方式和土地利用结构布局至关重要。

（2）社会经济发展因素对土地利用碳排放的影响

随着我国经济的增长，碳排放增加，也就是说，经济增长与碳排放呈正相关的关系。城市化、工业化的进程导致农用地非农化速度加快，从而带动碳排放量增加。随着人们对生活水平要求的提高，生产生活资料的消耗量随之增加，伴随而来的就是碳排放量的增加。加之我国的人口不断增长，对建设用地的需求加大，在土地上的人类活动越来越频繁和密集，土地作为人类生产生活的载体，承载的碳排放量在逐步增加。

自碳排放受到广泛的关注以来，学者们从社会经济发展等不同影响因素，如人均 GDP、城镇土地利用效率及人口规模等，探讨了经济发展与碳排放之间的关系。张庆宇等（2019）运用 EKC 模型研究经济增长与碳排放之间的关系，认为改革开放以来，中国人均 GDP 和人均碳排放处于上升阶段，人均 GDP 发生 1% 的变化，将引起中国碳排放发生 0.209% 的变化。吴谦（2019）对浙江城镇土地利用碳排放影响因素进行研究，认为土地利用效率与城镇土地利用碳排放成反比，粗放的城镇土地利用方式得到改善。张俊峰等（2014）在对武汉城市圈的土地利用碳排放影响因素的研究中发现，经济水平的提高是武汉城市圈碳排放增长的最主要因素，人口规模的增加也会导致土地利用碳排放的增加。陈芷君等（2018）利用脱钩理论研究广东土地利用碳排放与经济增长之间的关系，认为其总体脱钩发展情况受经济发展情况、政府决策、能源消费结构、产业结构等因素的影响而发生变化。

众多研究表明，土地利用碳排放受诸多因素的影响，如经济发展水平、人口规模、人口密度、城市化进程、人均 GDP，以及城市化率等。习近平总书记提出“我们既要金山银山，也要绿水青山”，在追求经济发展的过程中不能以牺牲环境为代价，不能因为需要发展就产生大量二氧化碳，在发展中应做到统筹兼顾，促使土地利用碳排放与经济社会发展相协调。

（3）能源结构和能源利用效率因素对土地利用碳排放的影响

人类影响碳循环的方式是人类在生产生活中对能源的消耗活动及对土地利用

方式的改变。相关研究证明，影响土地利用碳排放的重要因素是能源结构、能源利用效率和土地利用效率。杨熠（2015）在对武汉碳排放影响因素的研究中发现，对土地利用碳排放起抑制作用的因素包括能源利用效率和能源结构，对土地利用碳排放影响最大的是工业能源利用效率。王亮（2015）通过对盐城土地利用变化碳排放影响因素的研究认为，抑制盐城土地利用碳排放的因素有土地利用结构因素和土地利用效率因素，因此土地利用减排降排的优化策略可以从优化土地利用结构、提升土地利用和能源效率等角度出发。冯杰等（2019）对中国省际土地利用碳排放及其影响因素的研究证明，中国和各省土地利用碳排放的主体是建设用地碳排放，土地利用的碳吸收量仅占建设用地碳排放量的5.5%左右。因此，提高能源利用效率、加大对先进节能减排技术的投资、研发新技术和开发新能源等是降低土地利用碳排放的主要途径。国家需从法律、制度等方面采取措施鼓励新型能源的发展。优化能源结构，提高非化石能源的比例也在一定程度上有利于减排。提高土地利用效率也可以抑制碳排放总量，因此要优化土地利用方式，提高土地产出，减少土地碳排放，提高土地利用碳排放安全水平。

12.2.2 土地利用变化与低碳指标的关联度分析

（1）土地利用碳排放效应指标的选取及计算

由土地利用碳排放影响机理的分析可知，人均碳排放强度、单位GDP碳排放强度及地均碳排放强度可以很好地反映土地利用碳排放的变化问题。因此，本节选取以上三个指标作为参考数列，将耕地、林地、园地、牧草地、未利用地、水域及建设用地作为比较数列来分析土地利用碳排放效应与土地利用变化的关联度。计算人均碳排放强度、单位GDP碳排放强度及地均碳排放强度，计算公式如下所示。

1）人均碳排放强度计算公式：

$$\mathrm{PC}_i = C_i/P_i \tag{12-7}$$

式中，PC_i 为第 i 年贵州人均碳排放强度，单位为t；C_i 为第 i 年贵州土地利用净碳排放量，单位为万t；P_i 为第 i 年贵州年末常住人口数量，单位为万人。

2）单位GDP碳排放强度公式：

$$\mathrm{GC}_i = C_i/G_i \tag{12-8}$$

式中，GC_i 为第 i 年贵州单位GDP碳排放强度，单位为t/万元，C_i 为第 i 年贵州土地利用净碳排放量，单位为万t，G_i 为第 i 年贵州GDP，单位为亿元。

3）地均碳排放强度公式：

$$SC_i = C_i / S_i \tag{12-9}$$

式中，SC_i 为第 i 年贵州地均碳排放强度，单位为 t/hm^2；C_i 为第 i 年贵州土地利用净碳排放量，单位为万 t；S_i 为第 i 年贵州土地总面积，单位为万 hm^2。

通过以上公式，结合土地利用碳排放计算结果，分别算出贵州 2005～2018 年人均碳排放强度、地均碳排放强度、单位 GDP 碳排放强度（表 12-1）。

表 12-1　2005～2018 年贵州碳排放指标

年份	人均碳排放强度/t	单位 GDP 碳排放强度/(t/万元)	地均碳排放强度/(t/hm^2)
2005	0.5566	1.0353	1.1787
2006	0.7320	1.1549	1.5335
2007	0.8513	1.0720	1.7552
2008	0.7505	0.7578	1.5321
2009	0.8636	0.7807	1.7341
2010	1.0033	0.7584	1.9820
2011	1.0666	0.6489	2.1012
2012	1.3229	0.6726	2.6173
2013	1.4727	0.6355	2.9288
2014	1.1016	0.4155	2.1945
2015	1.4584	0.4883	2.9231
2016	1.8513	0.5581	3.7373
2017	2.5647	0.6781	5.2140
2018	3.1664	0.7699	6.4731

由表 12-1 可知，贵州 2005～2018 年人均碳排放强度和地均碳排放强度呈增长的趋势，年均增长量分别为 0.20t 和 0.41t/hm^2，年均增长率分别为 14.31% 和 14.00%；单位 GDP 碳排放强度呈现下降的趋势，2005～2018 年共下降 0.27t/万元，年均下降率为 2.25%。碳排放强度分析结果表明，贵州 2005～2018 年人均碳排放强度、地均碳排放强度的增长速度高于单位 GDP 碳排放强度下降的速度。

（2）土地利用变化与低碳指标关联度分析

由灰色关联分析法的计算步骤可知，需先用式（12-3）和式（12-4）计算出参考数列和比较数列的标准化值，见表12-2和表12-3。

表12-2　2005～2018年贵州碳排放指标标准化值

年份	人均碳排放强度	单位GDP碳排放强度	地均碳排放强度
2005	-1.0948	1.4016	-1.0490
2006	-0.8497	1.9784	-0.8056
2007	-0.6830	1.5786	-0.6534
2008	-0.8239	0.0631	-0.8065
2009	-0.8239	0.0631	-0.8065
2010	-0.4707	0.0660	-0.4978
2011	-0.3822	-0.4621	-0.4160
2012	-0.0241	-0.3478	-0.0619
2013	-0.3333	-1.5879	-0.3520
2014	-0.3333	-1.5879	-0.3520
2015	0.1652	-1.2367	0.1479
2016	0.7142	-0.9001	0.7066
2017	1.7111	-0.3213	1.7199
2018	2.5518	0.1215	2.5838

表12-3　2005～2018年贵州土地利用变化标准化值

年份	园地	林地	牧草地	未利用地	水域	耕地	建设用地	其他农用地
2005	-1.3696	-1.3256	1.3481	-1.3737	-0.1296	-0.7409	-1.3310	1.4605
2006	-1.3156	-1.3306	1.3467	-1.2713	0.1982	-1.1512	-1.0619	0.9045
2007	-1.3205	-1.3439	1.3410	-1.3699	0.4695	-1.3893	-0.7652	1.3448
2008	-1.3156	-1.3503	1.3364	-1.3029	0.8481	-1.4626	-0.8657	1.4001
2009	-1.3205	-1.3532	1.3360	-1.3656	0.9611	-1.0633	-0.8187	1.3926
2010	0.4649	0.8362	-0.7436	0.8747	0.9724	1.5050	-0.8576	-0.8036
2011	0.4649	0.7912	-0.7448	0.8956	1.8880	1.2742	-0.4426	-0.8010
2012	0.8574	0.7674	-0.7452	0.8313	1.0346	0.9848	-0.0567	-0.7960
2013	0.9751	0.7534	-0.7453	0.7900	-0.9773	1.0031	0.1329	-0.7910
2014	0.8917	0.7361	-0.7455	0.7252	-1.0366	0.6843	0.6468	-0.8036
2015	0.8770	0.7246	-0.7456	0.6749	-1.0423	0.5781	0.9305	-0.7809

续表

年份	园地	林地	牧草地	未利用地	水域	耕地	建设用地	其他农用地
2016	0. 7691	0. 7107	-0. 7457	0. 6411	-1. 0536	0. 3253	1. 2969	-0. 7859
2017	0. 6857	0. 6962	-0. 7462	0. 6438	-1. 0649	-0. 2353	1. 7995	-0. 9595
2018	0. 6562	0. 6878	-0. 7463	0. 6068	-1. 0677	-0. 3122	1. 3926	0. 0190

根据灰色关联分析模型计算步骤，分别计算人均碳排放强度、单位 GDP 碳排放强度、地均碳排放强度与土地利用变化的关联系数和关联度。

1）人均碳排放强度与土地利用变化的关联系数与关联度分析。

人均碳排放强度不仅可以反映单位人口碳排放量，还可以反映国家对能源的消耗。基于此，计算人均碳排放强度与土地利用变化的关联度十分重要。人均碳排放强度标准化值与土地利用变化标准化值的差值的绝对值见表 12-4。

表 12-4　2005～2018 年贵州人均碳排放强度标准化值与土地利用变化标准化值差值的绝对值

年份	园地	林地	牧草地	未利用地	水域	耕地	建设用地	其他农用地
2005	0. 2748	0. 2308	2. 4429	0. 2789	0. 9652	0. 3539	0. 2362	2. 5553
2006	0. 4659	0. 4809	2. 1964	0. 4216	1. 0479	0. 3015	0. 2122	1. 7542
2007	0. 6375	0. 6609	2. 0240	0. 6869	1. 1525	0. 7063	0. 0822	2. 0278
2008	0. 4917	0. 5264	2. 1603	0. 4790	1. 6720	0. 6387	0. 0418	2. 2240
2009	0. 4966	0. 5293	2. 1599	0. 5417	1. 7850	0. 2394	0. 0052	2. 2165
2010	0. 9356	1. 3069	0. 2729	1. 3454	1. 4431	1. 9757	0. 3869	0. 3329
2011	0. 8471	1. 1734	0. 3626	1. 2778	2. 2702	1. 6564	0. 0604	0. 4188
2012	0. 8815	0. 7915	0. 7211	0. 8554	1. 0587	1. 0089	0. 0326	0. 7719
2013	1. 3084	1. 0867	0. 4120	1. 1233	0. 6440	1. 3364	0. 4662	0. 4577
2014	1. 2250	1. 0694	0. 4122	1. 0585	0. 7033	1. 0176	0. 9801	0. 4703
2015	0. 7118	0. 5594	0. 9108	0. 5097	1. 2075	0. 4129	0. 7653	0. 9461
2016	0. 0549	0. 0035	1. 4599	0. 0731	1. 7678	0. 3889	0. 5827	1. 5001
2017	1. 0254	1. 0149	2. 4573	1. 0673	2. 7760	1. 9464	0. 0884	2. 6706
2018	1. 8956	1. 8640	3. 2981	1. 9450	3. 6195	2. 8640	1. 1592	2. 5328

根据人均碳排放强度标准化值（表 12-2）、土地利用变化标准化值（表 12-3），结合式（12-5），计算出人均碳排放强度与土地利用变化的关联系数，见图 12-1。

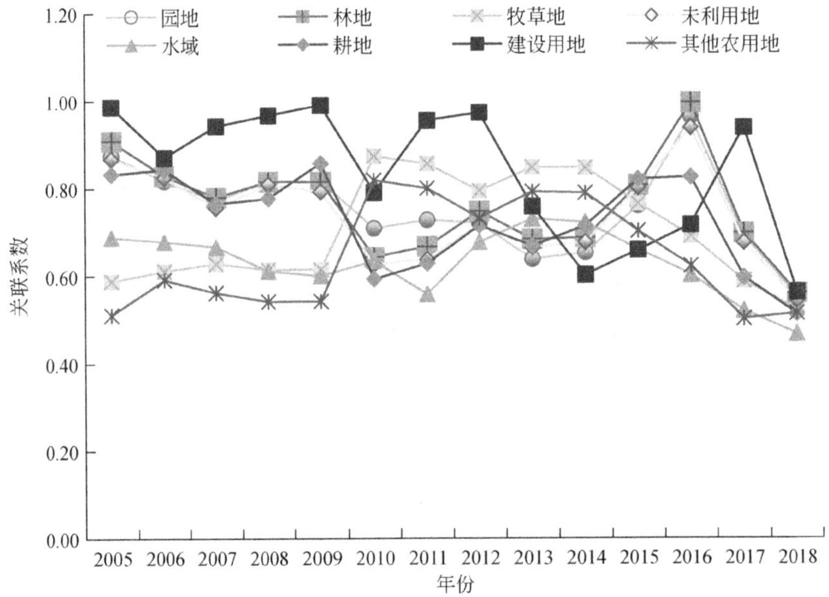

图 12-1　2005～2018 年贵州人均碳排放强度与土地利用变化的关联系数

由式（12-6）可知，关联系数的大小直接影响要素间关联程度的高低。从图 12-1 可知，人均碳排放强度与土地利用变化的关联系数总体呈现波动下降的趋势。其中，两者的关联系数变化最大的是建设用地，关联系数从 2005 年的 0.9869 下降到 2018 年的 0.5511，共下降了 0.4258，其关联度也会受到相应的影响；关联系数变化最小的土地利用类型是其他农用地，其关联系数仅上升 0.0019；其他土地利用类型的关联系数也有不同程度的变化。基于对关联系数的计算，运用式（12-6）计算出人均碳排放强度与土地利用变化的关联度，见图 12-2。

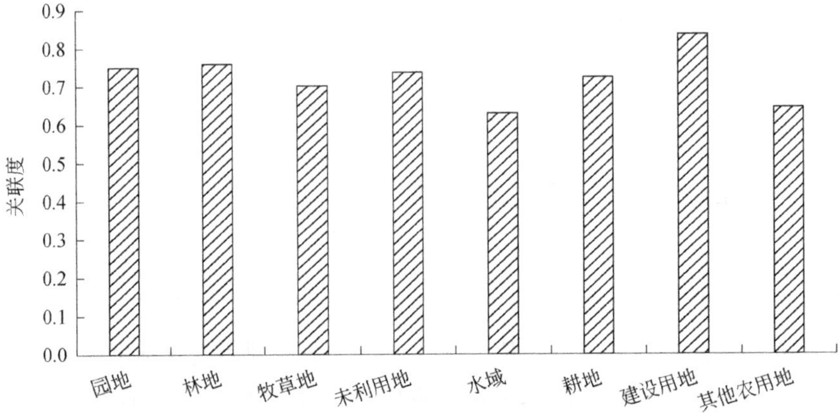

图 12-2　人均碳排放强度与土地利用变化的关联度

由灰色关联分析模型理论可知，灰色关联度的大小表明各个因素间变化方向、速度是否一致；关联度大，表明变化方向、速度一致，关联度小则相反。而关联度的值越靠近1，说明二者的相关性越高（王晓颖，2019）。由图12-2 可知，建设用地与人均碳排放强度的关联度最高，其值达到了0.8363，这与近年来贵州不断推进城市化进程、建设用地的数量不断增加有关。由对碳排放量的计算可知，建设用地是碳排放的主要来源，建设用地承载了大部分能源消耗、承载着人类的生产生活，与人们的生活息息相关，因此人均碳排放强度与建设用地的关联度较高。其次是林地和园地，其关联度分别达到了0.7597 和0.7507。林地和园地是主要的碳汇来源，贵州位于山区，林地面积较大，同时贵州为促进特色农业的发展，因地制宜地发展各种园地种植物，园地面积也在增加。因此，园地和林地是贵州的主要碳吸收土地利用类型。再次是未利用地、耕地和牧草地，其关联度分别是0.7477、0.7247 和0.7027。最后是其他农用地、水域，其关联度均在0.7 以下，分别为0.6443、0.6295。总体来说，各类型土地与人均碳排放强度、碳排放强度和碳排放系数有关，以上几类土地与人均碳排放强度的关联度都较高，其关联度的大小排序依次是：建设用地（0.8363）>林地（0.7597）>园地（0.7507）>未利用地（0.7477）>耕地（0.7247）>牧草地（0.7027）>其他农用地（0.6443）>水域（0.6295）。

2）单位 GDP 碳排放强度与土地利用变化的关联系数与关联度分析。

单位 GDP 碳排放强度可以反映某一地区能源的利用效率，从而看出该地区每生产一单位 GDP 所产生的碳排放量。碳排放强度与能源效率成反比，如果某一地区的生产技术提高，其能源利用效率得以提升，说明该区域的碳排放会降低。参考对人均碳排放强度与土地利用变化关联度的计算，计算出单位 GDP 碳排放强度与土地利用变化的关联度，两者标准化值的差值的绝对值见表 12-5。

表 12-5　2005 ~ 2018 年贵州单位 GDP 碳排放强度标准化值与土地利用变化标准化值的差值的绝对值

年份	园地	林地	牧草地	未利用地	水域	耕地	建设用地	其他农用地
2005	2.7712	2.7272	0.0535	2.7753	1.5312	2.1425	2.7326	0.0589
2006	3.2940	3.3090	0.6317	3.2497	1.7802	3.1296	3.0403	1.0739
2007	2.8991	2.9225	0.2376	2.9485	1.1091	2.9679	2.3438	0.2338
2008	1.3787	1.4134	1.2733	1.3660	0.7850	1.5257	0.9288	1.3370
2009	1.3836	1.4163	1.2729	1.4287	0.8980	1.1264	0.8818	1.3295
2010	0.3989	0.7702	0.8096	0.8087	0.9064	1.4390	0.9236	0.8696
2011	0.9270	1.2533	0.2827	1.3577	2.3501	1.7363	0.0195	0.3389
2012	1.2052	1.1152	0.3974	1.1791	1.3824	1.3326	0.2911	0.4482

续表

年份	园地	林地	牧草地	未利用地	水域	耕地	建设用地	其他农用地
2013	2.5630	2.3413	0.8426	2.3779	0.6106	2.5910	1.7208	0.7969
2014	2.4796	2.3240	0.8424	2.3131	0.5513	2.2722	2.2347	0.7843
2015	2.1137	1.9613	0.4911	1.9116	0.1944	1.8148	2.1672	0.4558
2016	1.6692	1.6108	0.1544	1.5412	0.1535	1.2254	2.1970	0.1142
2017	1.0070	1.0175	0.4249	0.9651	0.7436	0.0860	2.1208	0.6382
2018	0.5347	0.5663	0.8678	0.4853	1.1892	0.4337	1.2711	0.1025

根据表 12-5 中单位 GDP 碳排放强度标准化值与土地利用变化标准化值的差值的绝对值，运用式（12-5），计算出单位 GDP 碳排放强度与土地利用变化的关联系数，见图 12-3。

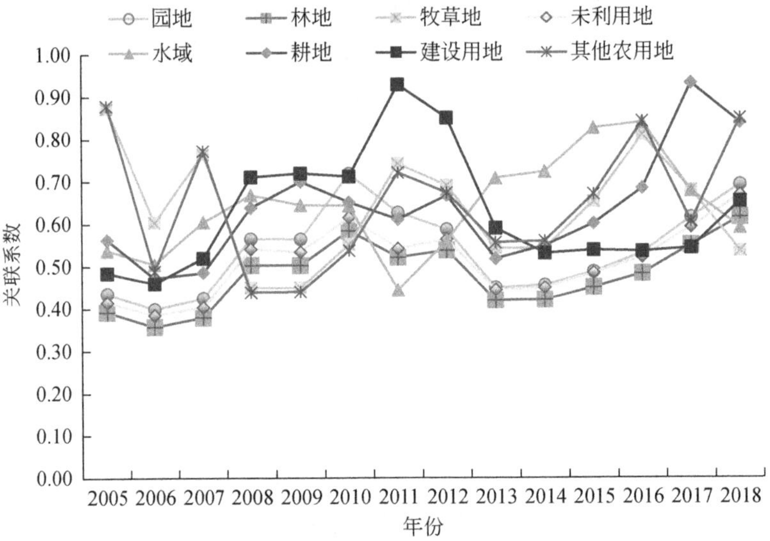

图 12-3　2005～2018 年贵州单位 GDP 碳排放强度与土地利用变化的关联系数

从图 12-3 可知，有些土地利用类型的单位 GDP 碳排放强度与土地利用变化的关联系数呈现波动下降的变化趋势，有些呈现波动上升的趋势。其中，牧草地和其他农用地呈现波动下降的变化趋势，园地、林地、未利用地、水域、耕地、建设用地呈现波动上升的变化趋势。单位 GDP 碳排放强度与牧草地的关联系数变化最大，关联系数从 2005 年的 0.8725 下降到 2018 年的 0.5362，关联系数共下降了 0.336，其关联度随之受到相应的影响；关联系数变化最小的土地利用类型是其他农用地，其关联系数值仅下降 0.029；其他地类的关联系数也有不同程度的变化。基于对关联系数的计算，运用式（12-6）计算出单位 GDP 碳排放强度与土地利用变化的关联度，见图 12-4。

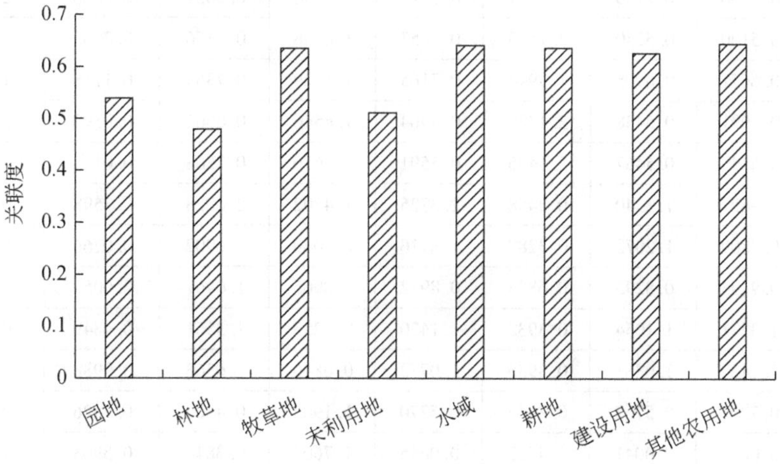

图 12-4　单位 GDP 碳排放强度与土地利用变化的关联度

由图 12-4 可知，相较于人均碳排放强度与土地利用变化的关联度，单位 GDP 碳排放强度与土地利用变化的关联度整体较低。其中，其他农用地与单位 GDP 碳排放强度的关联度最高，其值为 0. 6449；其次是水域，其值为 0. 6408，说明贵州单位 GDP 碳排放强度与其他农用地和水域的关联度较大；再次是耕地、牧草地、建设用地，三种土地利用类型与单位 GDP 碳排放强度的关联度相差不大，其值分别为 0. 6362、0. 6346、0. 6266；接下来是园地、未利用地，其与单位 GDP 碳排放强度的关联度都略高于 0. 5，相关性较差，关联度分别为 0. 5392、0. 5112；最后是林地，其关联度为 0. 4797，低于 0. 5，说明两者的相关性较差。总体来说，单位 GDP 碳排放强度与土地利用变化的关联度整体较低，按照其关联度的大小排序依次是：其他农用地（0. 6449）>水域（0. 6408）>耕地（0. 6362）>牧草地（0. 6346）>建设用地（0. 6266）>园地（0. 5392）>未利用地（0. 5112）>林地（0. 4797）。

3）地均碳排放强度与土地利用变化的关联系数与关联度分析。

地均碳排放强度指的是单位面积土地所产生的碳排放量，地均碳排放强度的值越小，说明该地区土地利用碳排放越安全。通过第 11 章中对碳排放量的计算可知，建设用地是碳排放量最高的地类，因此可以通过抑制建设用地的碳排放量来降低碳排放。根据对地均碳排放强度与土地利用变化的关联系数的计算，计算出地均碳排放强度与土地利用变化的关联度。先计算出两者标准化值的差值的绝对值，结果见表 12-6。

表 12-6　地均碳排放强度标准化值与土地利用变化标准化值的差值的绝对值

年份	园地	林地	牧草地	未利用地	水域	耕地	建设用地	其他农用地
2005	0. 3206	0. 2766	2. 3971	0. 3247	0. 9194	0. 3081	0. 2820	2. 5095
2006	0. 5100	0. 5250	2. 1523	0. 4657	1. 0038	0. 3456	0. 2563	1. 7101
2007	0. 6671	0. 6905	1. 9944	0. 7165	1. 1229	0. 7359	0. 1118	1. 9982
2008	0. 5091	0. 5438	2. 1429	0. 4964	1. 6546	0. 6561	0. 0592	2. 2066
2009	0. 5140	0. 5467	2. 1425	0. 5591	1. 7676	0. 2568	0. 0122	2. 1991
2010	0. 9627	1. 3340	0. 2458	1. 3725	1. 4702	2. 0028	0. 3598	0. 3058
2011	0. 8809	1. 2072	0. 3288	1. 3116	2. 3040	1. 6902	0. 0266	0. 3850
2012	0. 9193	0. 8293	0. 6833	0. 8932	1. 0965	1. 0467	0. 0052	0. 7341
2013	1. 3271	1. 1054	0. 3933	1. 1420	0. 6253	1. 3551	0. 4849	0. 4390
2014	1. 2437	1. 0881	0. 3935	1. 0772	0. 6846	1. 0363	0. 9988	0. 4516
2015	0. 7291	0. 5767	0. 8935	0. 5270	1. 1902	0. 4302	0. 7826	0. 9288
2016	0. 0625	0. 0041	1. 4523	0. 0655	1. 7602	0. 3813	0. 5903	1. 4925
2017	1. 0342	1. 0237	2. 4661	1. 0761	2. 7848	1. 9552	0. 0796	2. 6794
2018	1. 9276	1. 8960	3. 3301	1. 9770	3. 6515	2. 8960	1. 1912	2. 5648

根据表 12-6 中的地均碳排放强度标准化值与土地利用变化标准化值的差值的绝对值，结合式（12-5），计算出地均碳排放强度与土地利用变化的关联系数，见图 12-5。

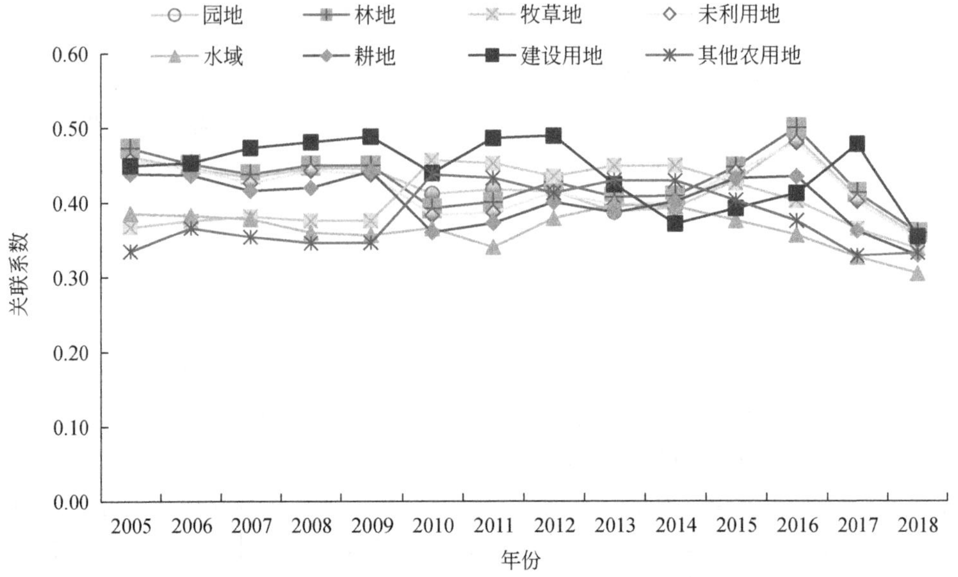

图 12-5　2005 ~ 2018 年贵州地均碳排放强度与土地利用变化的关联系数

从图 12-5 可知，相比于人均碳排放强度、单位 GDP 碳排放强度与土地利用变化的关联系数的变化，地均碳排放强度与土地利用变化的关联系数较为集中，分布在 0.30 ~0.50。地均碳排放强度与土地利用变化的关联系数总体呈现波动下降的趋势。其中，变化最大的是建设用地，从 2005 年的 0.4729 下降到 2018 年的 0.3598，共下降了 0.1131；变化最小的是其他农用地，从 2005 年的 0.3343 下降到 2018 年的 0.3323；其他土地利用类型与地均碳排放强度的关联系数也呈现出不同程度的下降。基于对关联系数的计算，再结合式（12-6），计算出地均碳排放强度与土地利用变化的关联度，见图 12-6。

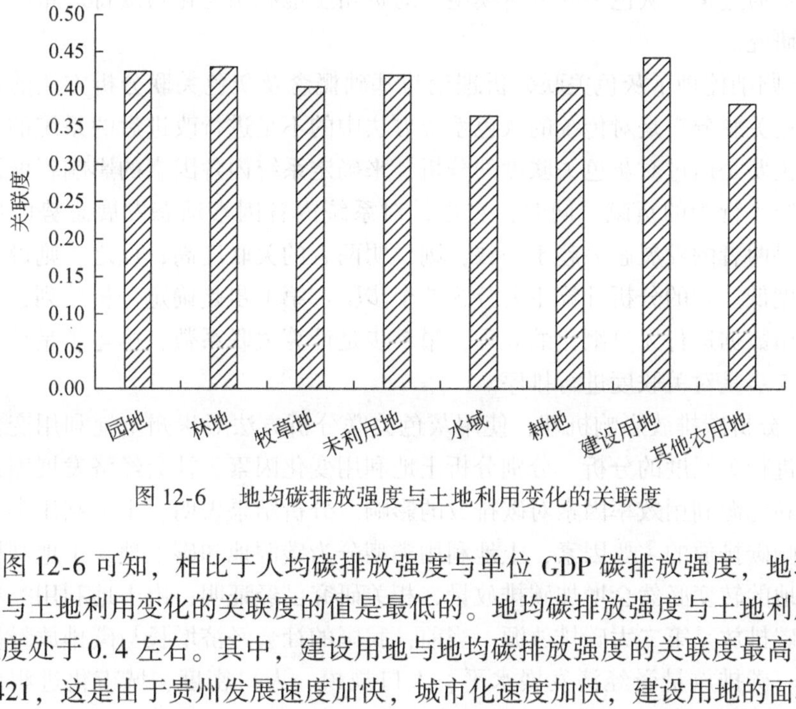

图 12-6　地均碳排放强度与土地利用变化的关联度

由图 12-6 可知，相比于人均碳排放强度与单位 GDP 碳排放强度，地均碳排放强度与土地利用变化的关联度的值是最低的。地均碳排放强度与土地利用变化的关联度处于 0.4 左右。其中，建设用地与地均碳排放强度的关联度最高，其值为 0.4421，这是由于贵州发展速度加快，城市化速度加快，建设用地的面积在不断增多，人口也在不断增多，每单位土地所承载的人口也自然增多，伴随着人口的增多，对能源的消耗也在增加，碳排放量增加；其次是林地、园地、未利用地，其值分别为 0.4297、0.4236、0.4185，林地和园地是主要的两大碳汇，贵州本身森林资源处于全国平均水平以上，加之近年来贵州响应国家的号召，非常重视生态文明建设，不断贯彻绿色发展理念，所以相较于其他地类，园地和林地与地均碳排放强度的关联度较大，贵州土地整治项目的成效也较为突出，对未利用地的开发和整理也对土地利用碳排放有影响；再次是牧草地、耕地，这两种地类的关联度相近，分别为 0.4033、0.4021；最后是其他农用地和水域，这两种地类与地均碳排放强度的关联度都是在 0.4 以下，分别为 0.3803 和 0.3644。总体来说，地均碳排放强度与各类土地的关联度都较低，其关联度的大小排序依次是：建设用地（0.4421）>林地（0.4297）>园地（0.4236）>未利用地（0.4185）>牧草地（0.4033）>耕地（0.4021）>其他农用地（0.3803）>水域（0.3644）。通过关联度的大小排序可知，人均碳排放强度和地均碳排放强度与土地利用变化的关联度的大小排序是一致的。

12.3 本章小结

本章通过构建灰色关联分析模型，对贵州土地利用变化与碳排放量的关系进行分析研究。

1）归纳梳理了灰色关联分析理论与基础概念及灰色关联分析方法的计算步骤。灰色关联分析是对传统的灰色系统方法中的不足进行改进后的系统的分析方法，它主要是通过对灰色关联度的分析，来确定系统内各因素的影响程度及各因素对系统主行为的贡献。同时，它也是对系统内各因素动态发展态势的比较分析，如果两者的发展态势趋于一致，则说明两者的关联度高；反之，则说明两者的关联度低。它的分析计算主要分为 5 个步骤：第 1 步是确定分析数列，第 2 步是对原始数据进行无量纲化的处理，第 3 步是计算关联系数，第 4 步是计算关联度，第 5 步是对关联度进行排序。

2）分析碳排放影响机理，使用灰色关联分析方法对贵州土地利用变化与低碳指标进行关联度的分析。分别分析土地利用变化因素、社会经济发展因素与能源结构和能源利用效率因素对碳排放的影响。分析结果表明，土地利用类型的变化是影响碳排放的主要因素，土地利用类型分为碳源地和碳汇地，土地利用类型向碳源地的转变必然会增加碳排放量，相关研究已经证明，由土地利用类型转变引起的碳排放是第二大碳排放源。当前，我国的社会经济增长与碳排放量呈正相关关系，碳排放量受经济发展水平、人口规模、人口密度、城市化进程、人均 GDP 及城市化率等因素的影响，为促进贵州低碳绿色发展，在发展经济的过程中应同时兼顾环境和经济。影响土地利用碳排放的重要因素是能源结构、能源利用效率和土地利用效率，因此提高能源利用效率、加大先进节能减排技术的投资、研发新技术和开发新能源等是降低土地利用碳排放的主要途径。

土地利用与碳排放的关联度的分析选取人均碳排放强度、单位 GDP 碳排放强度和地均碳排放强度三个指标，再结合关联度计算公式得出：人均碳排放强度与土地利用变化的关联度从大到小依次是建设用地（0.8363）>林地（0.7597）>园地（0.7507）>未利用地（0.7477）>耕地（0.7247）>牧草地（0.7027）>其他农用地（0.6443）>水域（0.6295），建设用地与人均碳排放强度的关联度最高，关联度最低的是水域。单位 GDP 碳排放强度与土地利用变化的关联度从大到小依次是其他农用地（0.6449）>水域（0.6408）>耕地（0.6362）>牧草地（0.6346）>建设用地（0.6266）>园地（0.5392）>未利用地（0.5112）>林地（0.4797），单位 GDP 碳排放强度与土地利用变化关联度最高的是其他农用地，关联度最低的是林地。地均碳排放强度与土地利用变化的关联度从大到小依次是建设用地（0.4421）>林地（0.4297）>园地（0.4236）>未利用地（0.4185）>牧草地（0.4033）>耕地（0.4021）>其他农用地（0.3803）>水域（0.3644），地均碳排放强度与土地利用变化关联度最高的是建设用地，最低的是水域。对关联度值进行对比分析，结果表明，人均碳排放强度与土地利用变化的关联度比单位 GDP 碳排放强度和地均碳排放强度与土地利用变化的关联度都要高，揭示人口数量引起的碳排放量较高，这主要是由于在经济快速发展和城市化进程不断加快的过程中，贵州人口不断增长、建设用地扩张使能源消费的碳排放随之增加。鉴于此，在发展中应进一步加大对碳汇地类的保护力度，促进碳源地向碳汇地转换，大力推进低碳经济的可持续发展。

基于以上分析结果总结出以下结论，贵州在土地开发利用过程中，需进一步调整土地利用结构，优化产业用地结构，进一步加强耕地、林地、园地等生态用地的保护，坚守耕地红线，严禁建设用地无序扩张，加强植树造林力度，增加公共绿地面积及森林覆盖率以提高城市的生态功能，增加碳汇；转变土地利用方式，加大对农用地技术的投入，减少对农药和化肥的使用，提高农用地的复种指数，要挖掘建设用地的内部潜力，推进低碳智慧城市建设；不断调整和优化产业结构，促进土地资源的合理开发和利用，培育绿色低碳高效的土地利用模式，减少土地利用碳排放。

第 13 章 基于碳达峰碳中和的贵州土地利用类型变化趋势及碳排放预测

从土地利用类型的变化分析和土地利用碳排放的测算可知，当前的土地利用碳排放已给贵州生态系统带来一定的压力。为了实现贵州低碳可持续发展目标，守护绿水青山，需对其土地利用类型与碳排放进行预测和模拟研究，进而了解和掌握在自然、社会、人文等因素控制与影响下的土地利用变化碳排放发展规律和趋势，这对区域土地利用低碳化具有重要的理论与实践价值（陈景，2015）。本章主要使用灰色预测模型对贵州 2019～2030 年土地利用类型变化趋势和贵州土地利用碳排放的发展趋势进行预测研究，为贵州土地可持续发展及促进双碳目标的实现提供一定的借鉴参考。

13.1 土地利用类型变化趋势预测

人类的社会活动离不开土地，土地是人类赖以生存和发展的物质基础，其综合质量的高低既受自然因素的影响，又受社会因素的影响。随着人口、资源、环境和可持续发展问题日益严峻，国际地圈–生物圈计划和国际全球环境变化人文因素计划于 1996 年通过“土地利用/土地覆盖变化”研究计划，使土地利用变化研究成为全球变化研究的核心主题之一。土地利用变化是一个包括自然、社会和经济的繁杂体系的变化过程（刘虹，2009），其变化会直接影响区域的生态环境。加强土地资源在数量和质量方面变化的研究对于保障区域经济的可持续发展，保证人类的生存条件安全，具有非常重要的作用。土地利用类型变化趋势分析则是土地利用研究中重要的热点课题，本节采用灰色预测模型对贵州 2019～2030 年土地利用变化的趋势进行分析。

13.1.1 灰色预测模型建立

GM（1，1）模型的建立主要有以下几个步骤。

1）设原始序列。

设由 $n+1$ 个原始数据组成的原始序列为 $x_t(t=0,\ 1,\ 2,\ \cdots,\ n)$。

2）累加生成。

对 X_t 进行累加生成新序列 Y_t：

$$Y_t = \sum_{i=0}^{t} X_t (t = 0, 1, 2, \cdots, n) \tag{13-1}$$

3）紧邻均值序列。

对序列 Y_t 按下式作移动生成序列 Z_t：

$$Z_t = \frac{Y_t + Y_{t-1}}{2} (t = 1, 2, \cdots, n) \tag{13-2}$$

4）建立模型。

Y_t 估计值 $\hat{Y}_t$ 的一阶线性微分方程为

$$\frac{\mathrm{d}\hat{Y}_t}{d_t} + a\hat{Y}_t = \mu \tag{13-3}$$

式（13-3）为 GM（1，1）模型，按微分方程的求解方法可得

$$\hat{Y}_t = (X_0 - a) e^{-at} + a (t = 0, 1, 2 \cdots, n) \tag{13-4}$$

式（13-4）中 X_0 为初始时刻 $t=0$ 时的原始数据，μ、a 为待定系数，根据最小二乘法估计参数向量，按矩阵运算法则得到其表达式为

$$\mu = \frac{(\sum_{t=1}^{n} Z_t^2)(\sum_{t=1}^{n} X_t) - (\sum_{t=1}^{n} Z_t)(\sum_{t=1}^{n} X_t Z_t)}{n(\sum_{t=1}^{n} Z_t^2) - (\sum_{t=1}^{n} Z_t)^2} \tag{13-5}$$

$$a = \frac{(\sum_{t=1}^{n} X_t)(\sum_{t=1}^{n} Z_t) - n(\sum_{t=1}^{n} X_t Z_t)}{n(\sum_{t=1}^{n} Z_t^2) - (\sum_{t=1}^{n} Z_t)^2} \tag{13-6}$$

5）计算 X_t 的估计值 $\hat{X}_t$。

$$\hat{X}_t = \hat{Y}_t - \hat{Y}_{t-1} \tag{13-7}$$

6）计算后验差比值 C 和小误差概率 P。

当序列 X_t 和序列 $\delta = X_t - \hat{X}_t$（$t=1$，2，…，n）的标准差分别为 S_1 和 S_2 时：

$$S_1 = \frac{\sum_{t=1}^{n} (X_t - \bar{X})^2}{n} \tag{13-8}$$

其中，$\bar{X} = \frac{\sum_{t=1}^{n} X_t}{n}$；

$$S_2 = \frac{\sum_{t=1}^{n} (\delta - \bar{\delta})^2}{n} \tag{13-9}$$

其中，$\bar{\delta} = \frac{\sum_{t=1}^{n} \delta_t}{n}$。

则后验差比值 C：

$$C = \frac{S_2}{S_1} \tag{13-10}$$

小误差概率 P：

$$P = P\{\delta \mid -\bar{\delta} < 0.6745 \mid S_1\} = \frac{\sum k}{n} \tag{13-11}$$

其中，$\sum k$ 为 $|\delta-\bar{\delta}|<0.6745S_1$ 的总例数。

对于灰色预测模型来说，C 值越小而 P 值越大说明模型预测效果越好，按照 C 和 P 的大小可将模型的预测精度检验分为四个等级（张珍珍，2018），见表 13-1。

表 13-1　灰色系统预测精度检验等级参照

模型精度等级	均方差比值 C	小误差概率 P
1 级（好）	<0.35	≥0.95
2 级（合格）	<0.50	≥0.80
3 级（勉强）	<0.65	≥0.70
4 级（不合格）	≥0.65	<0.70

13.1.2　土地利用类型变化趋势预测

运用 GM（1，1）模型进行土地利用类型变化趋势预测，需要研究期间每个年份的土地利用类型面积数据（表 13-2）。

表 13-2　贵州 2005～2018 年土地利用类型面积　（单位：万 hm^2）

年份	园地	林地	耕地	牧草地	建设用地	未利用地
2005	12.02	792.10	450.50	160.64	53.52	178.71
2006	12.13	791.85	449.38	160.54	55.18	180.62

续表

年份	园地	林地	耕地	牧草地	建设用地	未利用地
2007	12.12	791.19	448.73	160.12	57.01	178.78
2008	12.13	790.87	448.53	159.78	56.39	180.03
2009	12.12	790.73	449.62	159.75	56.68	178.86
2010	15.76	899.57	456.63	7.41	56.44	220.68
2011	15.76	897.33	456.00	7.32	59.00	221.07
2012	16.56	896.15	455.21	7.29	61.38	219.87
2013	16.80	895.45	455.26	7.28	62.55	219.10
2014	16.63	894.59	454.39	7.27	65.72	217.89
2015	16.60	894.02	454.10	7.26	67.47	216.95
2016	16.38	893.33	453.41	7.25	69.73	216.32
2017	16.21	892.61	451.88	7.22	72.83	216.37
2018	16.15	892.19	451.67	7.21	70.32	215.68

数据来源：2006～2019 年《贵州省统计年鉴》，2006～2019 年《贵州省国土资源公报》

（1）数据预处理

土地利用变化幅度的计算公式为

$$F = \frac{U_b - U_a}{U_a} \times 100\% \tag{13-12}$$

式中，U_a 和 U_b 为某一种土地类型在时间段 a 和 b 上的数量；F 为土地利用变化幅度。将贵州 2005～2018 年土地利用现状数据导入式（13-12）进行计算，得出土地利用面积变化幅度，结果见表 13-3。

表 13-3　贵州 2005～2018 年土地利用面积变化

土地利用类型	2005 年 面积/万 hm^2	2018 年 面积/万 hm^2	2005～2018 年 面积变化幅度/%
园地	12.02	16.15	34.36
林地	792.10	892.19	12.64
耕地	450.50	451.67	0.26
牧草地	160.64	7.21	-95.51
建设用地	53.52	70.32	31.39
未利用地	178.71	215.68	20.69

根据表 13-3，贵州 2005～2018 年土地利用类型面积变化幅度超过 10% 的土

地利用类型有：园地、林地、牧草地、建设用地和未利用地，本节只对这五种土地利用类型进行预测分析。

（2）预测分析

将2005～2018年的上述五种土地利用类型的数据用Excel和MATLAB软件进行灰色预测分析，得到各土地利用类型2019～2030年的预测数据，并分析各土地利用类型的预测精度。

（3）灰色预测模型检验

由上述分析可知五种土地利用类型的预测参数，针对这些参数可以分析灰色预测模型的准确度，检验结果如表13-4所示。

表13-4　贵州土地利用类型预测参数结果

预测参数	园地	林地	牧草地	建设用地	未利用地
后验差比值 C	0.60	0.64	0.49	0.24	0.63
小误差概率 P	0.71	0.72	0.77	1.00	0.71

将模型精度等级表与检验结果进行对比可知，园地、林地、牧草地、建设用地和未利用地的预测结果均通过模型检验，故模型成立。

13.1.3　预测结果分析

（1）预测结果

由灰色预测模型预测出来的五种土地利用类型在2019～2030年的面积变化见表13-5。

表13-5　2019～2030年五种土地利用类型预测数据

（单位：万 hm^2）

年份	园地	林地	牧草地	建设用地	未利用地
2019	18.06	933.13	3.34	74.46	231.48
2020	18.56	943.74	2.45	76.53	235.37
2021	19.07	954.46	1.78	78.65	239.34
2022	19.59	965.31	1.30	80.84	243.37
2023	20.13	976.28	0.96	83.08	247.47
2024	20.68	987.37	0.69	85.39	251.63
2025	21.24	998.59	0.51	87.76	255.87

续表

年份	园地	林地	牧草地	建设用地	未利用地
2026	21. 83	1009. 94	0. 37	90. 20	260. 19
2027	22. 42	1021. 42	0. 27	92. 71	264. 56
2028	23. 04	1033. 02	0. 20	95. 28	269. 02
2029	23. 67	1044. 77	0. 14	97. 93	273. 55
2030	24. 31	1056. 64	0. 11	100. 65	278. 15

（2） 变化趋势检验与分析

由上述分析可得贵州 2019～2030 年五种土地利用类型的预测数据，选取 2005 年、2011 年、2018 年和预测年份 2024 年、2030 年的数据进行分析，制作五类土地利用类型变化趋势图，详见图 13-1～图 13-5。

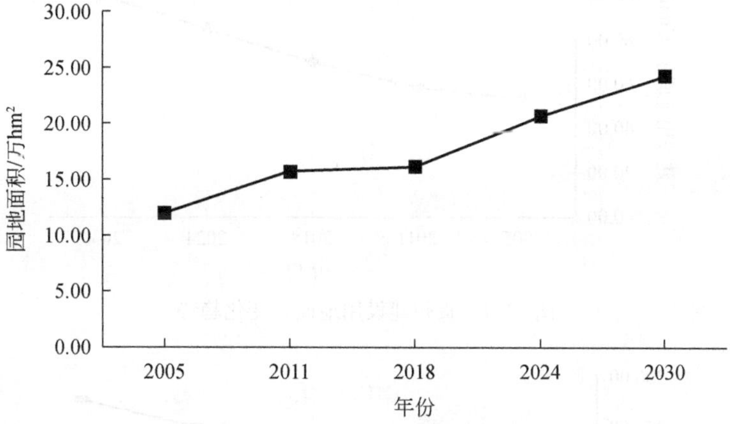

图 13-1 贵州园地面积变化趋势

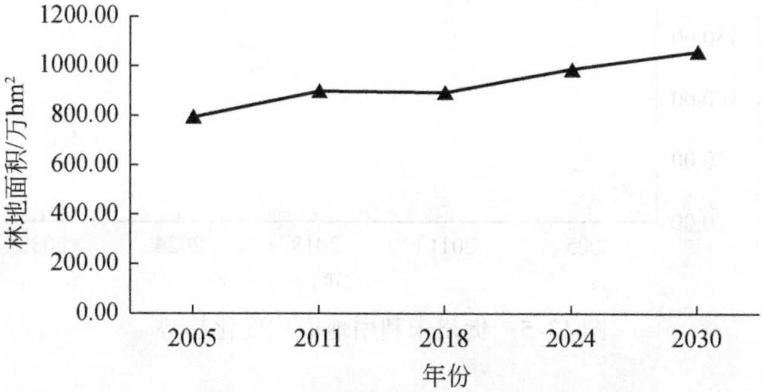

图 13-2 贵州林地面积变化趋势

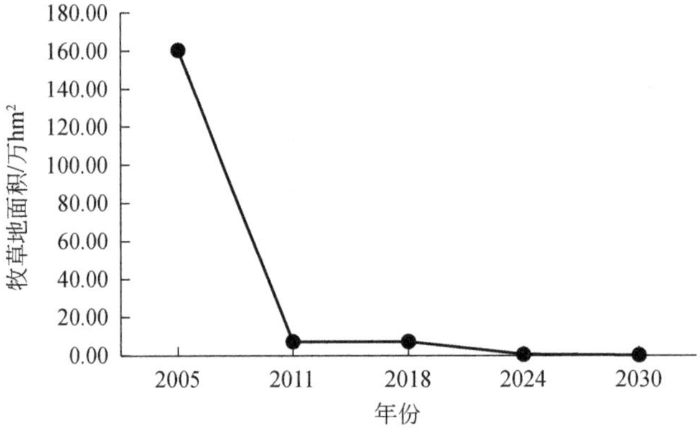

图 13-3　贵州牧草地面积变化趋势

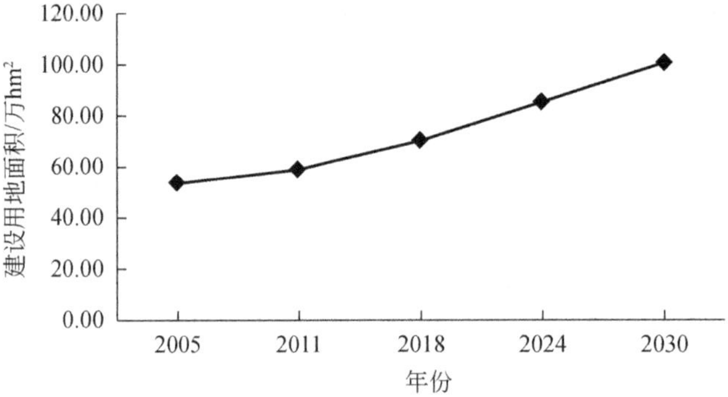

图 13-4　贵州建设用地面积变化趋势

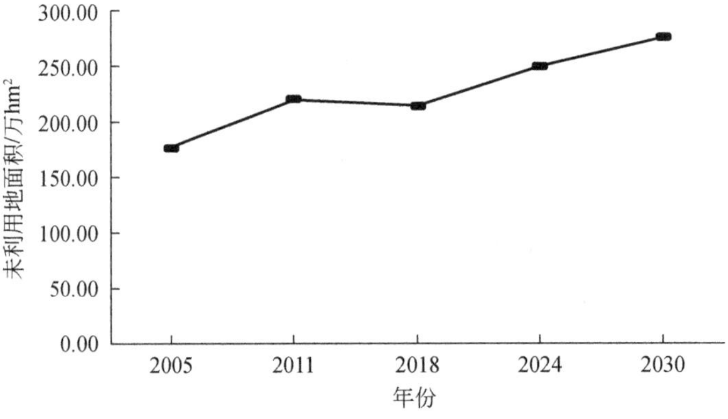

图 13-5　贵州未利用地面积变化趋势

由图 13-1 可知，2005 ~ 2030 年贵州园地面积是持续增加的。2005 ~ 2030

年，园地面积变化趋势与 2005 ~ 2018 年园地面积变化趋势相吻合，表明灰色预测方法适合园地的变化趋势分析。

由图 13-2 可知，2005 ~ 2030 年贵州林地面积总体上是增加的。2005 ~ 2030 年林地面积变化趋势与 2005 ~ 2018 年林地面积变化趋势大致吻合，表明灰色预测方法适合林地的变化趋势分析，研究结果表明研究区应持续保护生态林地。

由图 13-3 可知，2005 ~ 2030 年贵州牧草地面积呈现下降态势。2005 ~ 2030 年牧草地面积变化趋势与 2005 ~ 2018 年牧草地面积变化趋势大致吻合，表明灰色预测方法适合牧草地的变化趋势分析，研究结果表明研究区需重视牧草地的面积变化。

由图 13-4 可知，2005 ~ 2030 年贵州建设用地面积是持续增加的。2005 ~ 2030 年建设用地面积变化趋势与 2005 ~ 2018 年建设用地面积变化趋势相吻合，表明灰色预测方法适合建设用地的变化趋势分析，提示研究区在经济快速发展的过程中应适度控制建设用地的扩张。

由图 13-5 可知，贵州 2005 ~ 2011 年未利用地面积是增加的，2011 ~ 2018 年未利用地面积是减少的，而预测数据显示 2018 ~ 2030 年未利用地面积是增加的，由此可知未利用地面积是波动上升的，需要加大对未利用地的合理开发力度。

13.2 土地利用碳排放预测

土地利用碳排放给贵州的生态系统带来巨大的压力，降低土地利用碳排放、提高土地利用效率，成为贵州发展低碳经济的重要目标。在贵州经济快速发展、能源消耗不断增长、土地利用方式转变较快的背景下，通过对土地利用碳排放的预测，了解在各种社会因素作用的背景下，土地利用碳排放的发展规律和趋势，从而更加明确土地利用减排任务、减排目标和减排工作促进贵州土地实现低碳利。本节以前文计算数据为基础，采用灰色预测模型分别预测 2019 ~ 2030 年贵州人均碳排放量、地均碳排放量、单位 GDP 碳排放量和净碳排放量并分析贵州土地利用碳排放量及发展趋势，为贵州优化土地利用结构，促进土地利用向着低碳减排方向发展提供一定的参考。

13.2.1 土地利用碳排放预测模型的建立

(1) GM (1, 1) 模型的建立

本小节以前文计算出的人均碳排放量、地均碳排放量、单位 GDP 碳排放量和净碳排放量作为土地利用碳排放预测的原始数据，数据如表 13-6 所示。

表 13-6 贵州 2005～2018 年碳排放量

年份	人均碳排放量 /t	地均碳排放量 /(t/hm²)	单位 GDP 碳排放量 /(t/万元)	净碳排放量 /万 t
2005	0.56	1.18	1.04	2 076.28
2006	0.73	1.53	1.15	2 682.11
2007	0.85	1.76	1.07	3 073.00
2008	0.75	1.53	0.76	2 698.83
2009	0.86	1.73	0.78	3 054.64
2010	1.00	1.98	0.76	3 490.35
2011	1.07	2.10	0.65	3 700.11
2012	1.32	2.62	0.67	4 608.32
2013	1.47	2.93	0.64	5 157.60
2014	1.10	2.19	0.42	3 864.52
2015	1.46	2.92	0.49	5 147.57
2016	1.85	3.74	0.56	6 581.29
2017	2.56	5.21	0.68	9 181.79
2018	3.17	6.47	0.77	11 399.01

设 GM（1，1）的原始序列为地均碳排放量 $x^{(0)}=[x^{(0)}(1), x^{(0)}(2), \cdots, x^{(0)}(n)]$，则人均碳排放量、地均碳排放量、单位 GDP 碳排放量和净碳排放量的原始序列如下。

人均碳排放量原始序列：

$$x^{(0)}=(0.56, 0.73, 0.85, 0.75, 0.86, 1.00, 1.07, 1.32, 1.47, 1.10, 1.46, 1.85, 2.56, 3.17)$$

地均碳排放量原始序列：

$$x^{(0)}=(1.18, 1.53, 1.76, 1.53, 1.73, 1.98, 2.10, 2.62, 2.93, 2.19, 2.92, 3.74, 5.21, 6.47)$$

单位 GDP 碳排放量原始序列：

$$x^{(0)}=(1.04, 1.15, 1.07, 0.76, 0.78, 0.76, 0.65, 0.67, 0.64, 0.42, 0.49, 0.56, 0.68, 0.77)$$

净碳排放量原始序列：

$$x^{(0)}=(2\,076.28, 2\,682.11, 3\,073.00, 2\,698.83, 3\,054.64, 3\,490.35, 3\,700.11, 4\,608.32, 5\,157.60, 3\,864.52, 5\,147.57, 6\,581.29, 9\,181.79, 11\,399.01)$$

1）数列的累加处理。为消除原始数据的随机性，累加原始数据。

$x^{(1)}=[x^{(1)}(1),x^{(1)}(2),\cdots,x^{(1)}(n)]$，其中$x^{(1)}(k)=\sum_{i=1}^{k}x^{(0)}(i),k=1,2,\cdots,n$。

人均碳排放量的累加数列为

$x^{(1)}=(0.56,1.29,2.14,2.89,3.75,4.75,5.82,7.14,8.61,9.71,11.17,13.02,15.58,18.75)$

地均碳排放量的累加数列为

$x^{(1)}=(1.18,2.71,4.47,6.00,7.73,9.71,11.81,14.43,17.36,19.55,22.47,26.21,31.42,37.89)$

单位 GDP 碳排放量的累加数列为

$x^{(1)}=(1.04,2.19,3.26,4.02,4.80,5.56,6.21,6.88,7.52,7.94,8.43,8.99,9.67,10.44)$

净碳排放量的累加数列为

$x^{(1)}=(2\ 076.28,4\ 758.39,7\ 831.39,10\ 530.22,13\ 584.86,17\ 075.21,20\ 775.32,25\ 383.64,30\ 541.24,34\ 405.76,39\ 553.33,46\ 134.62,55\ 316.41,66\ 715.42)$

2）计算紧邻均值生成序列

$z^{(1)}=[z^{(1)}(2),z^{(1)}(3),\cdots,z^{(1)}(n)]$，其中$z^{(1)}(k)=0.5\,x^{(1)}(k)+0.5\,x^{(1)}(k-1),k=2,3,\cdots,n$。

人均碳排放量的紧邻数列为

$Z^{(1)}=(0.93,1.72,2.52,3.32,4.25,5.29,6.48,7.88,9.16,10.44,12.10,14.30,17.17)$

地均碳排放量的紧邻数列为

$Z^{(1)}=(1.95,3.59,5.24,6.87,8.72,10.76,13.12,15.90,18.46,21.01,24.34,28.82,34.66)$

单位 GDP 碳排放量的紧邻数列为

$Z^{(1)}=(1.62,2.73,3.64,4.41,5.18,5.89,6.55,7.20,7.73,8.19,8.71,9.33,10.06)$

净碳排放量的紧邻数列为

$Z^{(1)}=(3\ 417.34,6\ 294.89,9\ 180.81,12\ 057.54,15\ 330.04,18\ 925.27,23\ 079.48,27\ 962.44,32\ 473.50,36\ 979.55,42\ 843.98,50\ 725.52,61\ 015.92)$

3）建立一阶微分线性方程，即灰色方程：

$$x^{(0)}(k)+az^{(1)}(k)=b \tag{13-13}$$

经过白化的模型可以表示为

$$\frac{dx^{(1)}}{dt}+ax^{(1)}(t)=b \tag{13-14}$$

式中，a 为发展系数；b 为灰作用量。

4）计算求出 a 和 b，令 $\hat{a}=[a,\ b]^{T}$，并且

$$\boldsymbol{B}=\begin{bmatrix}-z^{(1)}(2),1\\-z^{(1)}(3),1\\\vdots\\-z^{(1)}(n),1\end{bmatrix}=\begin{bmatrix}-\frac{1}{2}X^{(1)}(1)+X^{(1)}(2),1\\-\frac{1}{2}X^{(1)}(2)+X^{(1)}(3),1\\\vdots\\-\frac{1}{2}X^{(1)}(n-1)+X^{(1)}(n),1\end{bmatrix},\boldsymbol{Y}_n=\begin{bmatrix}x^{(0)}(2)\\x^{(0)}(3)\\\vdots\\x^{(0)}(n)\end{bmatrix} \tag{13-15}$$

式中，$\boldsymbol{B}$ 为数据矩阵；$\boldsymbol{Y}_n$ 为参数向量。

用最小二乘法求解：

$$\hat{a}=[a,b]^{T}=(\boldsymbol{B}^{T}\boldsymbol{B})^{-1}\boldsymbol{B}^{T}\boldsymbol{Y}_n \tag{13-16}$$

结合 Excel 和 MATLAB 软件，计算出 a 和 b 的值。

人均碳排放量：$\begin{pmatrix}a\\b\end{pmatrix}=\begin{pmatrix}-0.1364\\0.3966\end{pmatrix}$

地均碳排放量：$\begin{pmatrix}a\\b\end{pmatrix}=\begin{pmatrix}-0.1387\\0.7623\end{pmatrix}$

单位 GDP 碳排放量：$\begin{pmatrix}a\\b\end{pmatrix}=\begin{pmatrix}0.0579\\1.0847\end{pmatrix}$

净碳排放量：$\begin{pmatrix}a\\b\end{pmatrix}=\begin{pmatrix}-0.1385\\1.3457\times10^{3}\end{pmatrix}$

5）GM（1，1）的时间序列为

$$\hat{x}^{(1)}(k+1)=\left[x^{(0)}(1)-\frac{b}{a}\right]e^{-ak}+\frac{b}{a}\quad k=1,2,\cdots,n \tag{13-17}$$

人均碳排放量的时间序列为

$$\hat{x}^{(1)}(k+1)=3.4676e^{0.1364k}-2.9076 \tag{13-18}$$

地均碳排放量的时间序列为

$$\hat{x}^{(1)}(k+1)=6.6760e^{0.1387k}-5.4960 \tag{13-19}$$

单位 GDP 碳排放量的时间序列为

$$\hat{x}^{(1)}(k+1)=-17.6940e^{-0.0579k}+18.7340 \tag{13-20}$$

净碳排放量的时间序列为

$$\hat{x}^{(1)}(k+1)=11\,792.5355e^{0.1385k}-9716.2544 \tag{13-21}$$

利用式（13-18）~式（13-21）进行预测，并做一次累减得到 2005 ~ 2018 年

各个指标值的预测值，见表 13-7 ~ 表 13-10。

表 13-7　2005 ~ 2018 年人均碳排放量与预测值比较　　（单位：t）

序号	年份	实际值	预测值	残差
1	2005	0.56	0.56	0.00
2	2006	0.73	0.51	0.22
3	2007	0.85	0.58	0.27
4	2008	0.75	0.67	0.08
5	2009	0.86	0.76	0.10
6	2010	1.00	0.87	0.13
7	2011	1.07	1.00	0.07
8	2012	1.32	1.15	0.17
9	2013	1.47	1.32	0.15
10	2014	1.10	1.51	-0.41
11	2015	1.46	1.73	-0.27
12	2016	1.85	1.98	-0.13
13	2017	2.56	2.27	0.29
14	2018	3.17	2.60	0.57

表 13-8　2005 ~ 2018 年地均碳排放量与预测值比较　　（单位：t/hm^2）

序号	年份	实际值	预测值	残差
1	2005	1.18	1.18	0.00
2	2006	1.53	0.99	0.54
3	2007	1.76	1.14	0.62
4	2008	1.53	1.31	0.22
5	2009	1.73	1.51	0.22
6	2010	1.98	1.73	0.25
7	2011	2.10	1.99	0.11
8	2012	2.62	2.28	0.34
9	2013	2.93	2.62	0.31
10	2014	2.19	3.01	-0.82
11	2015	2.92	3.46	-0.54

续表

序号	年份	实际值	预测值	残差
12	2016	3.74	3.98	-0.24
13	2017	5.21	4.57	0.64
14	2018	6.47	5.25	1.22

表 13-9　2005 ~ 2018 年单位 GDP 碳排放量与预测值比较　（单位：t/万元）

序号	年份	实际值	预测值	残差
1	2005	1.04	1.04	0.00
2	2006	1.15	1.00	0.15
3	2007	1.07	0.94	0.13
4	2008	0.76	0.89	-0.13
5	2009	0.78	0.84	-0.06
6	2010	0.76	0.79	-0.03
7	2011	0.65	0.75	-0.10
8	2012	0.67	0.70	-0.03
9	2013	0.64	0.66	-0.02
10	2014	0.42	0.63	-0.21
11	2015	0.49	0.59	-0.10
12	2016	0.56	0.56	0.00
13	2017	0.68	0.53	0.15
14	2018	0.77	0.50	0.27

表 13-10　2005 ~ 2018 年净碳排放量与预测值比较　（单位：万 t）

序号	年份	实际值	预测值	残差
1	2005	2 076.28	2 076.28	0.00
2	2006	2 682.11	1 751.78	930.33
3	2007	3 073.00	2 012.00	1 061.00
4	2008	2 698.83	2 310.88	387.95
5	2009	3 054.64	2 654.16	400.48
6	2010	3 490.35	3 048.44	441.91
7	2011	3 700.11	3 501.28	198.83
8	2012	4 608.32	4 021.40	586.92
9	2013	5 157.60	4 618.78	538.82

续表

序号	年份	实际值	预测值	残差
10	2014	3 864.52	5 304.89	-1 440.37
11	2015	5 147.57	6 092.93	-945.36
12	2016	6 581.29	6 998.03	-416.74
13	2017	9 181.79	8 037.59	1 144.20
14	2018	11 399.01	9 231.57	2 167.44

(2) GM (1, 1) 模型的检验

GM (1, 1) 通常用后验差检验方法来评价预测结果的好坏，主要根据其中的后验差比值 (C) 和小误差概率 (P) 这两个数值来检验模型。本节主要采用后验差检验方法比值对上述模型进行检验，其计算流程为

实际数据序列的均值：

$$\bar{x} = \frac{1}{n}\sum_{k=1}^{n} x^{(0)}(k) \tag{13-22}$$

方差：

$$S_1^2 = \frac{1}{n}\sum_{k=1}^{n} [x^0(k) - \bar{x}]^2 \tag{13-23}$$

序列残差：

$$\varepsilon(k) = x^0(k) - \bar{x}^1(k) \tag{13-24}$$

方差：

$$S_2^2 = \frac{1}{n}\sum_{k=1}^{n} (\varepsilon^0(k) - \bar{\varepsilon})^2 \tag{13-25}$$

后验差比值：

$$C = \frac{S_2}{S_1} \tag{13-26}$$

小误差概率：

$$P = p\{| \varepsilon_0(k) - \bar{\varepsilon}| < 0.6745 S_1\} \tag{13-27}$$

根据表 13-1 灰色预测模型预测精度检验等级参照，计算出相应的模型检验值，见表 13-11。

对比灰色预测模型预测精度检验等级参照表与检验结果可知，人均碳排放量、地均碳排放量、单位 GDP 碳排放量及净碳排放量均通过模型检验，故模型成立。

表 13-11　检验结果

预测参数	人均碳排放量	地均碳排放量	单位 GDP 碳排放量	净碳排放量
后验差比值 C	0.3262	0.3367	0.6124	0.3370
小误差概率 P	0.9286	0.8571	0.7143	0.8571

（3）碳排放 GM（1，1）模型预测

根据贵州上述指标得历年碳排放数据，运用 GM（1，1）模型进行预测，得到 2019～2030 年数据，如表 13-12 所示。

表 13-12　贵州 2019～2030 年碳排放预测值

年份	人均碳排放量/t	地均碳排放量/(t/hm^2)	单位 GDP 碳排放量/(t/万元)	净碳排放量/万 t
2019	2.98	6.03	0.47	10 602.92
2020	3.42	6.92	0.44	12 177.97
2021	3.92	7.95	0.42	13 987.01
2022	4.49	9.14	0.39	16 064.77
2023	5.15	10.50	0.37	18 451.19
2024	5.90	12.06	0.35	21 192.10
2025	6.77	13.85	0.33	24 340.18
2026	7.75	15.91	0.31	27 955.90
2027	8.89	18.28	0.30	32 108.74
2028	10.19	21.00	0.28	36 878.48
2029	11.68	24.13	0.26	42 356.76
2030	13.38	27.72	0.25	48 648.84

13.2.2　预测结果分析

为更加直观地观察和分析贵州 2019～2030 年人均碳排放量、地均碳排放量、单位 GDP 碳排放量及净碳排放量的发展趋势，将其生成图的形式，见图 13-6。

由图 13-6 预测结果可知，到 2030 年，贵州人均碳排放量达到 13.38t，地均碳排放量为 27.72t/hm^2，单位 GDP 碳排放量为 0.25t/万元，净碳排放量为 48 648.84 万 t。从变化趋势来看，人均碳排放量、地均碳排放量和净碳排放量都呈快速增长的趋势，单位 GDP 碳排放量呈下降的趋势。以 2018 年为基期，

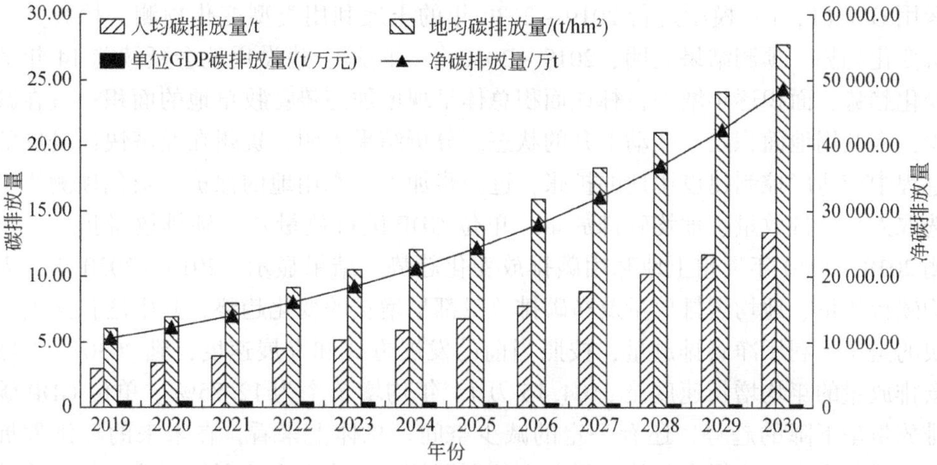

图 13-6 贵州 2019～2030 年碳排放预测值变化趋势

贵州人均碳排放量从 2018 年的 3.17t 增加到 2030 年的 13.38t，共增长了 10.21t，年均增长 0.85t；地均碳排放量增加到 2030 年的 27.72t/hm^2，是 2018 年的 4.28 倍，年均增长 12.89%；单位 GDP 碳排放量到 2030 年下降到 0.25t/万元，年均下降 0.04t/万元；净碳排放量从 2018 年的 11 399.01 万 t 增长到 2030 年的 48 648.84 万 t，共增长了 37 249.83 万 t，年均增长 3104.15 万 t，按照当前的发展模式，贵州净碳排放量的增长速度较快。贵州近几年来主打“绿色省份”，其生态环境在全国居于中上水平。但是，当前贵州面临的主要任务就是发展经济，实现绿色 GDP 增长，因此在土地利用过程中应增加碳汇、减少碳源，进一步促进碳源向碳汇转换。根据预测结果，贵州若按当前的发展速度和当前对土地利用的方式，到 2030 年，其土地利用产生的碳排放将呈数倍的增长趋势。因此，为控制土地利用碳排放增长速度，改变其呈直线增长的趋势，贵州当前应当进一步合理规划利用土地，更加牢固树立节约集约循环利用的资源观，按照推动形成绿色发展方式和生活方式的要求，加快转变土地利用方式，以深化土地供给侧结构性改革和健全人地挂钩机制为着力点，优化用地布局和结构，划定建设用地管制边界，构建科学适度有序的国土空间布局体系，实现土地资源的高效化、生态化利用。

13.3 本章小结

本章在介绍了灰色预测模型的原理的基础上，对贵州 2005～2018 年园地、林地、牧草地、建设用地和未利用地这五类土地利用类型的数据进行统计分析，运用 GM（1，1）模型进行 2019 ~ 2030 年的土地利用类型变化预测，检验并分析变化趋势。预测结果表明，2019 ~ 2030 年，园地、建设用地会延续前 14 年的变化趋势，面积逐年增加；林地面积总体呈现增加态势；牧草地的面积一直在减少；未利用地面积处于波动上升的状态。分析结果表明，贵州在经济快速发展的过程中应适度控制建设用地的扩张，进一步加大生态用地的保护。灰色预测模型选取人均碳排放量、地均碳排放量、单位 GDP 碳排放量及净碳排放量指标，预测 2019 ~ 2030 年贵州土地利用碳排放变化趋势。结果显示，2019 ~ 2030 年，人均碳排放量、地均碳排放量及净碳排放量都呈增长的变化趋势，其中增长速度最快的是土地利用净碳排放量，按照当前的发展方式和发展速度，到 2030 年，净碳排放量的年均增长速度是 3104. 15 万 t，年均增长率为 12. 85% 。单位 GDP 碳排放量呈下降的趋势，还有一定的减少空间。总体上来看，在未来的经济发展中，贵州应进一步提高科技水平和土地利用效率、改变土地利用方式、创新土地管理模式、培育绿色低碳高效的土地利用模式，推进贵州“既要金山银山，也要绿水青山”发展目标和双碳目标的实现。

第 14 章　贵州低碳经济与生态环境耦合协调发展及预测

本章通过构建 DPSIR 概念模型对贵州低碳经济与生态环境耦合协调发展机理进行研究，通过耦合发展模型对贵州低碳经济与生态环境耦合协调发展程度进行评价，最后运用灰色预测模型对 2019～2030 年贵州低碳经济与生态环境耦合度和耦合协调度进行预测分析。

14.1　低碳经济与生态环境耦合协调发展机理

低碳经济与生态环境是相互影响和关联的两个系统。本小节基于 DPSIR 模型，从驱动力、压力、状态、影响和响应五个角度出发，研究两者之间的耦合协调发展。同时，基于实践研究，运用此方法，研究贵州低碳经济与生态环境之间相互影响和促进的运行机理。

14.1.1　指标体系构建

20 世纪 90 年代，在 PSR（压力-状态-响应）的基础上，欧洲环境署提出 DPSIR 模型。PSR 模型揭示人类经济活动与自然环境发生作用的过程并对这一过程做出描述和评价，主要反映人类活动给自然环境带来的压力导致自然状态被改变的过程。而 DPSIR 模型在 PSR 模型的基础上加入了驱动力和影响，对人类活动对环境的作用及自然状态的反映在因果关系上进行了更进一步的解释。

基于 DPSIR 模型理论，构建贵州低碳经济与生态环境耦合协调发展评价指标体系，见表 14-1。

1）驱动力：人类从事的经济活动会对土地及环境造成潜在影响，随着经济的发展、人口的增长，当前的生活方式及消费模式也会改变，这些因素会导致能源消耗等生态环境的变化，最终引起环境污染。

2）压力：经济发展和生态环境系统保护过程中面临的主要压力来自生产生活对资源的消耗、废弃物排放，而低碳技术的使用使压力开始逐步得到缓解。

3）状态：人类的相关活动也会使得生态环境系统发生变化，社会经济、资源能源、生态环境在上述驱动力及压力的作用下发生变化，环境污染排放随之增多，碳排放强度不断增大。

4）影响：系统的压力和所处于的状态对生态环境及经济社会产生影响，所有人类活动会对生态环境产生影响和压力，而生态环境在面对这一压力时也会出现反作用，如二氧化硫排放量、烟尘排放、废水排放等不断增大。

5）响应：在经济社会发展的驱动之下，资源开发利用对环境产生了压力，这种压力导致在当前经济社会发展模式下，经济社会、生态环境现状对经济发展、生态环境保护产生消极影响。人类必须在促进经济社会可持续发展的过程中采取措施给予回应，如制定积极的环境保护政策、增加环保投资、提高资源能源循环利用效率、增强污染物的处理能力、减少污染物的排放、提高固体废弃物的综合利用率等。

表 14-1　贵州低碳经济与生态环境耦合协调发展 DPSIR 评价指标

目标层	准则层	指标层	极性
低碳经济与生态环境耦合协调发展	驱动力	GDP（亿元）	正向
		人均 GDP（元）	正向
		人均能源消费量（t）	正向
		能源消费总量（万 t）	正向
		常住总人口（万人）	正向
	压力	碳排放总量（万 t）	负向
		人均碳排放量（t）	负向
		单位 GDP 能源消费量（tce/万元）	负向
		低碳技术：碳生产率（GDP/碳排放总量）	正向
	状态	森林覆盖率（%）	正向
		碳排放强度（t/万元）	负向
		第三产业产值占比（%）	正向
	影响	二氧化硫排放量（万 t）	负向
		烟尘排放量（万 t）	负向
		废水排放总量（万 t）	负向
		氨氮排放量（万 t）	负向
		化学需氧量（万 t）	负向
		固体废弃物排放量（万 t）	负向

续表

目标层	准则层	指标层	极性
低碳经济与生态环境耦合协调发展	响应	固体废弃物综合利用率（%）	正向
		城市污水处理率（%）	正向
		环保投资（亿元）	正向
		人均绿地面积（m^2）	正向

14.1.2 指标权重确定

指标权重的确定主要应用主观赋权法和客观赋权法。主观赋权法主要依据专家的经验和意见，包括专家打分法、层次分析法等；客观赋权法主要基于一定的数学计算方法进行分析，包括主成分分析、熵权法等。本节主要选取熵权法确定指标权重。

（1）指标的标准化处理

在整个指标体系中，由于各个指标存在评价系数及单位的差异，直接评价会影响评价结果的误差，为保证评价结果的合理性和准确性，需先将整个评价指标体系的所有指标进行标准化处理，消除差异后再评价。本节采取极差变换法对原始数据进行规范化（或标准化）处理，其公式为

正向指标：

$$X'_{ij}=\frac{x_{ij}-\min(x_{ij})}{\max(x_{ij})-\min(x_{ij})} \tag{14-1}$$

负向指标：

$$X'_{ij}=\frac{\max(x_{ij})-x_{ij}}{\max(x_{ij})-\min(x_{ij})} \tag{14-2}$$

式中，X'_{ij} 为指标标准化值；X_{ij} 为研究区第 i 年第 j 项评价指标的数值；$\min(x_{ij})$ 为研究区第 j 项评价指标在 2005 ~ 2018 年的最小值；$\max(x_{ij})$ 为研究区第 j 项评价指标在 2005 ~ 2018 年的最大值。

（2）指标权重计算

为保障评价结果更加准确，本节选取变异系数法确定指标权重。变异系数法确定权重可以充分反映被评价指标的差距，它主要是在指标标准化处理的基础上，计算指标的权重（马辉，2009）。各项指标权重计算步骤和方法如下。

各项指标的变异系数公式为

$$V_i=\frac{\sigma_i}{\bar{x}_i}\quad i=1,2,\cdots,n \tag{14-3}$$

式中，V_i 为第 i 项指标的变异系数；σ_i 为标准化后第 i 项指标的标准差；$\bar{x}_i$ 为标准化后第 i 项指标的平均数。

各项指标的权重为

$$W_i = \frac{V_i}{\sum_{i=1}^{n} V_i} \quad i = 1, 2, \cdots, n \tag{14-4}$$

（3）计算综合评价值

利用标准化的数据与权重相乘得到综合得分，公式如下：

$$Z_j = \sum_{j=1}^{n} w_j x'_{ij} \tag{14-5}$$

由式（14-5）得出各指标权重值，如表 14-2 所示。

表 14-2　低碳经济与生态环境耦合协调发展 DPSIR 评价指标权重

目标层	系统层	指标层	极性	权重
低碳经济与生态环境耦合协调发展	驱动力	GDP（亿元）	正向	0.0544
		人均 GDP（元）	正向	0.0532
		人均能源消费量（t）	正向	0.0376
		能源消费总量（万 t）	正向	0.0394
		常住总人口（万人）	正向	0.0549
	压力	碳排放总量（万 t）	负向	0.0561
		人均碳排放量（t）	负向	0.0652
		单位 GDP 能源消费量（tce/万元）	负向	0.0420
		低碳技术：碳生产率（GDP/碳排放总量）	正向	0.0552
	状态	森林覆盖率（%）	正向	0.0267
		碳排放强度（t/万元）	负向	0.0351
		第三产业产值占比（%）	正向	0.0359
	影响	二氧化硫排放量（万 t）	负向	0.0433
		烟尘排放量（万 t）	负向	0.0376
		废水排放总量（万 t）	负向	0.0401
		氨氮排放量（万 t）	负向	0.0578
		化学需氧量（万 t）	负向	0.0456
		固体废弃物排放量（万 t）	负向	0.0311

续表

目标层	系统层	指标层	极性	权重
低碳经济与生态环境耦合协调发展	响应	固体废弃物综合利用率（%）	正向	0.0408
		城市污水处理率（%）	正向	0.0428
		环保投资（亿元）	正向	0.0488
		人均绿地面积（m^2）	正向	0.0665

14.1.3 低碳经济与生态环境耦合发展机理分析

利用 DPSIR 模型对贵州 2005 ~ 2018 年低碳经济与生态环境耦合发展指数进行测度，得到驱动力、压力、状态、影响、响应评价结果。

（1）驱动力指数

驱动力指标是指促进低碳经济发展和生态环境系统建设的最原始的、最关键的指标。人类经济活动对生态环境系统产生的潜在影响即驱动力，无论是人口的增长还是自然增长率的提升，都会导致人类消费模式或原有生活方式的改变。2005 ~ 2018 年贵州低碳经济与生态环境耦合关系驱动力指数计算分析结果如图 14-1。

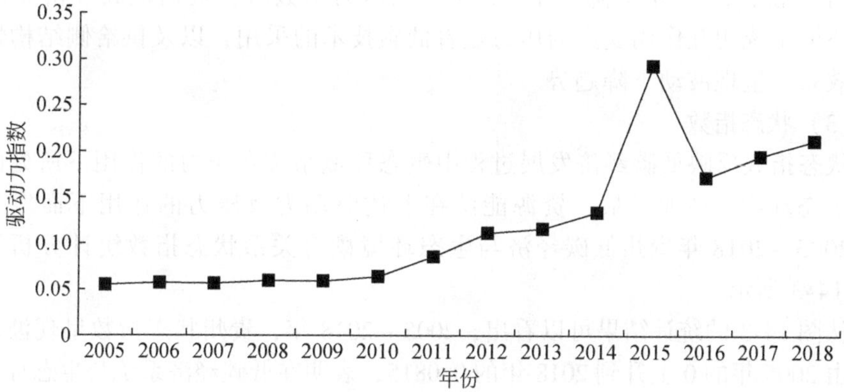

图 14-1　2005 ~ 2018 年贵州低碳经济与生态环境耦合关系驱动力指数

从图 14-1 驱动力指数变化可以看出，2005 ~ 2018 年，研究区驱动力指数呈现波动上升态势，由 2005 年的 0.0549 上升到 2015 年的 0.2929，上升幅度为 433.52%，随后由又下降至 2016 年的 0.1716，2016 ~ 2018 年平稳上升。2005 ~ 2018 年总体上升 286.16%，表明贵州 2015 ~ 2018 年低碳经济、社会发展态势良好。

（2）压力指数

压力指数是指在低碳经济系统的驱动力作用之后，直接施加于生态环境系统之上促使生态环境系统发生变化的指标。2005 ~ 2018 年贵州低碳经济与生态环境耦合关系压力指数统计分析结果如图 14-2 所示。

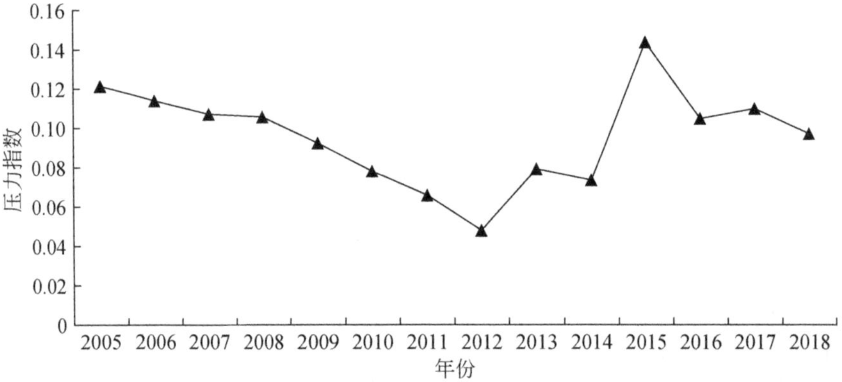

图 14-2　2005 ~ 2018 年贵州低碳经济与生态环境耦合关系压力指数

从图 14-2 压力指数变化可以看出，2005 ~ 2018 年，研究区压力指数呈现波动态势，由 2005 年的 0. 1214，下降到 2012 年的 0. 0481，2012 年后波动上升至 2015 年的 0. 1439，随后又下降至 2018 年的 0. 0973。总体来看，相对于 2005 年来说，2018 年下降了 19. 85%。从压力指数看，贵州低碳经济系统与生态环境系统相互作用受到的压力随着低碳技术的采用，以及供给侧结构性改革的效果，呈现波动下降趋势。

（3）状态指数

状态指数反映低碳经济发展过程中生态环境系统在压力的作用下所处的状态，生态环境、产业发展、资源能源在上述驱动力及压力的作用下而发生变化。2005 ~ 2018 年贵州低碳经济与生态环境耦合关系状态指数统计分析结果如图 14-3 所示。

从图 14-3 的统计结果可以看出，2005 ~ 2018 年，贵州状态指数呈现波动趋势，由 2005 年的 0 上升到 2018 年的 0. 0815，表明在低碳经济系统与生态环境系统驱动力及压力下，研究区生态环境、产业发展、资源能源状况状态均发生显著变化。随着贵州经济快速发展，贵州生态环境系统在驱动力和压力作用下越来越好，这主要由于贵州生态面积增加，如第三产业产值占比持续上升，森林覆盖率从 23. 80% 上升到 57%，揭示贵州在经济发展过程中，重视生态环境保护、重视环境系统的整体性，立足建设资源节约型、环境友好型社会。

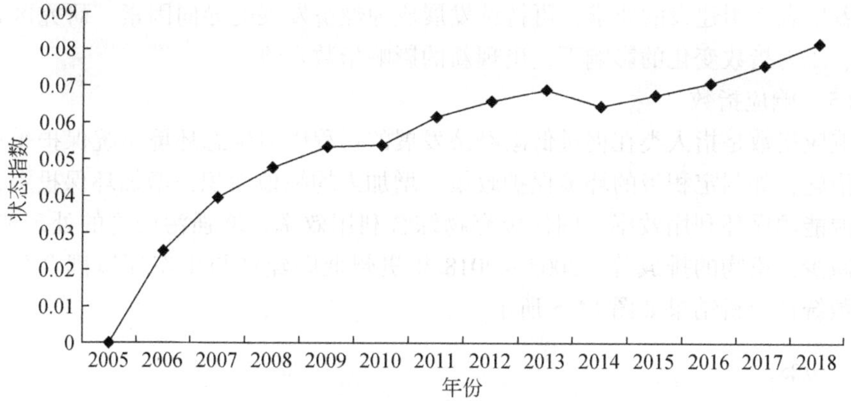

图 14-3　2005 ~ 2018 年贵州低碳经济与生态环境耦合关系状态指数

（4）影响指数

影响指数反映生态环境系统对人类经济活动造成的相关压力反作用于经济社会的情况，即生态环境系统的状态对社会经济、人民生活、人类健康的影响。通过计算分析，2005 ~ 2018 年贵州低碳经济与生态环境耦合关系影响指数结果如图 14-4 所示。

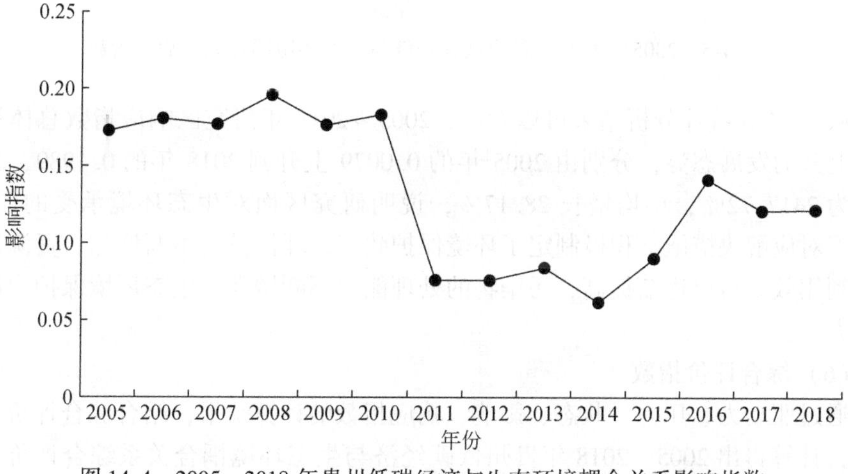

图 14-4　2005 ~ 2018 年贵州低碳经济与生态环境耦合关系影响指数

从图 14-4 统计结果中可以看出，2005 ~ 2018 年研究区影响指数整体呈波动状态，2005 ~ 2010 年影响指数呈波动上升态势，至 2010 年增长 5.90%，2010 ~ 2014 年影响指数呈下降态势，从 0.1830 下降到 0.0617，降幅达到 66.28%，2014 ~ 2016 年影响指数直线快速上升，2017 ~ 2018 年呈平稳态势。这主要是因为研究区为发展经济，出现资源利用不合理现象，导致影响指数不断上升，近年来随着生态文明建设的要求，可持续发展成为经济发展的导向因素，研究区在驱动力、压力指数变化的影响下，出现新的影响指数走势。

（5）响应指数

响应指数是指人类在促进低碳经济发展的过程中对生态环境系统保护采取的回应措施，如制定积极的环境保护政策、增加人均绿地面积，增加环保投资，提高资源能源循环利用效率、固体废弃物综合利用效率，增强污染物的处理能力，以及减少污染物的排放等。2005～2018 年贵州低碳经济与生态环境耦合关系响应指数统计分析结果如图 14-5 所示。

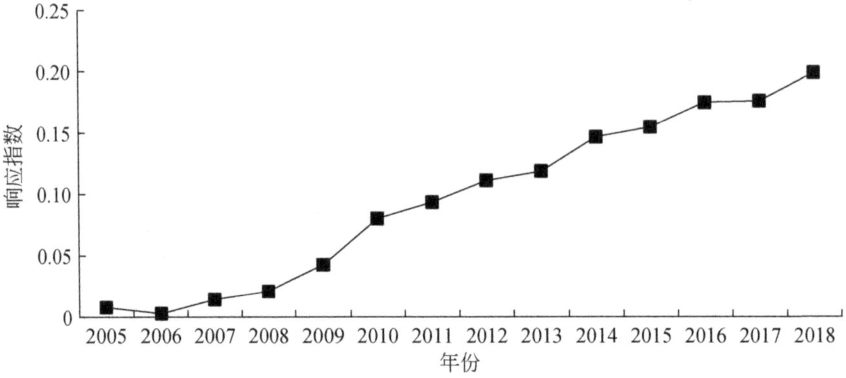

图 14-5　2005～2018 年贵州低碳经济与生态环境耦合关系响应指数

从图 14-5 统计分析结果可以看出，2005～2018 年研究区响应指数总体呈现直线上升的发展态势，分别由 2005 年的 0. 0079 上升到 2018 年的 0. 1989，上升幅度为 2417. 72%，年均增长 28. 17%，说明研究区面对生态环境承受的压力，采取了对应解决措施，积极制定了环境保护政策，环保投资不断增加，资源能源循环利用效率得以逐渐提高，污染物的处理能力不断增强，生态环境保护力度逐渐加大。

（6）综合评价指数

通过驱动力、压力、状态、影响、响应指数的计算结果，结合综合评价计算公式，计算得出 2005～2018 年贵州低碳经济与生态环境耦合关系综合评价指数结果，如图 14-6 所示。

图 14-6 统计分析结果表明，2005～2018 年研究区综合评价指数总体上呈现出阶段性上升态势，分别由 2005 年的 0. 3570 上升到 2010 年的 0. 4588，上升幅度为 28. 52%，接着由 2011 年的 0. 3826 上升到 2015 年的 0. 7488，上升幅度为 95. 71%，年均增长 18. 28%，此阶段上升最快。最后由 2016 年的 0. 6633 上升到 0. 7116，增幅缓慢。综合评价值总体上说明随着研究区经济的快速发展，低碳经

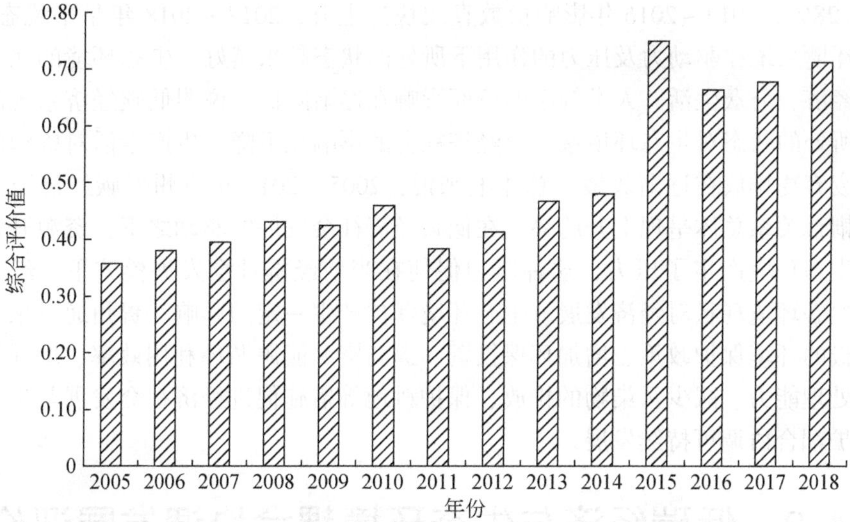

图 14-6　2005～2018 年贵州低碳经济与生态环境耦合关系综合评价指数

济与环境系统保护之间的矛盾逐渐得到缓解，表明在国家相关政策的支持和引导下，在促进经济发展、推进城市化进程的同时，贵州还制定和完善了生态环境相关制度措施，进一步促进了低碳经济和生态环境的耦合协调发展。

14.1.4　研究结论

低碳经济与生态环境是两个相互影响又相互关联的系统，本研究运用 DPSIR 模型，从驱动力、压力、状态、影响、响应五个方面进行贵州低碳经济与生态环境耦合协调发展机理研究。研究结果表明，2005～2018 年贵州低碳经济与生态环境耦合关系的 5 个指数测度中，驱动力指数、状态指数、响应指数总体呈现出上升态势，2005～2018 年，驱动力指数由 2005 年的 0.0549，逐年上升至 2018 年达到 0.2120，较 2005 年上升 286.16%，状态指数较 2005 年大幅上升，响应指数较 2005 年上升 2417.72%。2005～2018 年，研究区压力指数呈现波动态势，由 2005 年的 0.1214，下降到 2012 年的 0.0481，至 2012 年后波动平缓，2018 年达到 0.0973。较 2005 年来看，2012 年压力指数下降 60.38%，2018 年较 2005 年下降了 19.85%，说明人类相关的经济活动对生态环境造成的潜在影响、生态环境自然状态受人类相关活动的影响发生变化，随着人类在促进经济社会可持续发展的过程中采取的回应措施在不断地加大，压力指数随之下降。影响指数表现出波动下降变化趋势，2005～2010 年影响指数呈波动上升态势，至 2010 年增长 5.90%；2010～2014 年影响指数呈下降态势，从 0.1830 下降到 0.0617，降幅达到66.28%；2014～2016年影响指数直线快速上升，2017～2018年呈平稳态势。生态环境系统在驱动力及压力的作用下所处的状态越来越好，生态环境的状态对社会经济、公众生活、人类健康的负面影响在逐渐降低，说明低碳经济系统的压力和所处的状态对生态环境系统及经济社会的影响在下降。生产生活对资源的消耗和废弃物排放在逐渐放缓。总体上来说，2005～2018年贵州低碳经济与生态环境耦合关系总体呈现上升趋势，在低碳经济社会发展的驱动之下，资源开发利用对生态环境产生了压力，这种压力促使在当前经济社会发展模式下，经济社会、生态环境现状对经济发展、生态环境保护产生一定的影响。贵州通过采取制定积极的环境保护政策、增加环保投资、提高资源能源循环利用效率、增强污染物的处理能力、减少污染物的排放、保护耕地等措施促进经济社会发展与生态环境保护耦合协调可持续发展。

14.2 低碳经济与生态环境耦合协调发展评价

在经济发展的过程中需要注重生态环境保护，协调好经济发展和生态环境保护之间的关系，使经济效益、生态效益和社会效益最大化，进一步推动绿色发展，促进人与自然和谐共生。本节综合运用耦合度与耦合协调度模型，定量分析贵州2005～2018年经济发展与生态环境的耦合度、耦合协调度的动态变化情况，从时间维度上对贵州低碳经济与生态环境耦合协调发展响应机制进行研究。

14.2.1 评价指标的构建

贵州低碳经济与生态环境耦合协调发展评价需要构建评价指标体系，评价指标体系的构建必须遵循一定的原则。

（1）评价指标体系的构建原则

低碳经济和生态环境系统的耦合协调发展评价有庞大的指标体系，在不同的研究区，应结合研究区实际，尽可能地选取能全面、系统地反映当地的现状和客观事实的指标。因此，在构建贵州评价指标体系时，为得到较为准确的研究结果，应遵循以下原则（蒋清海，1995）。

1）完整性原则。不管是生态环境系统还是低碳经济系统，要想全面、完整地反映其具体变化，都需要多个指标共同作用，因此本节根据研究需要，在选取指标的过程中注重囊括不同层面的内容，使其能够充分展现系统内部和外部的变动情况，反映系统的完整性。

2）客观性原则。根据研究区实际情况，在选取评价指标时充分考虑各指标的客观性，并注重指标数据来源的科学性、准确性和合理性，为科学客观分析贵州生态环境系统与低碳经济系统的耦合协调性提供依据。

3）动态性原则。在选取贵州生态环境与低碳经济发展的评价指标时，充分考虑各指标的动态性，从而降低时间、区域、社会生活等因素所产生的影响，以减少评价系统的误差。

4）可操作性原则。在构建评价指标时，以指标数据的可获取性为前提，能够实施计算和分析，并能正确反映系统的特征。因此，本节选取的评价指标都对系统有一定的代表性，从而能够快速开展研究分析和评价。

（2）评价指标体系的构建

在参考低碳经济与生态环境耦合协调评价方面研究的前提下，总结和归纳已有研究取得的成就和有待深入研究的方面，明确构建评价指标体系的思路。同时，按照评价指标体系构建的原则，结合本研究区——贵州的具体情况，选取对系统内部和外部有重要影响的因子，整理构建贵州低碳经济与生态环境耦合协调发展的评价指标体系，低碳经济系统、生态环境系统分别选取 11 个评价指标，共 22 个评价指标，具体评价指标构建见表 14-3。

表 14-3　贵州低碳经济与生态环境耦合协调发展的评价指标体系

目标层	系统层	分类层	指标层	性质
低碳经济与生态环境耦合协调发展系统	低碳经济系统（E）	经济发展水平（E_1）	地区 GDP（X_1）	正向
			人均地区 GDP（X_2）	正向
			人均能源消费量（X_3）	正向
			常住总人口（X_4）	正向
			能源消费总量（X_5）	正向
		低碳发展水平（E_2）	碳排放总量（X_6）	负向
			人均碳排放量（X_7）	负向
			碳排放强度（X_8）	负向
			第三产业产值占 GDP 的比例（X_9）	正向
			单位 GDP 能源消费量（X_{10}）	负向
			低碳技术：碳生产率（X_{11}）	正向

续表

<table>
<tr><th>目标层</th><th>系统层</th><th>分类层</th><th>指标层</th><th>性质</th></tr>
<tr><td rowspan="11">低碳经济与生态环境耦合协调发展系统</td><td rowspan="11">生态环境系统（F）</td><td rowspan="6">环境污染（F_1）</td><td>二氧化硫排放量（Y_1）</td><td>负向</td></tr>
<tr><td>烟尘排放量（Y_2）</td><td>负向</td></tr>
<tr><td>废水排放总量（Y_3）</td><td>负向</td></tr>
<tr><td>氨氮排放量（Y_4）</td><td>负向</td></tr>
<tr><td>固体废弃物排放量（Y_5）</td><td>负向</td></tr>
<tr><td>化学需氧量（Y_6）</td><td>负向</td></tr>
<tr><td rowspan="5">环境保护（F_2）</td><td>森林覆盖率（Y_7）</td><td>正向</td></tr>
<tr><td>人均公园绿地面积（Y_8）</td><td>正向</td></tr>
<tr><td>固体废弃物综合利用率（Y_9）</td><td>正向</td></tr>
<tr><td>城市污水处理率（Y_{10}）</td><td>正向</td></tr>
<tr><td>环保投资（Y_{11}）</td><td>正向</td></tr>
</table>

14.2.2 指标数据来源及标准化

数据来源不同且不同数据的量纲也不同，基于研究需要，数据要先进行无量纲化处理。

（1）指标数据来源

基础数据主要来源于2006～2019年《贵州统计年鉴》《中国统计年鉴》，以及2005～2018年《贵州省国民经济和社会发展统计公报》《贵州省生态环境状况公报》等。特别需要说明的是，单位GDP能源消费量、人均碳排放量和碳生产率是通过对原始数据进行计算得到的。

（2）评价指标标准化处理

在构建贵州低碳经济系统与生态环境系统的评价指标时，各评价指标的单位不同，不方便比较分析和研究，为了保证研究结论客观性、科学性，对评价指标的原始数据进行无量纲化处理，将其处理成量纲相同的数值（张锦高和李忠武，2003）。目前，在该研究领域，标准化法、阈值法等方法经常使用。

在对数据进行无量纲化处理的基础上，综合考虑研究区实际状况及对结果的影响，将选取的指标主要分为正向指标和负向指标。标准化处理的步骤如下：

$$y_i' = \frac{y_i - \min y_i}{\max y_i - \min y_i}（y_i \text{ 为正向指标}）$$

$$y_i' = \frac{\max y_i - y_i}{\max y_i - \min y_i}（y_i \text{ 为负向指标}） \tag{14-6}$$

式中，y_i 为各系统第 i 项指标的实际值；y'_i 为第 i 项指标值的标准化值；$\max y_i$ 和 $\min y_i$ 分别为第 i 项指标的最大值和最小值。

根据式（14-6）对选取的贵州低碳经济系统与生态环境系统评价指标数据进行标准化处理，结果见表 14-4。

表 14-4　贵州低碳经济系统与生态环境系统各评价指标标准化值

指标	2005年	2006年	2007年	2008年	2009年	2010年	2011年	2012年	2013年	2014年	2015年	2016年	2017年	2018年
X_1	0.00	0.03	0.07	0.12	0.15	0.20	0.29	0.38	0.48	0.57	0.67	0.76	0.90	1.00
X_2	0.00	0.03	0.07	0.13	0.16	0.22	0.31	0.40	0.50	0.59	0.68	0.78	0.91	1.00
X_3	0.00	0.10	0.20	0.27	0.39	0.54	0.74	0.90	0.77	0.85	0.89	0.93	0.97	1.00
X_4	1.00	0.85	0.62	0.49	0.26	0.04	0.00	0.06	0.13	0.15	0.23	0.33	0.43	0.50
X_5	0.00	0.10	0.18	0.23	0.34	0.47	0.66	0.83	0.71	0.79	0.84	0.90	0.96	1.00
X_6	1.00	0.89	0.80	0.74	0.63	0.48	0.27	0.08	0.22	0.12	0.07	0.18	0.14	0.00
X_7	1.00	0.89	0.78	0.70	0.57	0.40	0.18	0.00	0.15	0.06	0.02	0.15	0.12	0.00
X_8	0.00	0.10	0.27	0.43	0.46	0.53	0.61	0.67	0.80	0.85	0.89	0.95	0.99	1.00
X_9	0.00	0.33	0.66	0.75	0.94	0.85	1.00	0.91	0.82	0.56	0.59	0.57	0.60	0.76
X_{10}	0.00	0.11	0.16	0.24	0.27	0.33	0.57	0.60	0.73	0.76	0.81	0.95	0.98	1.00
X_{11}	0.00	0.03	0.08	0.15	0.16	0.20	0.26	0.32	0.48	0.56	0.65	0.82	0.96	1.00
Y_1	0.12	0.00	0.10	0.25	0.32	0.35	0.40	0.47	0.53	0.59	0.67	0.90	0.86	1.00
Y_2	0.07	0.58	0.42	0.69	0.26	0.44	0.45	0.42	0.57	0.00	0.46	0.88	0.92	1.00
Y_3	0.95	1.00	0.95	0.94	0.90	0.88	0.66	0.48	0.46	0.23	0.20	0.36	0.13	0.00
Y_4	0.96	0.94	0.95	0.95	0.97	1.00	0.00	0.05	0.06	0.08	0.15	0.18	0.24	0.31
Y_5	1.00	0.83	0.80	0.83	0.57	0.41	0.51	0.48	0.41	0.55	0.61	0.49	0.21	0.00
Y_6	0.90	0.84	0.86	0.90	0.94	1.00	0.00	0.07	0.10	0.12	0.18	0.64	0.52	0.50
Y_7	0.00	0.49	0.49	0.49	0.49	0.50	0.53	0.70	0.73	0.76	0.79	0.85	0.95	1.00
Y_8	0.12	0.00	0.00	0.02	0.05	0.12	0.14	0.26	0.40	0.48	0.58	0.80	0.94	1.00
Y_9	0.00	0.06	0.11	0.19	0.38	0.55	0.61	0.88	0.54	0.75	0.84	0.85	0.68	1.00
Y_{10}	0.00	0.00	0.11	0.14	0.29	0.74	0.84	0.86	0.88	0.91	0.95	0.95	0.96	1.00
Y_{11}	0.00	0.00	0.11	0.12	0.24	0.37	0.48	0.42	0.66	0.93	0.84	0.95	0.91	1.00

14.2.3 指标权重的确定及计算

指标权重的准确性对研究结果的可靠性具有重要的意义。当前，确定指标权重的方法主要有①由专家打分的主观赋权法，具体包括层析分析法、德尔菲法和变异系数法；②通过数学计算公式计算分析的客观赋权法，具体包括主成分分析法、熵值法和变异系数法等（保金花和黄勇，2008）。基于数据的可得性和计算的可操作性，本研究采取变异系数法。变异系数法是基于标准化处理的数据，采用变异系数法固定的计算公式计算出指标的权重。该权重可以充分反映被评价指标的差距（马辉，2009）。各项指标权重的计算步骤和方法如下。

1）各项指标的变异系数公式：

$$V_i = \frac{\sigma_i}{\bar{x}_i} \quad i = 1,2,\cdots,n \tag{14-7}$$

式中，V_i 为第 i 项指标的变异系数；σ_i 为标准化后第 i 项指标的标准差；$\bar{x}_i$ 为标准化后第 i 项指标的平均数。

2）各项指标的权重：

$$W_i = \frac{V_i}{\sum_{i=1}^{n} V_i} \quad i = 1,2,\cdots,n \tag{14-8}$$

通过对以上公式的计算，得出各项指标的权重如表 14-5 所示。

表 14-5　贵州低碳经济系统与生态环境系统各指标权重值

系统层	分类层	指标层	权重
低碳经济系统（E）	经济发展水平（E_1）	地区 GDP（X_1）	0.1049
		人均地区 GDP（X_2）	0.1025
		人均能源消费量（X_3）	0.0725
		常住总人口（X_4）	0.1057
		能源消费总量（X_5）	0.0759
	低碳发展水平（E_2）	碳排放总量（X_6）	0.1081
		人均碳排放量（X_7）	0.1257
		碳排放强度（X_8）	0.0675

续表

系统层	分类层	指标层	权重
低碳经济系统(E)	低碳发展水平(E_2)	第三产业产值占 GDP 的比例(X_9)	0.0498
		单位 GDP 能源消费量(X_{10})	0.0810
		低碳技术：碳生产率(X_{11})	0.1064
生态环境系统(F)	环境污染(F_1)	二氧化硫排放量(Y_1)	0.0900
		烟尘排放量(Y_2)	0.0781
		废水排放总量(Y_3)	0.0833
		氨氮排放量(Y_4)	0.1202
		固体废弃物排放量(Y_5)	0.0646
		化学需氧量(Y_6)	0.0947
	环境保护(F_2)	森林覆盖率(Y_7)	0.0555
		人均公园绿地面积(Y_8)	0.1382
		固体废弃物综合利用率(Y_9)	0.0849
		城市污水处理率(Y_{10})	0.0890
		环保投资(Y_{11})	0.1015

由表 14-5 可以看出，在低碳经济系统中，地区 GDP、人均地区 GDP 和常住总人口、碳排放总量、人均碳排放量、碳生产率的权重值均大于低碳经济系统的权重平均值 0.0909，对经济发展有较大影响；而在生态环境系统中，氨氮排放量、化学需氧量、人均公园绿地面积和环保投资的权重值大于环境系统的平均权重值 0.0909，对生态环境系统的贡献度较大。

14.2.4 模型构建与计算

(1) 发展指数模型构建与计算分析

综合指数对于全面评价低碳经济与生态环境耦合协调具有重要作用，它可以直观地反映两者之间的动态变化和存在的问题。

参考钟霞和刘毅华（2012）对城市经济与生态环境耦合模型的研究，构建贵州低碳经济与生态环境系统综合评价模型。贵州低碳经济系统指数、生态环境系统指数及系统综合发展指数评价函数分别构建如下：

$$f(x) = \sum_{i=1}^{n} a_i x'_i \tag{14-9}$$

$$f(y)=\sum_{i=1}^{m} b_i y'_i \tag{14-10}$$

$$T=\alpha f(x)+\beta f(y) \tag{14-11}$$

式中，a_i、b_i 分别为第 i 项指标的权重值；x'_i、y'_i 为第 i 项指标的标准化值；$f(x)$ 为低碳经济系统的综合评价值；$f(y)$ 为生态环境系统的综合评价值，两个系统评价的变化区间为 [0，1]，数值越大，表明系统层的指标水平越高；T 为贵州低碳经济与生态环境评价系统综合发展指数，反映了贵州低碳经济与生态环境系统整体效益水平；α、β 为待定系数，此处取值为 $\alpha=\beta=0.5$。2005～2018 年贵州低碳经济系统指数、生态环境系统指数及系统综合发展指数的动态变化分析结果如图 14-7～图 14-9 所示。

从图 14-7 可以看出，2005～2018 年贵州低碳经济系统指数表现出逐年上升的趋势，上升幅度为 105.88%，年均上升了 5.71%，最低值为 2005 年的 0.34，最高值出现在 2018 年，为 0.70，是 2005 年的 2.06 倍，说明随着工业化、城镇化快速推进，贵州低碳经济发展水平在不断提高。

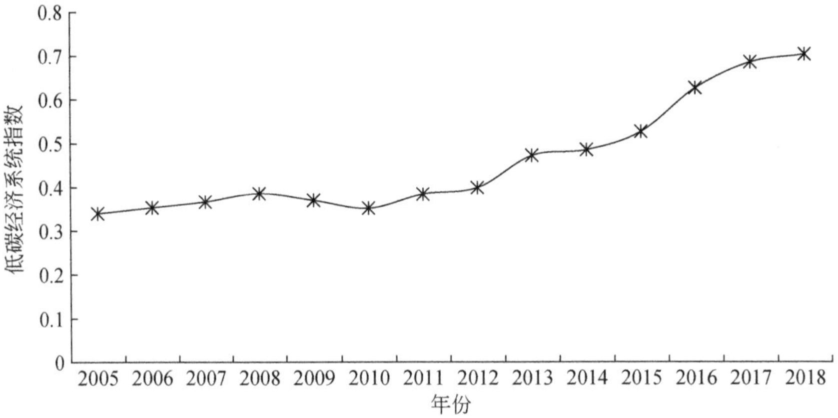

图 14-7　2005～2018 年贵州低碳经济系统指数动态变化

2005～2018 年贵州生态环境系统指数表现出波动上升趋势（图 14-8），总体上升幅度为 89.47%，年均上升了 5.04%。生态环境系统指数 2005 年的值最低，为 0.38，2018 年的值最高，达到 0.72，为 2005 年的 1.89 倍。研究结果表明，“十一五”以来，贵州政府加大了对生态环境建设和保护的资金投入力度，取得了明显的成就，但在贵州经济快速发展的同时，生态环境保护力度有待进一步加强。

从图 14-9 分析结果中可以得出，2005～2018 年，贵州低碳经济和生态环境系统综合发展指数表现出持续上升的趋势，由 2005 年的 0.36 上升到 2018 年的

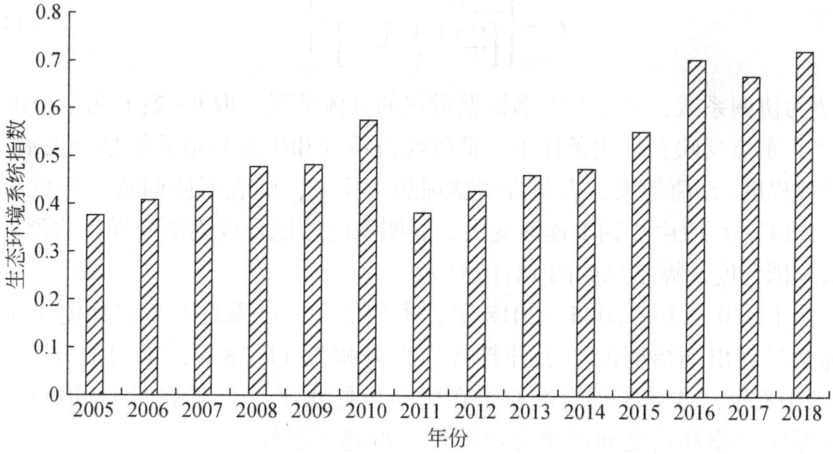

图 14-8　2005 ~ 2018 年贵州生态环境系统指数动态变化

0.71，上升幅度为 97.22%，年均上升了 5.36%，结果表明低碳经济和生态环境系统综合发展能力整体处于稳定发展状态且在不断增强，同时也体现出贵州经济发展速度加快、环境保护力度加强及环境治理力度加大。

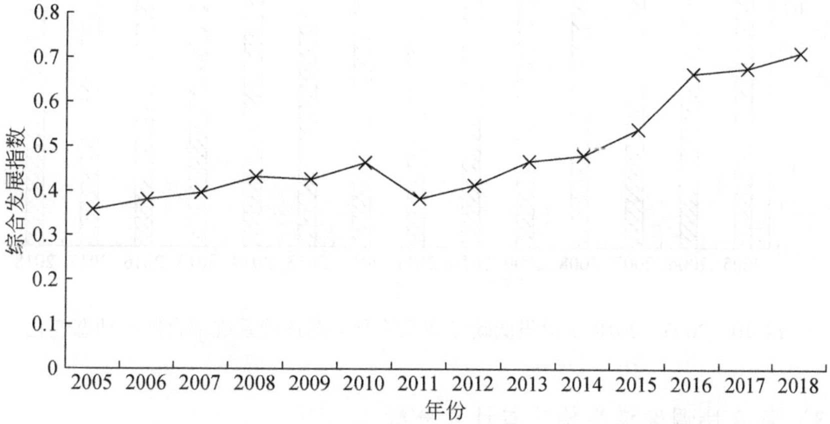

图 14-9　2005 ~ 2018 年贵州低碳经济与生态环境系统综合发展指数动态变化

（2）耦合度模型构建与计算分析

耦合度可衡量整个系统的发展状况，因此本书参考物理学中的耦合概念和理论，将其推广至多系统之间进行相互作用的耦合度计算模型（鲁明月，2014），即

$$C = \left\{ \frac{f(x)f(y)}{\left[\frac{f(x) + f(y)}{2}\right]^2} \right\}^k \tag{14-12}$$

式中，k 为协调系数，$k \geqslant 2$，本书根据贵州的具体情况，取 $k=2$；C 为耦合度，$C=[0, 1]$，重点反映在现实条件下，低碳经济系统和生态环境系统耦合发展水平、协调发展程度。C 值越大，表明协调越理想；反之，则表明协调越不理想（熊建新等，2014）。C 值由 0 到 1 逐渐变大，表明系统的耦合度逐渐变强，达到有序结构。系统耦合度计算结果如图 14-10 所示。

从图 14-10 可知，2005～2018 年，贵州低碳经济系统和生态环境系统耦合度总体上呈现出小幅度波动上升趋势，上升幅度 11.28%，年均上升 0.83%，2011～2018 年，两系统耦合度稳定在优质良好水平。分析表明 14 年间贵州低碳经济系统生态环境之间的耦合协调性变得越来越好。

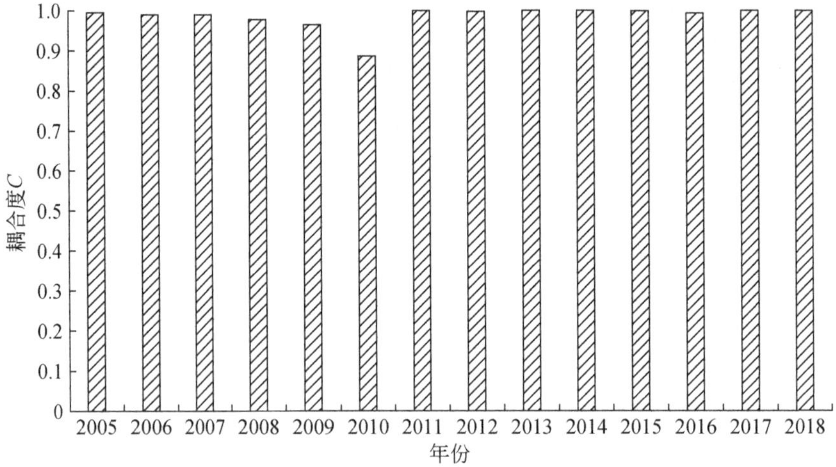

图 14-10　2005～2018 年贵州低碳经济系统和生态环境系统耦合度的动态变化

（3）耦合协调度模型构建与计算分析

耦合度不能很好地反映协调水平的高低（杨峰和孙世群，2010），为更好地判断贵州低碳经济系统、生态环境系统交互耦合协调度，引入耦合协调度模型，其公式如下：

$$D = \sqrt{CT} \tag{14-13}$$

式中，C 为耦合度；D 为耦合协调度；T 为系统耦合协调度。计算结果如图 14-11 所示。

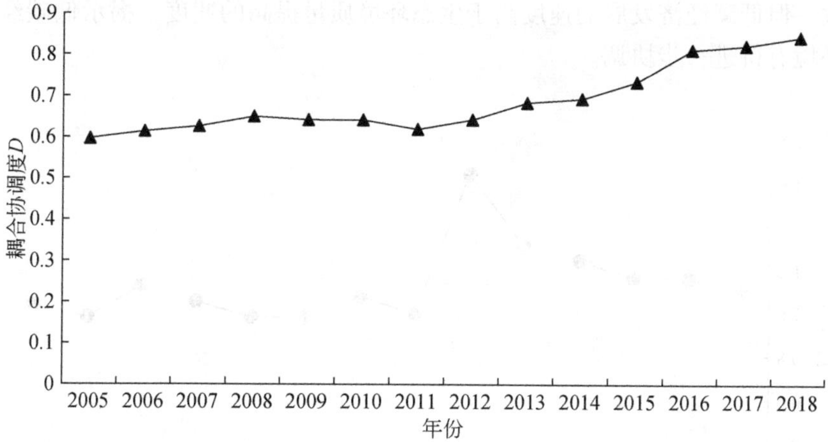

图 14-11　2005～2018 年贵州低碳经济系统和生态环境系统耦合协调度的动态变化

图 14-11 的计算结果表明，2005～2018 年贵州低碳经济系统和生态环境系统耦合协调度总体上表现出上升的趋势，从 2005 年的 0.60 上升到 2018 年的 0.84，上升幅度为 40.00%，年均上升了 2.62%，表明贵州低碳绿色循环经济发展取得一定成效，低碳经济系统与生态环境系统耦合协调发展水平在逐渐提高。

14.2.5　系统耦合协调发展评价

（1）综合发展指数

综合发展指数反映低碳经济系统或生态环境系统整体发展的稳定状态，为了更好地分析低碳经济系统与生态环境系统的动态变化，运用生态环境系统指数与低碳经济系统指数的比值［$f(y)/f(x)$］来进行进一步的分析，其统计分析结果如图 14-12 所示。

由图 14-12 可以看出，2005～2018 年贵州生态环境系统指数与低碳经济系统指数的比值呈波动下降趋势。具体来看，2005 年，二者的比值为 1.11，说明贵州的环境质量总体较好，但是低碳经济发展相对滞后。随着“十一五”规划的结束和“十二五”规划的到来，二者的比值从 1.64 下降到 0.99，且“十二五”期间其值小于 1，表明生态环境质量逐渐落后于低碳经济发展，但是“十三五”期间，其值又逐渐大于 1，说明随着低碳经济的发展，生态环境质量又逐渐引起重视。总体来看，在低碳经济快速发展的过程中，贵州生态环境保护取得了一定的成效，但低碳经济发展的速度高于生态环境质量提高的速度，揭示低碳经济与生态环境有待进一步协调。

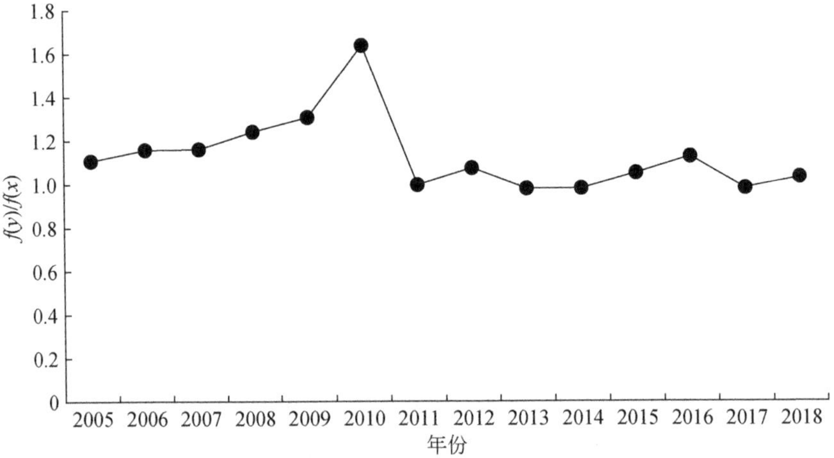

图 14-12　2005 ~ 2018 年贵州低碳经济系统指数与生态环境系统指数的比值的动态变化

(2) 耦合度

耦合度是度量两个系统之间相互关系强弱程度的指标，是对系统间相互关系的量化表示。2005 ~ 2018 年，贵州低碳经济系统和生态环境系统的耦合度在总体上呈波动上升的趋势，$0.88 \leqslant C \leqslant 1$，结合表 14-6 耦合度等级划分得出，贵州低碳经济系统和生态环境系统之间的耦合度为良好—优质水平耦合，这说明低碳经济系统与生态环境系统之间耦合度较高，研究区在发展低碳经济的同时注重对生态环境的保护，森林覆盖率由 2005 年的 23.8% 增加到 2018 年的 57.0%，同时环保投入一直在加大，这在很大程度上减少了经济发展对生态环境的污染。但贵州低碳经济系统与生态环境系统耦合度整体上还没有完全达到优质耦合水平，且不稳定。究其原因是随着新一轮的西部大开发，贵州工业化、城镇化水平不断推进，进而带动了贵州经济快速发展，2005 ~ 2018 年，贵州 GDP 约翻了 7 倍；但是，随之而来的还有资源、能源的大量消耗，以及废弃物排放量的增加。因此，研究区在经济发展的过程中需进一步加强环境保护，促进经济系统和环境系统优质耦合稳定发展。

表 14-6 低碳经济与生态环境系统耦合度等级分类

耦合度	0~0.39	0.40~0.49	0.50~0.59	0.60~0.69	0.70~0.79	0.80~0.89	0.90~1.00
耦合等级	极不耦合	不耦合	勉强耦合	初级耦合	中级耦合	良好耦合	优质耦合

(3) 耦合协调度

1) 耦合协调度的等级划分标准。耦合协调度是一项反映低碳经济系统与生态环境系统协调发展水平的综合性指标，当今学者主要是运用均匀分布函数法划定分类体系及判别标准（黄梦圆等，2015）。为了更好地评价贵州低碳经济系统与生态环境系统耦合协调发展水平高低，本节主要参考廖崇斌（2005）对环境与经济协调发展的定量评判及其分类体系，即均匀分布函数法（表 14-7），对低碳经济系统与生态环境系统的耦合协调水平进行等级划分，以更好地说明贵州低碳经济与生态环境耦合协调发展的程度。

表 14-7 低碳经济系统与生态环境耦合协调度等级划分

耦合协调度 D	耦合协调等级	耦合协调度 D	耦合协调等级
0~0.09	极度失调衰退型	0.50~0.59	勉强协调发展型
0.10~0.19	严重失调衰退型	0.60~0.69	初级协调发展型
0.20~0.29	中度失调衰退型	0.70~0.79	中级协调发展型
0.30~0.39	轻度失调衰退型	0.80~0.89	良好协调发展型
0.40~0.49	濒临失调衰退型	0.90~1.00	优质协调发展型

2) 贵州低碳经济系统与生态环境系统耦合协调度评价。2005~2018 年，贵州低碳经济系统和生态环境系统的耦合协调度总体上表现出不断上升的趋势，$0.60 \leqslant D \leqslant 1$，结合表 14-7 耦合协调度等级划分得出，贵州低碳经济系统和生态环境系统的耦合协调发展整体处于从初级协调发展型、中级协调发展型向良好协调发展型和优质协调发展型演变的状态，说明贵州低碳经济系统与生态环境系统的耦合协调发展水平在不断提高。这是因为节能减排工作在“十一五”” 十二五“期间取得一定成效。同时，国家和政府大力倡导和实施低碳绿色发展制度，从而减小了低碳经济系统对生态环境系统的影响，两者间的耦合协调度也在上升，其耦合协调性达到优质协调发展型。但为保证贵州低碳经济系统与生态环境系统一直处于优质协调发展型，需不断促进经济社会的低碳可持续发展。

14.2.6 研究结论

本章运用变异系数赋权法和动态耦合理论模型对贵州 2005~2018 年低碳经

济系统与生态环境系统耦合协调性动态演变机理进行了系统的评价分析，研究主要结论如下：①按照评价指标体系构建的原则，结合研究区的实际，构建贵州低碳经济系统与生态环境系统耦合协调发展评价指标体系，共22个指标。评价结果表明，研究区低碳经济系统指数、生态环境系统指数及系统综合发展指数均呈现出上升的趋势，分别由2005年的0.34、0.38及0.36上升至2018年的0.70、0.72及0.71，分别上升了105.88%、89.47%及97.22%，低碳经济系统上升幅度明显高于生态环境系统。②2005～2018年，贵州低碳经济系统与生态环境系统动态耦合度总体上表现出波动上升的趋势，$0.88 \leqslant C \leqslant 1.0$，整体处于良好水平耦合状态，整体上还没有达到优质水平耦合，且不稳定。③2005～2018年，贵州低碳经济系统和生态环境系统的动态耦合协调度总体上表现出不断跃升的趋势，$0.60 \leqslant D \leqslant 1$，整体处于从初级协调发展型、中级协调发展型向良好协调发展型和优质协调发展型演变的状态，但低碳经济系统与生态环境系统耦合协调度较低，生态环境整体比较脆弱，系统耦合协调发展水平有待进一步提高。

14.3 低碳经济系统与生态环境系统耦合协调发展预测

本节以2005～2018年贵州低碳经济系统与生态环境系统耦合度与耦合协调度为基础，运用灰色预测模型对2019～2030年贵州低碳经济系统与生态环境系统耦合度与耦合协调度进行计算，并分析其发展趋势与原因。

14.3.1 灰色预测模型的构建

灰色预测法步骤如下。

设原始序列为$x^{(0)}=[x^{(0)}(1), x^{(0)}(2), \cdots, x^{(0)}(n)]$，$x^{(0)}(k) \geqslant 0$，$k=1, 2, \cdots, n$；对序列$x^{(0)}$进行一次累加形成$n$个数列的新序列（李志超和刘升，2020）：

$$x^{(1)} = [x^{(1)}(1), x^{(1)}(2), \cdots, x^{(1)}(n)]$$

$$x^{(1)}(k) = \sum_{i=1}^{k} x^{(0)}(i) \quad k = 1,2,\cdots,n \tag{14-14}$$

GM（1，1）模型是由一个包含变量的一阶微分方程构成的动态模型：

$$x^{(0)}(k) + a_z^{(1)}(k) = b \quad k = 1,2,3,\cdots,n \tag{14-15}$$

对$x^{(1)}$作近邻均值生成序列$z^{(1)}$，即$z^{(1)}(k) = 0.5[x^{(1)}(k) - x^{(1)}(k-1)]$：

$$z^{(1)}(k) = [z^{(1)}(1), z^{(1)}(2), \cdots, z^{(1)}(n)] \quad k = 1,2,\cdots,n \tag{14-16}$$

由灰色系统理论，得出GM（1，1）的白化微分方程模型为

$$\frac{dx^{(1)}}{dt} + ax^{(1)} = b \tag{14-17}$$

式中，a、b 为待定系数，$a,\ b \in (-2,\ 2)$。应用最小二乘法参数序列 $\hat{\boldsymbol{a}} = [a,\ b]^{\mathrm{T}} = (\boldsymbol{B}^{\mathrm{T}}\boldsymbol{B})^{-1}\boldsymbol{B}^{\mathrm{T}}\boldsymbol{Y}$ 求解可得：

$$\hat{\boldsymbol{a}} = (a,b)^{\mathrm{T}} = (\boldsymbol{B}^{\mathrm{T}}\boldsymbol{B})^{-1}\boldsymbol{B}^{\mathrm{T}}\boldsymbol{Y}_n \tag{14-18}$$

其中，

$$\boldsymbol{B} = \begin{bmatrix} -Z^{(1)}(2),1 \\ -Z^{(1)}(2),1 \\ \vdots \\ -Z^{(1)}(n),1 \end{bmatrix} = \left\{ \begin{matrix} -\frac{1}{2}[x^{(1)}(1) + x^{(1)}(2)],1 \\ -\frac{1}{2}[x^{(1)}(2) + x^{(1)}(3)],1 \\ \vdots \\ -\frac{1}{2}[x^{(1)}(n-1) + x^{(1)}(n)],1 \end{matrix} \right\} \tag{14-19}$$

$$\boldsymbol{Y}_n = \begin{bmatrix} x^{(0)}(2) \\ x^{(0)}(3) \\ \vdots \\ x^{(0)}(n) \end{bmatrix}$$

确定 GM（1，1）模型时间响应式：

$$\hat{\boldsymbol{a}}^{(1)}(k+1) = \left[x^{(0)}(1) - \frac{b}{a}\right]e^{-ak} + \frac{b}{a} \tag{14-20}$$

求 $x^{(-1)}$ 的模拟值：

$$\begin{aligned} x^{(1)} &= [x^{(1)}(1),\ x^{(1)}(2),\ \cdots,\ x^{(1)}(n)] \\ &= [x^{(0)}(1),\ x^{(1)}(1) + x^{(1)}(2),\ \cdots,\ x^{(1)}(n-1) + x^{(0)}(n)] \end{aligned} \tag{14-21}$$

还原模拟值：

$$\hat{x}^{(0)}(k+1) = \hat{x}^{(1)}(k+1) - \hat{x}^{(1)}(k) \tag{14-22}$$

检验误差。为确保所建灰色预测模型有较高的预测精度和可信度，需要进行残差检验及后验差检验。

第一，残差检验。

分别求出 $x^{(0)}(k)$ 与 $\hat{x}^{(0)}(k)$ 的残差序列 $e^{(0)}(k)$ 、相对误差序列 Δk 和平均相对误差 $\overline{\Delta}$：

$$e^{(0)}(k) = x^{(0)}(k) - \hat{x}^{(0)}(k) \tag{14-23}$$

$$\Delta_k = \left|\frac{e(k)}{x^{(0)}(k)}\right| \times 100\% \tag{14-24}$$

$$\overline{\Delta} = \frac{1}{n}\sum_{k=1}^{n}\Delta_k \tag{14-25}$$

第二，后验差检验，步骤如下。

步骤1：求出原始数据平均值 $\bar{x}$ 及残差平均值 $\bar{e}$ 。

$$\bar{x}=\frac{1}{n}\sum_{k=1}^{n} x^{(0)}(k) \tag{14-26}$$

$$\bar{e}=\frac{1}{n-1}\sum_{k=2}^{n} x^{(0)}(k) \tag{14-27}$$

步骤2：求出原始数据方法 S_1^2 、残差方差 S_2^2 及其后验差比值 C 和小误差概率 P 。

$$S_1^2=\frac{1}{n}\sum_{k=1}^{n}\left[x^{(0)}(k)-\bar{x}\right]^2 \tag{14-28}$$

$$S_2^2=\frac{1}{n-1}\sum_{k=2}^{n}\left[e^{(0)}(k)-\bar{e}\right]^2 \tag{14-29}$$

$$C=\frac{S_2}{S_1},P=p\{\mid e^{(0)}(k)-\bar{e}\mid<0.6745\,S_1\} \tag{14-30}$$

令 $\varepsilon_k=\mid e^{(0)}(k)-\bar{e}\mid$ ，$S_0=0.6745\,S_1$ ，则 $P=P\{\varepsilon_k<S_0\}$ 。

根据灰色系统理论，通常残差序列 $e^{(0)}(k)$ 、相对误差 Δ_k 、后验差比值 C 三者越小越好，小误差概率 P 值越大越好。当发展灰度 $a\in[-0.3, 2)$ ，则所建GM（1，1）模型的一步预测精度在98%以上。

1) $C=S_1/S_2$ 为后验差比值，对于给定的 $C_0>0$，当 $C<C_0$ 时，称模型为后验差比合格模型；

2) $P=p(\mid\varepsilon(k)-\bar{\varepsilon}\mid<0.6745\,S_1)$ 称为小误差概率；对于给定的 $P_0>0$，当 $P>P_0$ 时，称模型为小误差概率合格模型。表14-8给出了模型精度检验等级参照表（王弘宇等，2004；赵爱文和李东，2012）。

表14-8　模型精度检验等级参照表

指标临界值精度等级	后验差比值 C	小误差概率 P_0
一级（优秀）	≤0.35	≥0.95
二级（良好）	$0.35<C\leq 0.50$	$0.80\leq P<0.95$
三级(勉强)	$0.50<C\leq 0.65$	$0.70\leq P<0.80$
四级(不合格)	>0.65	<0.70

通常情况下，常用的是相对误差检验指标。当原始GM（1，1）模型精度未能达到进行中长期趋势预测要求时，可以根据实际情况对原始GM（1，1）模型进行改进，如王弘宇等（2004）建立了灰色新陈代谢GM（1，1）需水量预测模型，以弥补传统GM（1，1）在进行中长期预测时的不足，并对北方某缺水城市

未来 10 年的需水量进行了预测。李梦婉和沙秀艳（2016）在传统 GM（1，1）模型的基础上，给出了基于求解优化和多项式拟合优化相结合的改进灰色等维动态预测方法，使研究结果达到更高精度标准。

14.3.2 低碳经济与生态环境耦合协调发展趋势预测

低碳经济指数原始序列为

$$x^{(0)} = (0.3395, 0.3527, 0.3661, 0.3851, 0.3693, 0.3512, 0.3832, 0.3981, 0.4717, 0.4847, 0.5261, 0.6254, 0.684, 0.7014)$$

生态经济指数原始序列为

$$x^{(0)} = (0.3759, 0.4083, 0.4248, 0.4777, 0.4823, 0.5751, 0.3819, 0.4275, 0.4616, 0.475, 0.5525, 0.7042, 0.6700, 0.7225)$$

通过上节建立的灰色预测模型，可得低碳经济预测模型方程为

$$x(k+1) = 4.180\,98e^{0.068\,893\,9k} - 3.841\,48 \tag{14-31}$$

生态环境预测方程为

$$x(k+1) = 8.162\,17e^{0.046\,336\,9k} - 7.786\,31 \tag{14-32}$$

由式（14-31）和式（14-32）可得贵州 2005～2018 年低碳经济与生态环境实际值和预测值的比较结果（表 14-9 和表 14-10）。

表 14-9 2005～2018 年贵州低碳经济实际值与预测值比较

年份	实际值	预测值	绝对误差	相对误差
2005	0.3395			
2006	0.3527	0.2982	−0.0545	−0.1545
2007	0.3661	0.3195	−0.0466	−0.1273
2008	0.3851	0.3423	−0.0428	−0.1111
2009	0.3693	0.3667	−0.0026	−0.0070
2010	0.3512	0.3928	0.0416	0.1185
2011	0.3832	0.4208	0.0376	0.0981
2012	0.3981	0.4508	0.0527	0.1324
2013	0.4717	0.4830	0.0113	0.0240
2014	0.4847	0.5174	0.0327	0.0675
2015	0.5261	0.5544	0.0283	0.0538
2016	0.6254	0.5939	−0.0315	−0.0504
2017	0.6840	0.6362	−0.0478	−0.0699

续表

年份	实际值	预测值	绝对误差	相对误差
2018	0.7014	0.6816	-0.0198	-0.0282

表 14-10　2005 ~ 2018 年贵州生态环境实际值与预测值比较

年份	实际值	预测值	绝对误差	相对误差
2005	0.3795			
2006	0.4083	0.3871	-0.0212	-0.0519
2007	0.4248	0.4055	-0.0193	-0.0454
2008	0.4777	0.4247	-0.053	-0.1109
2009	0.4823	0.4448	-0.0375	-0.0778
2010	0.5751	0.4659	-0.1092	-0.1899
2011	0.3819	0.4880	0.1061	0.2778
2012	0.4275	0.4511	0.0236	0.0552
2013	0.4616	0.5354	0.0738	0.1599
2014	0.4750	0.5608	0.0858	0.1806
2015	0.5525	0.5874	0.0349	0.0632
2016	0.7042	0.6153	-0.0889	-0.1262
2017	0.6700	0.6445	-0.0255	-0.0381
2018	0.7225	0.6750	-0.0475	-0.0657

值得说明的是，由于生态环境小误差概率小于 0.95，为了使 2019 ~ 2030 年贵州的生态环境预测值更加趋向真实，体现研究结果的统一性和精确性，采用新陈代谢 GM（1，1）模型（王弘宇等，2004）对 2019 ~ 2030 年低碳经济和生态环境进行预测分析，预测结果如表 14-11 所示。

表 14-11　2019 ~ 2030 年贵州低碳经济与生态环境耦合度与耦合协调度预测结果

年份	$f(x)$	$g(y)$	C	D
2019	0.7302	0.7070	0.9995	0.8475
2020	0.7926	0.7445	0.9980	0.8758
2021	0.8628	0.7854	0.9956	0.9058
2022	0.9429	0.8373	0.9930	0.9401
2023	1.0263	0.8942	0.9906	0.9753
2024	1.1095	0.9735	0.9915	1.0162

续表

年份	$f(x)$	$g(y)$	C	D
2025	1. 1989	1. 0272	0. 9881	1. 0487
2026	1. 2905	1. 0834	0. 9848	1. 0812
2027	1. 3949	1. 1404	0. 9799	1. 1146
2028	-1. 5023	1. 1934	0. 9739	1. 1457
2029	1. 6160	1. 2521	0. 9681	1. 1782
2030	1. 7478	1. 3344	0. 9643	1. 2191

14. 3. 3 预测结果分析

(1) 耦合度分析

由表 14-11 可得，根据 2005 ~ 2018 年的低碳经济系统指数与生态环境系统指数预测的 2019 ~ 2030 年贵州低碳经济系统指数与生态环境系统指数呈不断上升趋势，但是在上升过程中，两者的耦合度却在下降，表明两者在发展过程中的差距越来越大。低碳经济系统指数的上升速度明显快过生态环境系统指数的上升速度。根据耦合度等级划分，2019 ~ 2030 年贵州低碳经济系统与生态环境系统达到优质耦合水平。低碳经济系统指数和生态环境系统指数的增长得益于近几年贵州大力深化“放管服”改革，全力优化营商环境政策措施，吸引低排放、低污染的企业来建厂；并积极调整产业结构，加大资金扶持力度，鼓励本地企业提高生产技术，变高排放为低排放；注重环境质量的提高，坚持推进蓝天保卫战、碧水保卫战、净土保卫战等改善生态环境质量的措施。

(2) 耦合协调度分析

由表 14-11 中的预测值可以看出，2019 ~ 2030 年贵州低碳经济与生态环境耦合协调度一直在不断上升，从耦合度等级划分角度来讲，2019 ~ 2020 年，低碳经济系统与生态环境系统为良好耦合水平，自 2021 年起，低碳经济系统与生态环境系统一直处在优质耦合水平，表明贵州按照现有发展模式持续发展，在不出现突发性自然灾害的情况下，其低碳经济发展水平会不断提高，生态环境质量持续性向好，这表明在未来的十几年中贵州产业结构将不断升级，低碳技术水平将取得巨大进步。低碳经济系统指数和生态环境系统指数不断上升，同时两者的耦合协调度也在不断上升，提示贵州未来的经济发展水平不断提高，人民收入持续增加，生活水平随之提高，每家每户能过上小康生活，与此同时，贵州的生态环境质量也在不断提高，绿水青山越来越多，可以吸引更多的国内外游客前往贵州旅游，促进研究区经济社会低碳绿色可持续发展，人们的幸福指数不断攀升。

14.4 本章小结

本章通过构建 DPSIR 模型，从驱动力、压力、状态、影响、响应五个方面研究贵州低碳经济系统与生态环境系统之间耦合协调发展的机理；构建低碳经济系统与生态环境系统耦合关系的评价指标体系、两者的发展函数模型、耦合度和耦合协调度模型，对 2005～2018 年贵州低碳经济系统指数和生态环境系统指数进行测算，并对两者的耦合度和耦合协调度动态变化进行测算和分析，在此基础上，通过构建灰色 GM（1，1）预测模型，对 2019～2030 年贵州低碳经济系统指数和生态环境系统指数的耦合度和耦合协调度进行了预测。研究主要结论如下：①依据评价指标体系构建原则和因地制宜原则，根据贵州实际情况，建立贵州 DPSIR 模型，从驱动力、压力、状态、影响、响应五个方面共选择 22 个指标对贵州低碳经济系统与生态环境系统之间的耦合协调发展机理进行评价。评价结果表明，2005～2018 年贵州低碳经济系统与生态环境系统耦合关系的 5 个指数测度中，驱动力指数、状态指数、响应指数总体呈现出上升态势，压力指数、影响指数呈波动下降趋势。②依据构建的贵州低碳经济系统和生态环境系统耦合协调评价指标体系，可以得出 2005～2018 年贵州低碳经济系统指数、生态环境系统指数、两系统综合发展指数、耦合度及耦合协调度呈波动上升态势，低碳经济系统指数的上升速率高于生态环境系统指数的上升速率，年均分别上升了 5.71% 和 5.04%，表明贵州在快速发展低碳经济的过程中，其环境保护也取得了一定的成效，但低碳经济发展速度高于生态环境质量提高的速度；从耦合度和耦合协调度来看，2005～2018 年贵州低碳经济和生态环境整体处于从初级协调发展型、中级协调发展型向良好协调发展型和优质协调发展型演变的状态。③通过运用改进的灰色预测模型 GM（1，1）对贵州 2019～2030 年低碳经济系统指数和生态环境系统指数进行了预测，预测结果表明 2019～2030 年贵州低碳经济系统指数和生态环境系统指数都在不断上升，但低碳经济系统指数的上升速度明显高于生态环境系统指数的上升速度，两者的耦合度和耦合协调度也在不断上升。依据耦合协调度等级划分，2019～2030 年贵州低碳经济和生态环境系统达到优质耦合发展水平，低碳绿色发展目标可以实现。

第 15 章 贵州低碳经济发展路径选择及对策建议

喀斯特生态脆弱区低碳经济系统与生态环境系统耦合关系具体表现为：经济发展过程中消费了大量资源能源，使生态环境的承载压力增加，资源能源的过度消费及生态环境的破坏反过来也会制约经济的发展。经济的长久发展需要低碳经济系统与生态环境系统处于一个良性协调系统中，在此过程中，需要设计出一个低碳经济可持续发展路径，通过技术水平的提高和创新措施，调整优化产业结构、节约并高效利用资源能源、增加碳汇、减少碳源（魏媛等，2016），实现经济增长的同时降低二氧化碳的排放，协调研究区低碳经济系统与生态环境系统的关系（王艳慧和李静怡，2015）。

15.1 低碳经济发展路径选择

低碳经济是一种正在兴起的经济发展模式，其核心是在市场机制的基础上，通过制度框架的设计、政策措施的制定和创新，淘汰高碳产业，加强新型清洁能源的供给，减少碳排放，促进低碳消费和低碳需求，使整个社会向低碳化模式转变，因此发展低碳经济不仅是一个国家或者地区的可持续发展之路，也是世界经济的可持续发展之路。本章根据低碳经济的发展规律，结合贵州实际，从低碳产业发展、低碳土地利用、低碳消费、低碳城市建设等方面详细研究低碳经济的发展路径，为第 16 章低碳经济发展对策建议提供支撑。

15.1.1 调整优化产业结构，提高碳产业新型竞争力

贵州要把调整产业结构作为发展低碳经济的重要途径。第一产业要大力发展生态农业与有机农业，提高森林蓄积量和碳汇能力；第二产业要逐渐改善能源供应结构，大力推广生物能、风能等清洁能源的使用，减少对煤炭等化石资源的依赖；第三产业要大力发展低能耗、低排放和就业带动能力强的现代服务业和高技术产业。面对贵州工业化、城镇化的快速发展，利用高新技术改造矿业、冶炼等高耗能、高污染、低效益的重工业，优化产业结构，发展高新技术产业和现代服

务业尤为重要。通过引进人才，加大开发力度，加大高新技术相关专利申请力度，形成知识产权，保护研发者合法权益。最后，对于低碳技术，必须建立统一的效益衡量标准，以指导市场结构的优化和低碳产业的系统发展，通过打造“技术创新—形成专利—制定标准—引导市场”这种“一条龙”的低碳产业发展模式，将低碳产业从技术发展到效益产生整合成一个完整的体系，有效推动贵州等欠发达地区在低碳产业上寻求新的竞争力。

15.1.2 优化能源消费结构，大力创新研发新型能源

一方面，改变贵州能源消费结构，逐步减少煤炭和石油在能源结构中的占比。化石能源是传统工业发展的基础能源，高碳能源消费结构是传统工业化的必然结果。在全球气候持续恶化、人类赖以生存的自然环境受到严重威胁的情况下，人类对工业文明赖以生存的化石能源基础进行反思和改造是理所当然的。发展高碳产业是不可持续的，这不仅是一场化石能源资源短缺的危机，大量的二氧化碳排放更是影响人类的生存环境，发展低碳产业尤为迫切。另一方面，通过技术创新大力开发可再生能源和新能源。新能源具备成本低、可再生及可重复利用等诸多优点，最关键的是其对环境的污染较小。

15.1.3 加快发展循环经济，提高资源利用效率

贵州发展循环经济要把握三个重点内容：第一，以国家试点企业为龙头，选择符合条件的企业，全面实施循环经济，实现企业标准化、集约化、废弃物资源化的产业体系建设。第二，推进贵州新型循环经济产业园建设，促进区域循环经济繁荣。第三，尽早完善相关的发展规划、技术标准、政策支持、目标评价、投资机制等规范，以便为贵州加快发展循环经济、提高资源利用效率提供保障机制。

15.1.4 积极推进节能减排，助力低碳城市建设

为了可以更好地应对目前我国气候所发生的一系列变化，最大限度降低对人类生活所产生的各种影响，目前低碳生活模式已经成为各个工作人员所关注的一个重要活动，在我国快速城市化和工业化发展的背景下，发展低碳城市可以更好地实现低碳发展和可持续发展，促进智慧城市、绿色城市建设目标的实现。贵州在低碳城市建设方面要以打好污染防治攻坚战为抓手，重点推进生产制度、生活

方式和生态环境绿色化，将有效控制温室气体排放作为硬约束条件。加强机制创新与技术创新，持续推进低碳城市建设，充分发挥绿色低碳优势，推动高质量发展，引领生态文明建设。要正确处理好城市规划与低碳城市建设的关系，合理编制城市空间结构规划、产业规划、土地利用规划等，从而有效地建设低碳城市。要建设低碳的城市交通系统，划定新能源公交车的比例以及往返主要城市与乡镇的城乡公交的出行比例。

15.1.5 倡导绿色消费模式，推动生活方式绿色化

在全社会普及低碳消费观念，引导消费者改变传统的消费行为和习惯，树立低碳消费观念。政府加大引导和示范，积极推进低碳、环保、可持续的消费方式。加强公共交通体系建设，提倡出行搭乘公共交通工具，这不仅能有效解决交通问题，还能减少汽车尾气对环境的污染。定期邀请专家做专题讲座，深入社区、学校、机关、企业等进行低碳消费宣讲，培养公民树立正确、健康、科学、文明的消费观念。组织专家编制相关教材，在大中小学强化低碳教育，规划建设绿色、生态的低碳示范学校。鼓励政府、企业、科研人员开展低碳科普活动，举办知识普及论坛。制定低碳经济发展规划，不仅需要靠政府引导实施，还需要公民积极参与。目前，低碳经济在我国的发展尚未成型，大众对低碳经济的认知有限。贵州的经济实力和文化水平较全国而言偏低，因而迫切需要在政府的积极引导下，在全省开展形式多样的低碳经济和节能环保宣讲活动，让绿色生产、绿色经营、低碳消费的观念深入人心。重点宣传低碳消费，提高居民的认知，低碳消费是重视绿色消费，并不是少消费或不消费，只有在生产生活中倡导低碳绿色消费，才能有效减少碳排放量。

15.1.6 改善国土生态环境，促进低碳土地利用

人类活动引起的土地利用和覆被变化是导致地球碳含量增加的重要因素之一，也是引起碳循环失衡和全球变暖的重要原因之一。人类对土地利用的变化将影响陆地生态系统的碳循环，这一人为活动是导致大气中二氧化碳浓度急剧增加的主要原因，仅次于化石燃料的影响。土地利用具备碳汇和碳源的双重作用，不合理的土地利用方式往往会导致土壤碳汇效应的降低，增加大气中温室气体的含量，加剧全球变暖。

1992 年，《联合国气候变化框架公约》在联合国大会上颁布，其建议减少人类活动对气候系统的危害。在土地利用方面，要坚持控制碳源、增加碳汇的宗

旨，推进土地低碳利用。低碳化土地利用必须兼顾低碳和经济，综合考虑土地的生态价值、经济价值和社会价值，实现土地利用的“低排放、高效率、高效益”。不同的土地利用类型具有不同的碳排放和碳吸收能力，建设用地碳排放量最大，林地碳吸收能力最强。从土地利用的角度减少碳排放，贵州应该控制城市建设用地的增长计划，提高工业用地的能源消耗效率与农业农田的劳作效率，从而降低单位土地面积上的碳排放水平。提高土地利用的碳汇功能，加强植树造林，保护和恢复森林、草原、湿地等具有碳汇功能的土地。在土地利用过程中，碳汇能力和碳排放能力是动态变化的。加强土地开发利用的同时加强生态建设，在低碳经济已成为各国共同价值理念的前提下，立足土地资源与环境承载能力，注重优化土地开发格局，合理配置土地资源，提高能源保障力，促进国土生态安全。统筹国土空间整治的战略目标和主要任务，制定全国统一的国土空间开发利用政策措施，为土地低碳利用提供支撑。人类活动及其碳排放强度与土地利用方式紧密相关，探求土地利用的规模、结构与方式可以大大降低土地利用碳排放的强度。土地是一种稀缺资源和生产要素，考虑到喀斯特山区地质地貌的特殊性，在土地开发利用过程中要加快培育低碳土地利用模式，实现低碳、高效、生态的土地利用，推动研究区低碳经济的可持续发展。

15.1.7 以机制创新为先导，加强新能源技术创新

低碳经济是新时期经济发展的重要指标之一，发展低碳经济应摒弃仅以 GDP 总量来衡量经济发展的传统观念，要重视单位 GDP 能源消费量的改变及循环经济、节能减排的成果，以创新低碳经济发展机制为导向，加大新能源技术创新，将低碳技术发展纳入技术规划与相关科技计划。低碳发展规划要从重点产业和领域入手，以期实现经济发展低碳转型的目标。

15.2 低碳经济发展的对策建议

贵州目前正处于工业化初期向中期过渡的阶段，随着经济的发展，应对环境污染及气候变化的形势十分严峻，节能减排与低碳任务也十分艰巨，而发展低碳经济又是我省经济转型的必由之路，因此本章针对贵州产业结构、能源资源利用、消费、城市建设、土地利用等现状，在分析贵州发展低碳经济所面临问题的基础上，从产业结构、科技、消费、节能减排、资源利用、政策等方面提出发展低碳经济的对策建议。

15.2.1 大力发展第三产业，降低资源能源消耗

随着贵州经济的快速发展，产业结构不合理现象日益突出，限制经济的进一步发展。在贵州的产业结构中，第二产业占比大、增速快，而第三产业占比低、增速慢。2005 年和 2015 年贵州三次产业结构的比例依次为 1∶2.2∶2.1 和 1∶2.5∶2.9，第一产业比例、第二产业比例有所下降，第三产业比例有所上升，但第二产业比例、第三产业比例基本在 40% 左右。第二产业以重化工为主，这类企业的生产能耗高、污染排放多。高耗能企业因技术条件有限，以加工生产原材料为主，结构单一，经济产出低，迫切需要产业结构进行调整、优化、升级。一是大力发展第三产业，提高第三产业在国民经济中的比例，丰富的旅游资源为贵州发展第三产业提供了有利条件。二是整合三次产业结构，改善产业内部结构。产业结构的调整，就是整合三次产业及其内在关系的集成和升级。作为第二产业、第三产业发展的基础，第一产业要继续巩固其地位，同时发展现代农业来推动其发展。第二产业要走新型工业化道路，通过科技创新、节能减排来增强核心竞争力。第三产业要加快内部调整和改革，充分利用科技大力支撑第三产业的发展。

15.2.2 着力增加科技投入，提高能源利用效率

可持续经济的不断发展使“绿色 GDP”备受关注，节约和有效利用资源能源，保护生态环境，不断降低资源消耗成本和环境损失成本，能为长期发展低碳绿色经济奠定坚实的基础。贵州生态资源丰富，具备发展“绿色能源”的先天优势。研究区目前的发展受限于科技和资金的不足，仍然依靠传统的经营方式，对资源和能源的开发利用具有浪费性和破坏性。因此，研究区应加大科研投入，开发新能源，通过技术创新提高能源利用率。贵州可以通过技术改进大力发展氢能，这是一种可以用水制成、热值高于化学能的可再生能源，产出物对环境污染小。同时，有效利用当地工业有机物、动物粪便等，大力开发生物质能，这不仅能达到改善生态环境的目的，还能提供可循环利用的能源。减少高碳能源煤炭、石油的开发利用，研发节约高效的清洁新能源，倡导低碳土地利用模式，降低碳源，减少碳排放。加大植树造林和城市绿化的建设，提高森林覆盖率及绿化率，提升植被碳承载能力，增加碳汇，促进碳平衡。

15.2.3 鼓励绿色生产消费，提倡生产生活绿色化

绿色消费是绿色化生活方式的支撑，政府要制定和完善促进生活方式绿色化的政策措施，推进衣食住行绿色化。例如，大力研发绿色产品，为绿色产品制造商提供技术和政策支持；发展绿色信贷，给予有助于绿色消费的项目专项资金补贴和税收减免。进一步完善支持城市公共交通、自行车租赁、新能源汽车发展的政策。积极举办以绿色生活、绿色消费为主题的环境文化活动，营造生态环境文化氛围。通过现代化手段搭建绿色生活服务和信息平台，开发面向大众的绿色生活 APP，让公众随时随地关注绿色生活指数，深入推广绿色生活方式。

15.2.4 创新能源低碳化技术，推进产业结构转型升级

发展低碳经济，必须抓好节能减排工作。贵州高能耗、高污染企业不仅是节能减排的重点，还是企业推进节能减排的出发点。从重点产业和重点企业入手，加快淘汰煤炭、钢铁等高能耗、高碳排放、高污染行业的产能，创新开发能源低碳化技术，支持和发展以高新技术、高附加值、低碳排放为特征的新兴产业。同时，积极发展循环经济，提高能源利用效率，全力应对全球气候变化。世界各国运用先进科技，除了开发新型清洁能源，还要研发对传统高碳能源进行清洁处理的新技术，实现能源的绿色、低碳和可持续利用。

15.2.5 完善自然资源负债表，严守生态保护红线

贵州自然资源丰富，生态文明建设走在全国前列，为此编制完善的土地资源、水资源、森林资源、矿产资源等自然资源资产负债表，对领导干部实施自然资源资产离任审计，建立生态环境破坏终身责任制、环境污染第三方治理等新型生态文明建设机制。通过建立健全排污权交易、碳排放权交易、水权交易等制度，促进生态文明建设整体进程，严格遵守生态保护红线，最终实现可持续生计和生态环境保护的“双赢”发展模式。

15.2.6 大力增加环保投入，促进生态文明城市建设

贵州人口众多，生产生活垃圾的产生量较大，并且餐饮业使用一次性餐具的占比较高，同时很多地方还是使用传统的高碳能源，加上环保投入资金有限，低

碳经济的发展受到影响。因此，研究区应该大力增加环保投入，通过各种媒介加强环保宣传，鼓励公众投身环保行动，提高公众参与度。大力推广使用清洁能源，提倡使用可循环利用物品，减少使用一次性用品，降低生产生活的垃圾量。在绿色发展理念的引领下，喀斯特山区在环保方面的投入一直在加大，但受资金有限的制约，环保资金投入不足，因此要实现经济绿色低碳可持续发展，需要进一步加大环保投入，加强科学研究和技术创新的水平，提高专业人才的培养力度，推动环保治理更为高效化、专业化，助推建设生态文明城市建设。

15.2.7 建立健全法律法规体系，有力保障低碳经济发展

低碳经济发展需要健全的法律法规体系作为保障，喀斯特山区目前已颁布一系列相关法律法规，但缺乏一个健全的体系，立法内容的原则性强，再加上地方实施力度较弱，法律约束性较差，以至于无法为低碳经济的发展效果提供保障。这就迫切需要政府从贵州的实际情况出发，结合国家低碳经济的大政方针，进一步完善有利于保障与推动贵州低碳经济发展的法律法规体系。低碳经济作为一个国家经济增长的新方式，是未来可持续发展的最佳选择。贵州发展低碳经济需要响应国家号召，将低碳经济纳入国民经济和社会发展规划，以国家发展规划、循环经济规划、能源规划、节能减排规划为依据，制定相应的低碳经济发展战略。

15.2.8 优化土地利用结构，促进碳源地向碳汇地转换

喀斯特山区土地利用结构变化是影响碳排放的主要因素，土地利用类型分为碳源地和碳汇地，土地利用类型向碳汇地的转变必然会降低碳排放量，相关研究已经证明，由土地利用结构转变引起的碳排放是第二大碳排放源；贵州森林覆盖率高，林地、园地的碳吸收能力强，为主要的碳汇地类，对贵州土地低碳集约利用水平具有较高的影响。因此，贵州要进一步提高国家退耕还林政策的执行力度，保证林地面积，鼓励人们植树造林，严禁乱砍滥伐。将具有观赏价值的林地开发为旅游景点，把生态保护和经济发展结合起来。合理调整园地布局，重点发展优质果园，大力提高园地的经济效益和利用率。对中低产果园进行结构调整和产品改进，用科学方法提高园地效益。优化城市建设用地结构，学习国外丰富经验，将贵州建设为绿色低碳城市和智慧城市，克服城市现有的城市病，大力发展贵州城市土地的混合使用，开辟更多城市绿色开敞空间，和建设用地相互交错，形成良好的土地利用格局（方创琳，2017）；完善新城区审核机制体系，严控新城区审批，从根本上防止城市建设无序扩张，规划好已核准和竣工的新城区建设

用地的使用，从源头上杜绝建设用地的闲置浪费。因此，喀斯特山区在土地开发利用的过程中，应积极调整优化土地利用结构，促进碳源地类（建设用地）向碳汇地类（林地、园地等）的转换，促进低碳土地利用模式的培育。

15.3 本章小结

根据前述研究结果，低碳经济是喀斯特山区经济社会可持续发展的趋势，同时也是绿色经济发展的必然之路，发展低碳经济，可以在市场机制的基础上，通过制度框架设计、政策措施的制定和创新，引导增加新能源的供给，减少碳排放，促进低碳消费和低碳需求，使整个社会向低碳化模式转变。本章结合典型喀斯特山区——贵州处于工业化初期向中期的过渡阶段，环境污染和应对气候变化形势严峻，以及节能减排和低碳任务艰巨的实际情况，系统地从低碳产业发展、低碳消费、低碳城市建设、低碳土地利用等方面探索了调整优化产业结构、提高碳产业新型竞争力、优化能源消费结构、大力创新研发新型能源、加快发展循环经济、提高资源利用效率、积极推进节能减排、助力低碳城市建设、倡导绿色消费模式、推动生活方式绿色化、改善国土生态环境、促进低碳土地利用、以机制创新为先导加强新能源技术创新的低碳经济发展路径选择；并针对贵州产业结构、能源资源利用、消费结构、城市建设、土地利用等现状，从产业结构、科技创新、绿色消费、节能减排、资源利用、政策等方面提出了大力发展第三产业、降低资源能源消耗、大力增加科技投入、提高能源利用效率、鼓励绿色生产消费、提倡生产生活绿色化、创新能源低碳化技术、推进产业结构转型升级、完善自然资源负债表、严守生态保护红线、大力增加环保投入、促进生态文明城市建设、建立健全法律法规体系、有力保障低碳经济发展、优化土地利用结构、促进碳源地向碳汇地转换等促进贵州发展低碳经济的对策建议，以推进喀斯特山区经济发展和土地利用集约化、低碳化、生态化和高效化目标的实现。

第 16 章 总结与展望

16.1 研究的主要内容和成果

随着工业化、城镇化和信息化进程的快速推进，经济取得了突飞猛进的发展，低碳绿色发展成为新时代的主流，喀斯特山区绿色脱贫备受关注。本书以喀斯特山区低碳经济发展为切入点，在系统对相关理论进行全面深入研究的基础上，对低碳经济发展的实践应用进行实证研究，探索其经济发展实现高新技术、低能耗、高附加值的路径选择，提出实现喀斯特山区经济绿色低碳可持续发展的对策建议，以期培育低碳化、绿色化、高效化和生态化的经济发展模式和土地利用模式，实现低碳绿色可持续发展的目标。

16.1.1 研究的主要内容

针对喀斯特山区经济发展、能源消费、土地利用与生态环境保护状况及其面临的各种问题，探索其对喀斯特山区生态环境的作用机制，寻找影响喀斯特山区经济发展、能源消费、土地利用与生态环境保护协调可持续发展的因素，从理论和实证两个方面来剖析深层次的原因，探寻实践应用可操作的解决路径和对策建议。理论方面主要进行了相关概念的辨析和理论基础的梳理，对低碳经济的内涵、评价方法及发展模式、碳税和碳交易机制的对比分析及兼容性、低碳城市与智慧城市交互发展等方面进行了研究，掌握喀斯特山区低碳经济发展的相关理论，为低碳经济实践应用提供理论依据。在此基础上，重点对典型喀斯特山区——贵州低碳经济发展实践应用进行实证研究，探寻喀斯特山区低碳化、绿色化、高效化、生态化的经济社会发展和土地利用的思路和途径。结合喀斯特山区经济社会发展和土地利用的实际，提出促进研究区经济社会绿色低碳高效发展和土地资源可持续利用的对策建议，本书研究的重点内容主要体现在以下几个方面。

1）对喀斯特山区低碳经济发展的相关理论进行了系统的梳理和深入的研究。本书在对低碳经济发展的相关概念进行辨析的基础上，重点对一些核心理论进行梳理和分析，提出经济发展、能源消费、土地开发利用不仅要考虑其经济效益和社会效益，而且要考虑其生态效益的观点，并根据喀斯特生态脆弱区低碳经济发展和生态环境保护的实际，对相关理论进行了补充完善。在此基础上，论述了低碳经济与循环经济、生态经济、绿色经济发展之间的内在联系，总结分析低碳经济的内涵、发展模式，掌握其评价方法；对碳税和碳交易机制的对比分析及兼容性、低碳城市与智慧城市的交互发展进行研究，充分了解了喀斯特生态山区经济发展、能源消费、土地利用与生态环境之间的作用机制，揭示了新时期经济社会发展和土地利用须以低碳绿色发展理论为指导，按生态经济学原理进行结构调整和功能优化，以探索实现绿色低碳高效的经济发展模式和土地利用模式的重要路径。

2）对喀斯特山区经济发展、能源消费、土地开发利用及其碳排放进行了系统调研和实证分析。通过对经济发展、能源消费、土地开发利用及其碳排放现状进行系统调研与统计分析，掌握其动态变化规律。在相关评价指标体系及理论模型构建的基础上，运用统计分析和相关的计量方法，以贵州为研究对象，对其能源消费碳足迹和植被碳承载力、低碳经济发展绩效评价及影响因素进行全面深入研究，对贵州低碳经济发展进行系统动力学分析；对土地利用碳排放效应及风险进行评价，分析土地利用变化与碳排放量的关系，并对 2019 ~ 2020 年土地利用变化与碳排放进行预测，同时对低碳经济与生态环境耦合协调发展进行评价分析，发现了研究区在经济发展、能源消费和土地利用方面存在经济发展方式、产业结构、能源消费结构和土地利用结构不够合理，存在高碳低效、生态化较低等方面的问题。借鉴国内外经济社会绿色低碳高效发展及土地绿色低碳高效利用的成功经验，结合典型喀斯特山区——贵州的实际，剖析其问题存在的深层次原因，从绿色低碳生态化的视角，探索如何转变经济发展方式，调整优化产业结构、能源消费和土地利用结构，降低生态足迹、提高生态承载力，减少经济社会发展及土地开发利用过程中的碳排放，提高经济发展效率及土地资源利用效率，促进经济社会发展和土地资源利用的低碳高效绿色生态化，探索出集“经济效益、社会效益、生态效益”于一体的经济社会发展、能源消费及土地资源开发利用的思路和路径。

3）喀斯特山区低碳经济发展的实践路径与对策建议。针对喀斯特山区经济发展、能源消费、土地利用过程中存在的问题，剖析其深层次的原因，结合喀斯特生态脆弱区实际，多模式、多路径深入探寻了贵州低碳经济发展的路径选择和对策建议。研究的开展对于推动贵州加快经济发展的转型升级，培育以低耗能、低污染、低排放为基础的低碳经济模式，形成低碳经济发展路径与经济社会需求良好匹配的动态生态系统具有重要的理论和现实意义。

16.1.2 研究取得的成果与结论

（1）理论基础研究

在查阅和梳理相关文献的基础上，对低碳经济与低熵经济、碳排放与碳减排、碳源与碳汇、碳交易与碳税、碳市场与碳金融、碳足迹与植被碳承载力、碳标识与碳隐含、碳盈余与碳赤字、碳壁垒与碳转移等相关概念进行了辨析，深入理解其异同点，准确掌握低碳经济发展的核心概念；对全球气候变化经济理论、生态经济理论、循环经济理论、系统发展理论、绿色发展理论、清洁生产理论、脱钩发展理论及可持续发展理论等进行梳理，科学掌握其来源、思想理念及实践应用指导；从多学科的视角系统地分析和论述低碳经济与循环经济、生态经济、绿色经济发展之间的内在联系，总结分析低碳经济的内涵发展模式、掌握其评价方法；对碳税和碳交易机制的对比分析及兼容性、低碳城市与智慧城市的交互发展进行研究，为本研究的开展提供相应的理论指导，为低碳经济的实践应用提供理论依据。

研究结果表明，低碳经济系统具有整体性、模型性、自然性、多样性、开放性的特征。低碳经济、循环经济、生态经济、绿色经济等都是为了解决环境危机、能源危机相继出现的 4 种经济形态，是对人类和自然关系重新认识和总结的结果，旨在解决人类可持续发展的问题。低碳经济、循环经济、生态经济与绿色经济的内容相互交叉，有许多相同之处，同时也各具特点；目前，学者们主要运用层次分析法、DEA 法、模糊层次分析法、耦合协调评价法、系统动力学方法、Kaya 恒等式方法、相关性分析法等方法对低碳经济进行评价研究。

本书通过深入学习，掌握各方法的应用及公式、模型构建等，为后续的研究提供了科学的方法支撑。发达国家最先开始探索低消耗、低排放、低污染的发展方式，并形成各具特色的低碳经济发展模式，如美国的“能源主导型”、英国的“政府引导，市场刺激”、日本的“行为改变型”、德国的“生态工业”。中国低碳经济发展模式中，河北“自上而下”模式、广东“新能源开发型”模式、上海“建设实践区”模式均取得了一定的成果。应对全球气候变化的国际低碳经济大力发展，国家和地方支持和鼓励低碳发展为贵州低碳发展带来新的重大历史性机遇；贵州森林资源、水能资源、煤层气资源、旅游资源丰富，低碳经济发展空间大、成本低，这些得天独厚的优势在很大程度上促进了贵州由“高碳”向“低碳”转型发展，然而早期过多地注重 GDP 增长，进行粗放型发展，导致产业结构不合理、碳排放总量大、低碳意识不强等问题，加之低碳技术创新能力弱，这些劣势在一定程度上影响贵州低碳经济的发展。

在全球低碳经济普及的背景下，国家支持和鼓励低碳发展，贵州需抓住大好机遇实现跨越式发展，加快健全法律法规，完善相关配套政策，拓宽资金融资渠道，形成以低碳产业为中心、以低碳技术为支撑、以低碳社会为基础，三者相互促进、协调发展的贵州低碳经济发展模式，并提出实现途径和对策建议，促进贵州低碳经济良好发展；碳税和碳交易在实施对象、监管主体、监督效果、减排成本、减排效果和对未来的适应性等方面存在一定的差异。在绝对减排目标下，碳税和碳交易是不兼容的，但在相对减排目标下，两者又能够达到兼容并蓄，降低温室气体的排放，进而提升环境质量，推动低碳经济高效化、生态化发展。

（2）实践应用研究

在研究喀斯特山区低碳经济发展理论的基础上，以典型喀斯特生态脆弱区——贵州为例，对经济发展、能源消费、土地开发利用及其碳排放现状进行系统调研与统计分析，掌握其动态变化规律，构建低碳经济评价指标体系及理论模型，运用统计分析和相关的计量方法，对低碳经济发展的实践应用进行系统研究。研究取得的成果与结论如下。

随着贵州经济的快速发展，单位 GDP 能源消费量在逐年降低，能源消费总量得到一定的控制，但还有一定的提升空间。碳足迹和植被碳承载力呈现明显的上升趋势，森林的固碳量最高，但植被碳承载能力上升的速度低于碳足迹增加的速度，导致碳赤字和碳生态压力指数呈上升的趋势，揭示贵州经济发展、能源消费对自然生态环境产生的压力不断加大。地区 GDP、人口结构、能源结构这三个自变量是碳足迹重要的影响因素；影响贵州低碳经济发展效率的最主要因素是规模效率，在规模递增的年份，贵州应寻求时机，适当地加大对规模的投入以促使贵州低碳经济发展水平进一步提高。经济因素与碳排放量呈正相关，经济效应是贵州 2005 ~2017 年碳排放量增加的决定因素，经济因素与能源消费呈正相关，贵州在发展过程中应不断研发利用新能源和清洁能源，优化能源消费结构，适度控制人口数量，使得两者保持与碳排放量和能源消费呈负相关。

在贵州低碳经济发展的系统动力学分析中，选择 41 个变量，构建贵州低碳经济系统动力学模型，确定其参数，构建参数并绘制存量流量图进行模型运行，经检验模拟误差符合要求。贵州低碳经济发展的系统动力学仿真模拟结果如下：经济持续发展；常住人口缓慢增加、城市化率上升；煤炭消费得到控制，石油及天然气消费量直线上升，能源消费总量呈平缓态势，符合低碳经济发展预期；碳排放强度逐年下降，绿色低碳发展得到初步显现，碳排放在 2025 年达到峰值，能源结构调整科学，但是清洁能源的功能还未完全体现，减排政策中碳税政策还未正式全面施行；脱钩理论分析展示贵州经济发展与能源消费强脱钩、扩张性负脱钩、弱脱钩时的脱钩指数走势，分析结果揭示弱脱钩为研究区现实情况，可以通过碳减排技术、产业结构调整、科技研发投入等减少能源消耗和碳排放量，实现经济社会的低碳绿色可持续发展。

影响研究区土地利用碳排放的主要因素是土地利用变化、能源结构、能源利用效率和土地利用效率，因此优化调整土地利用、能源结构，提高能源利用效率，加大先进节能减排技术的投资，以及研发新技术和开发新能源等是降低土地利用碳排放的主要途径。土地利用与碳排放的关联度分析表明人均碳排放强度与土地利用变化的关联度比单位 GDP 碳排放强度和地均碳排放强度与土地利用变化的关联度都要高，揭示由人口数量引起的碳排放量较高，这主要是由于随着贵州人口的增长，对资源的消耗也随之增加，近年来经济快速发展，城市化进程不断加快，建设用地面积也在不断增加。鉴于此，在发展中应进一步加大对碳汇地类的保护力度，促进碳源地向碳汇地转换，大力推进低碳经济的可持续发展。贵州土地利用变化及其碳排放预测结果表明，2019 ~ 2030 年，园地、建设用地、林地面积总体呈现增加态势；牧草地面积呈下降趋势；未利用地面积处于波动变化状态。分析结果表明贵州在经济快速发展的过程中应适度控制建设用地的扩张，进一步加大对生态用地的保护；人均碳排放量、地均碳排放量以及净碳排放量都呈增长的变化趋势，其中增长速度最快的是净碳排放量，单位 GDP 碳排放量呈下降的趋势，且还有一定的下降空间。总体上来看，在未来的经济发展中，贵州应进一步提高科技水平和土地利用效率，改变土地利用方式，创新土地管理模式，培育绿色低碳的土地利用模式，推进贵州既要金山银山，也要绿水青山的发展目标的实现。

根据贵州实际情况，构建 DPSIR 评价模型，选择 22 个指标对贵州低碳经济系统与生态环境系统耦合协调发展机理进行评价，结果表明，2005 ~ 2018 年贵州低碳经济系统与生态环境系统耦合关系的 5 个指数测度中，驱动力指数、状态指数、响应指数总体呈现出上升态势，压力指数、影响指数呈波动下降趋势；依据构建的贵州低碳经济系统和生态环境系统耦合协调评价指标体系，可以得出，2005 ~ 2018 年贵州低碳经济系统指数、生态环境系统指数、综合发展指数的耦合度及耦合协调度呈波动上升态势，低碳经济系统指数的上升速率高于生态环境系统指数的上升速率，表明在低碳经济快速发展的过程中，贵州生态环境保护取得了一定成效，但经济发展速度快于生态环境质量改善的速度；2005 ~ 2018 年，贵州低碳经济系统和生态环境系统整体处于从初级协调发展型、中级协调发展型向良好协调发展型和优质协调发展型演变的状态；灰色预测结果表明，2019 ~ 2030 年贵州低碳经济系统指数和生态环境系统指数都在不断上升，且两者的耦合度和耦合协调度也在不断上升。依据耦合协调等级划分，2019 ~ 2030 年贵州低碳经济系统和生态环境系统属于优质耦合发展水平，低碳绿色发展目标可以实现。

（3）路径对策研究

针对喀斯特山区经济发展、能源消费、土地利用过程中存在的碳排放问题，结合研究区生态文明建设实际，借鉴国内外相关研究和实践的成功经验，从宏观、微观和技术三个层面剖析喀斯特山区推进低碳经济可持续发展的路径选择，即提高低碳科技水平、强化低碳产品创新、调整优化产业结构、提高碳产业新型竞争力、优化能源消费结构、大力创新研发新型能源、加快发展循环经济、提高资源利用效率、积极推进节能减排、助力低碳城市建设、倡导绿色消费模式、推动生活方式绿色化、改善生态环境、促进低碳土地利用，并以机制创新为先导，加强新能源技术创新。同时，基于绿色低碳生态化的视角，从大力发展第三产业、降低资源能源消耗、增加科技投入、提高能源利用效率、鼓励绿色生产消费、提倡生产生活绿色化、创新能源低碳化技术、推进产业结构转型升级、完善自然资源负债表、严守生态保护红线、大力增加环保投入、促进生态文明城市建设、建立健全法律法规体系、有力保障低碳经济发展、优化土地利用结构、促进碳源地向碳汇转换等方面提出了助推研究区低碳发展、提前实现碳达峰及碳中和的对策建议。研究的开展以期为培育绿色低碳高效生态化的经济发展和土地利用模式提供一定的参考依据，以促进喀斯特山区的碳达峰及碳中和、低碳绿色可持续发展和生态文明建设目标的实现。

16.2 研究的创新和价值

从绿色发展的视角，运用多学科交叉的综合集成研究法对喀斯特山区经济发展、土地开发利用、能源消费与碳排放、低碳经济系统与生态环境系统耦合协调发展现状进行评价和趋势预测，探索喀斯特山区低碳可持续发展的有效途径和动力机制，取得了一些具有理论和实践应用价值的研究成果，拓展了低碳经济发展的理论空间、学术空间和实践应用空间。研究的开展对于指导低碳经济在喀斯特生态脆弱山区的实践应用，以及实现绿色可持续发展具有重要的现实意义。创新研究成果的价值主体体现在研究的学术理论价值和实践应用价值方面。

16.2.1 主要创新点

1）学术思想创新：本研究结合新时期喀斯特山区实际和特点，将经济发展、土地开发利用、能源消费与碳排放有机结合起来，并通过构建指标体系和相应的计量模型对低碳经济发展进行现状评价和趋势预测研究，具有鲜明的独特性、融合性和导向性，符合党的十八大、十九大提出的低碳绿色发展理念实践要求，能服务国家发展的重大战略需要，且拓展了理论空间和学术空间。

2）研究视角和方法新颖：低碳经济发展新时期，学术界研究的重点问题之一，交叉学科的综合集成研究将成为低碳经济研究的新热点。本研究运用交叉学科的综合集成法对喀斯特山区低碳经济发展理论与应用实践进行全面深入系统的研究，从绿色发展视角探索喀斯特山区低碳可持续发展的有效途径和动力机制，为实现喀斯特山区低碳绿色发展提供理论依据、实践指导与决策参考。这是本研究的特色之一。

16.2.2 研究的价值

本书的研究成果既具有系统动力学与低碳经济发展的学术理论创新价值，又具有低碳经济发展路径选择的实践应用价值。

1）学术理论创新价值。基于理论研究的视角，在全球气候变化理论、低碳经济理论、绿色发展理论、生态经济学理论、系统发展理论及可持续发展理论等相关理论指导思想下，以资料梳理为基础，全面深入分析了低碳经济的内涵及评价方法、国内外低碳经济发展模式，碳税和碳交易机制的对比分析及兼容性、低碳城市与智慧城市交互发展；更加客观地反映出研究区低碳经济系统与生态环境系统耦合协调发展的内在联系，着重阐明本研究与这些经典理论的结合视角，探索并弄清这些理论在研究区域范围的具体要求与运用方法，为项目开展提供科学的理论依据，拓展低碳经济发展理论的空间，赋予喀斯特山区绿色发展和可持续发展新的学术内涵。本研究的关键科学问题属于经济学、管理学、生态学、环境科学、统计学、社会学等多学科领域交叉的共性难题，具有鲜明的学科交叉特征。研究的开展在可持续性科学发展领域，能够产出交叉学科重大科学突破，构建喀斯特山区低碳经济发展的评价及预警体系，促进经济发展与自然资源、环境间相互关系领域的知识融通发展为完整的系统的理论知识体系。

2）实践应用价值。在以绿色发展为主流的新时代，如何驱动实现区域生产与生活领域的节能、降耗、减排，以及经济发展的低碳转型，将成为可持续发展研究的新热点。本研究采用计量模型对贵州低碳经济系统进行特征和情景分析，对贵州低碳经济系统与生态环境系统耦合协调发展进行评价及预测，剖析喀斯特山区如何培育低碳绿色化、高效化发展的经济模式，提出促进贵州低碳经济发展路径及对策建议，以加快贵州经济发展低碳绿色化转型的进程。研究的开展为区域低碳绿色可持续发展的实现提供了有效途径和对策措施，为各级政府部门制定低碳绿色可持续发展相关政策措施提供实践参考、实践应用研究成果，以期在其他喀斯特山区乃至全国相似区域进行推广和应用。

16.3 研究的深入与展望

从低碳绿色发展的视角，按照“理论研究—实践应用研究—路径选择—对策建议等”几大板块对喀斯特山区低碳经济发展的理论与实践应用进行研究，主要研究新时期研究区在经济发展、能源消费、土地利用的绿色化、低碳化、高效化、生态化过程中所面临的困境并剖析其深层次的原因，探索其经济发展实现高新技术、低能耗、高附加值的路径选择，提出实现喀斯特山区经济绿色低碳可持续发展的对策建议，这一庞大的系统工程涉及区域经济学、生态经济学、低碳经济学、土地经济学、土地生态学、土地资源管理学、统计学、社会学、绿色可持续发展等多个学科研究领域。本书的研究已基本上形成了喀斯特山区低碳经济发展的理论与实践应用框架，初步取得了一些有价值的研究成果，但由于研究系统的交叉性、复杂性，受评价指标体系特色性数据的可获得性和时间精力的限制，本书的研究相对于整个研究系统和领域来说，还存在许多需要进一步充实和完善之处，有些方面还有待于进一步深入探讨与研究。

16.3.1 有待深入研究的问题

1）喀斯特山区低碳绿色经济发展模式培育。通过实地调研和资料收集，分析能源消费和经济发展现状，运用碳足迹模型对贵州经济发展过程中的能源消费碳排放和植被碳承载力现状及动态变化进行分析，找出存在的问题并剖析其原因，运用 DEA 模型对低碳经济发展绩效进行评价分析；从碳排放影响因素及能源消费影响因素两个方面分析贵州低碳经济发展的影响因素，在此基础上运用系统动力学模型对贵州低碳经济发展进行要素和情景模拟分析。根据研究结果提出研究区培育低碳绿色经济发展模式的路径选择和对策建议。研究结果对于探索喀斯特山区低碳经济发展的实践应用路径，以及实现区域经济低碳绿色可持续发展有重要的实践意义和参考价值。但在整个喀斯特山区低碳经济实践应用的创新模式、推广应用等方面还有待于进一步探索。

2）喀斯特山区低碳高效生态化土地利用模式培育。在对贵州土地利用现状及动态变化进行调查研究分析的基础上，对不同土地利用类型碳排放进行风险评价分析，运用灰色关联分析模型对贵州土地利用与碳排放量的关系进行深入分析，运用灰色预测模型对贵州土地利用类型变化趋势及碳排放进行预测分析，发现研究区土地利用过程中存在结构不合理、利用效率不高、高效生态化较低、存在一定的生态安全风险等问题，并对问题产生的原因进行了深层次的分析，有针对性地提出问题破解的路径和对策建议。研究结果对于探索喀斯特山区培育低碳高效生态化土地利用模式，以及实现土地资源的可持续利用有着重要的实践应用价值。但评价指标全面性、评价及预测方法的多样性和适应性、研究结果的推广性等方面还有待于进一步探索。

3）喀斯特山区低碳经济与生态环境耦合协调发展的机理和机制研究。本书运用 DPSIR 模型对低碳经济与生态环境耦合协调发展机理进行研究，运用耦合协调发展模型对喀斯特低碳经济与生态环境进行耦合协调发展机制的评价研究，根据研究结果提出了促进低碳经济与生态环境耦合协调发展的对策建议，研究结果对于探索低碳经济与生态环境整个系统相互作用机理，以及实现区域经济绿色低碳高效生态化发展有重要的意义和参考价值。但整个喀斯特山区在结合研究区实际对评价理论模型进行改进，运用适合研究区的定量分析方法对其低碳经济与生态环境耦合协调发展机理和机制进行系统深入评价分析、推广应用等方面还有待于进一步探索。

16. 3. 2　发展与展望

根据研究的结果与结论，结合实际，分析本书研究的不足和存在的理论空白。最后以讨论的形式提出喀斯特山区低碳经济发展未来需要进一步探讨和研究的几个问题，以期为相关学者的研究提供一些借鉴，为研究区低碳经济纵深发展理论和实践应用提供参考。

1）低碳经济发展的理论体系不断完善。项目组将继续努力，针对低碳经济发展理论体系不健全方面进行深入研究，特别是低碳发展与生态环境保护耦合协调发展的实践性、推广性强的评价指标体系构建、协调发展的机理和机制评价模型的修正等，有待进行深入研究和不断完善。同时，进一步探讨喀斯特山区实施碳减排的政策措施和经济手段，深入分析研究区减排措施的理论可行性和在全国范围内实施的广泛性，归纳梳理研究区减排措施并展开系统分析，详细阐述不同减排措施的具体实施过程和实际减排效果，进而对比分析它们在实施过程中的优缺点，指出其对研究区碳排放的启发，以提升理论体系的可行性、可操作性和适用性。同时也希望得到更多相关领域专家的关注、指导和帮助，为经济社会发展及土地利用的低碳化、生态化和高效化奠定基础，为喀斯特生态山区的绿色低碳经济发展模式和土地利用模式培育提供一定理论依据。

2）低碳经济发展理论的实践应用水平不断提升。在新一轮西部大开发时期，喀斯特山区既要加快经济发展，又要保护生态环境。为此研究区必须提升低碳经济发展理论的实践应用水平，创新经济社会发展模式及土地利用模式，在经济发展的同时保护生态环境，走出一条集经济效益、社会效益与生态效益于一体的发展道路，在新时期实现绿色低碳经济的可持续发展。喀斯特山区已经有了一定的低碳经济发展实践应用基础，通过产业结构、土地利用结构、能源结构的调整优化，经济发展方式的转型升级，资源能源的节约高效利用，区域的低碳建筑、低碳交通、低碳城市、低碳工业、低碳农业的发展和生态文明城市的建设也取得了较为显著的成效，但喀斯特山区低碳经济实践应用水平还有一定的提升空间。研究区应在创新体制机制、建立和完善相关的政策支持体系、充分调动行业和企业的积极性、促进经济社会低碳绿色发展方面有待进一步研究，从而提高低碳经济实践应用水平。

3）喀斯特山区能源利用技术水平相对较低，但其同时也具有较大节能减排潜力。针对全国各地均需面对的节能减排压力，喀斯特山区如何通过具体行动降低能耗强度、减少碳排放量？为了更好适应能源消费供给侧改革，我国怎样使“高能耗、高排放、高污染、低效益”的经济发展模式向“低能耗、低排放、低污染、高效益”的经济发展模式转变，以破解经济发展与资源环境约束之间的困境？如何通过多渠道进行合理融资，加大对清洁能源产业的投入，促进低碳经济发展？如何建立与完善碳交易的交易机制，推动碳市场的有序发展？如何合理运用碳税、碳壁垒与碳转移等缓解碳排放量的手段实现碳排放平衡，缓解温室气体效应，实现经济低碳绿色可持续发展？如何引导喀斯特山区高新企业按《京都议定书》规定的符合联合国相关要求的温室气体减排项目（CDM 项目）进行国际交易，提升企业在交易中的定价权，增加研究区域内企业的盈利与减排积极性？这些问题均需进一步的思考和研究。

参考文献

白夏，戚晓明，潘争伟，等．2018. 区域产业用水需求变化驱动效应测度及空间分异分析．华北水利水电大学学报（自然科学版），39（4）：89-96.

保金花，黄勇．2008. 水质综合评价方法研究综述．水利科技与经济，14（8）：639-642.

鲍健强，苗阳，陈锋．2008. 低碳经济：人类经济发展方式的新变革．中国工业经济，（4）：153-160.

财经理论与实践，36（5）：97-102.

车敏．2017. 内蒙古准格尔旗土地利用碳排放效应及低碳优化研究．呼和浩特：内蒙古农业大学．

陈彬，鞠丽萍，戴婧．2012. 重庆市温室气体排放系统动力学研究．中国人口·资源与环境，22（4）：72-79.

陈芳琴，杨荣华，宋慧琳．2016. 江西低碳经济综合评价及发展路径．企业经济，（8）：26-31.

陈浩，付皓．2013. 低碳经济的特性、本质及发展路径新论．福建论坛（人文社会科学版），（5）：29-34.

陈景．2015. 石家庄西部太行山区土地利用变化碳排放演变及预测研究．北京：中国地质大学（北京）．

陈丽错，王婷．2018. 福建省低碳经济发展水平综合评价分析．当代经济，（19）：50-55.

陈巍巍，张雷，马铁虎，等．2014. 关于三阶段 DEA 模型的几点研究．系统工程，32（9）：144-149.

陈芷君，刘毅华，林华荣．2018. 广东省土地利用碳排放与经济增长之间的脱钩分析．生态经济，34（5）：26-32.

迟国泰，曹婷婷，张昆．2012. 基于相关-主成分分析的人的全面发展评价指标体系构建．系统工程理论与实践，32（1）：111-119.

戴小文，何艳秋，钟秋波．2015. 基于扩展的 Kaya 恒等式的中国农业碳排放驱动因素分析．中国科学院大学学报，32（6）：751-759.

樊纲，马蔚华．2011. 低碳城市在行动：政策与实践．北京：中国经济出版社．

方创琳．2017. 国家中心城市建设应注意四大问题．中州建设，（5）：62-63.

冯杰，张胜，王涛．2019. 中国省际土地利用碳排放及其影响因素分析．统计与决策，35（5）：141-145.

冯明．2011. 西安构建低碳城市的 SWOT 分析．经济视角（中旬），（10）：162-163.

冯之浚，金涌，牛文元，等．2009. 关于推行低碳经济促进科学发展的若干思考．广西节能，99（3）：24-26.

付允，马永欢，刘怡君，等 . 2008. 低碳经济的发展模式研究 . 中国人口 · 资源与环境，18（3）：14-19.
葛全胜，戴君虎，何凡能，等 . 2008. 过去 300 年中国土地利用、土地覆被变化与碳循环研究. 中国科学（D 辑：地球科学），38（2）：197-210.
耿金花，高齐圣，张嗣瀛 . 2007. 基于层次分析法和因子分析的社区满意度评价体系 . 系统管理学报，（6）：673-677.
辜胜阻，王敏 . 2012. 智慧城市建设的理论思考与战略选择 . 中国人口 · 资源与环境，22（5）：74-80.
郭旋，张良茂，胡荣桂，等 . 2016. 华中地区种植业生产碳排放驱动因素分析 . 长江流域资源与环境，25（5）：695-701.
韩国栋 . 2017. 碳税和碳排放权交易的比较及选择 . 质量与认证，（4）：65-67.
郝芳，王雪华，孔丘逸 . 2017. 基于系统动力学的中国绿色增长评价模型研究 . 大连理工大学学报（社会科学版），38（3）：39-45.
贺晓 . 2005. 基于灰色关联的案例推理在智能诊断系统中的应用研究 . 武汉：华中科技大学 .
侯鹏飞 . 2012. 基于因素分解的我国碳排放影响因素分析 . 北京：北京化工大学 .
侯媛媛，刘恩平 . 2017. 海南省品牌农产品评价指标体系的构建 . 中国农业资源与区划，38（7）：51-57.
胡国霞，雷国平，周浩，等 . 2015. 黑龙江省土地利用变化的碳排放效应研究 . 水土保持研究，22（6）：287-292.
胡晓鹏 . 2008. 产业共生：理论界定及其内在机理 . 中国工业经济，（9）：118-128.
黄美玲 . 2019. 长江经济带土地利用碳排放效应研究 . 黄石：湖北师范大学 .
黄梦圆，白彩全，何宜庆，等 . 2015 基于投影寻踪模型的长三角经济发展与生态效率耦合协调性研究 . 湖北农业科学，54（16）：4088-4093，4099.
黄锐 . 2016. 基于灰色模型的土地利用与碳排放关系研究 . 山东农业大学学报（自然科学版），47（6）：856-861.
黄睿 . 2011. 土地利用变化与区域生态安全研究 . 武汉：华中师范大学 .
姬东朝，宋笔锋，喻天翔 . 2006. 模糊层次分析法及其在设计方案选优中的应用 . 系统工程与电子技术，28（11）：1692-1694，1755.
姜群鸥，邓祥征，战金艳，等 . 2008. 淮海平原耕地转移对植被碳储量的影响 . 地理研究，27（4）：839-846.
蒋清海 . 1995. 区域经济协调发展的若干理论问题 . 财经问题研究，6：49-54.
康秋匣 . 2015. 北京市能源消费影响因素分析及节能对策建议 . 北京：首都经济贸易大学 .
赖力 . 2010. 中国土地利用的碳排放效应研究 . 南京：南京大学 .
雷仲敏，曾燕红 . 2009. 中国低碳经济系统建设及其战略转换的若干问题 . 青岛科技大学学报（社会科学版），25（4）：33-38.
李国志，李宗植 . 2010. 中国农业能源消费碳排放因素分解实证分析——基于 LMDI 模型 . 农业技术经济，（10）：66-72.
李梦婉，沙秀艳 . 2016. 基于 GM（1，1）灰色预测模型的改进与应用 . 计算机工程与应用，

52（4）：24-30.
李帅，魏虹，倪细炉，等 . 2014. 基于层次分析法和熵权法的宁夏城市人居环境质量评价 . 应用生态学报，25（9）：2700-2708.
李小康，王晓鸣，华虹 . 2018. 土地利用结构变化对碳排放的影响关系及机理研究 . 生态经济，34（1）：14-19.
李晓燕 . 2010. 基于模糊层次分析法的省区低碳经济评价探索 . 华东经济管理，24（2）：24-28.
李兴涛 . 2013. 低碳经济发展的经济学阐释 . 社会科学家，(9)：61-63.
李颖，黄贤金，甄峰 . 2008. 江苏省区域不同土地利用方式的碳排放效应分析 . 农业工程学报，24（S2）：102-107.
李影 . 2015. 地区能源利用、碳排放与经济增长——基于脱钩理论的实证分析 . 工业技术经济，34（8）：31-39.
李永明，张明 . 2021. 碳达峰、碳中和背景下江苏工业面临的挑战、机遇及对策研究［J］. 现代管理科学，(5)：20-29.
李志超，刘升 . 2020. 基于灰色区间 GM（1，1）模型的振荡序列预测——以上海市消费者信心指数为例 . 统计与决策，(14)：145-148.
廖崇斌 . 2005. 环境与经济协调发展的定量评判及其分类体系——以珠江三角洲城市群为例 . 广州环境科学，11（1）：12-16.
刘虹 . 2009. 城步县土地利用变化及趋势分析 . 长沙：中南林业科技大学 .
刘家松，张志红 . 2016. 日本碳税发展历程及启示 . 税务研究，(8)：87-92.
刘嵘，徐征，李悦 . 2010. 低碳经济评价指标体系及实证研究——以河北省某县为例 . 经济论坛，(5)：37-41.
刘小川，汪曾涛 . 2009. 二氧化碳减排政策比较以及我国的优化选择 . 上海财经大学学报，11（4）：73-80，88.
刘亚，张义平，常琳琳 . 2015. 层次分析与瞬变电磁的结合在煤矿区域水害严重程度划分中的应用 . 煤炭技术，34（1）：150-152.
柳键，涂建，程会兵 . 2019. 基于 3 阶段 DEA 的中国区域低碳经济发展绩效评价研究 . 江西师范大学学报（自然科学版），43（5）：518-525.
龙家勇 . 2012. 中国省域低碳经济发展水平评价及碳排放影响因素分析 . 福州：福建农林大学 .
卢升荣，蒋惠园，刘瑶 . 2017. 交通运输业 CO_2 排放区域差异及影响因素 . 交通运输系统工程与信息，17（1）：32-39.
鲁明月 . 2014. 文化产业与旅游产业耦合协调度研究——以湘西州为例 . 旅游纵览（下半月），(16)：85-88.
吕跃进 . 2002. 基于模糊一致矩阵的模糊层次分析法的排序 . 模糊系统与数学，16（2）：79-85.
罗登跃 . 2012. 三阶段 DEA 模型管理无效率估计注记 . 统计研究，29（4）：104-107.
罗上华，毛齐正，马克明，等 . 2012. 城市土壤碳循环与碳固持研究综述 . 生态学报，32（22）：7177-7189.

马辉 . 2009. 综合评价系统中的客观赋权方法 . 合作经济与科技，(17)：50-51.
马晓哲，王雅晴，刘昌新，等 . 2019. 碳税政策对农业土地利用变化及其碳排放的影响 . 生态学报，39（5）：1815-1828.
马肖迪，谭晓波 . 2019. 基于 LMDI 模型的湖南省土地利用碳排放影响因素研究 . 湖南工业大学学报，33（6）：60-66.
马占新 . 2002. 数据包络分析方法的研究进展 . 系统工程与电子技术，24（3）：42-46.
明翠琴，钟书华 . 2017. 中国林业绿色增长的评价指标体系 . 广西社会科学，(1)：69-73.
南灵，谢凯 . 2016. 基于 STIRPAT 模型的陕西省建设用地对能源消费碳排放的影响 . 湖北农业学，55（3）：599-602，607.
聂锐，张涛，王迪 . 2010. 基于 IPAT 模型的江苏省能源消费与碳排放情景研究 . 自然资源学报，25（9）：1557-1564.
涅姆钦诺夫 B C. 1983. 经济数学方法与模型 . 乌家培，张守一，译 . 北京：商务印书馆 .
宁云才 . 2003. 煤炭需求预测的复合小波神经网络模型 . 煤炭学报，28（1）：108-112.
潘家华，庄贵阳，郑艳，等 . 2010. 低碳经济的概念辨识及核心要素分析 . 国际经济评论，(4)：88-101，5.
潘文砚，王宗军 . 2016. 基于核主成分分析的低碳经济发展水平评价研究 . 金融与经济，(4)：55-59，91.
彭文甫，周介铭，徐新良，等 . 2016. 基于土地利用变化的四川省碳排放与碳足迹效应及时空格局 . 生态学报，36（22）：7244-7259.
蒲清泉 . 2015. 新时期我国循环-低碳经济协调发展路径分析 . 生态经济，31（1）：44-46.
钱航 . 2018. 上海市碳排放影响因素分析 . 合肥：合肥工业大学 .
仇保兴 . 2013. 智慧地推进我国新型城镇化 . 城市发展研究，20（5）：1-12.
仇方道，张春丽，郭梦梦，等 . 2020. 中国再生性资源型城市创新能力与工业转型耦合协调分析 . 地理科学，40（7）：1092-1103.
盛昭瀚，朱乔，吴广谋 . 1996. DEA 理论、方法与应用 . 北京：科学出版社 .
宋宝琳，白士杰，郭媛 . 2018. 经济增长、能源消耗与产业结构升级关系的实证分析 . 统计与决策，34（20）：142-144.
宋洪磊 . 2015. 土地利用碳排放效应及低碳优化研究 . 芜湖：安徽师范大学 .
苏明，傅志华，许文，等 . 2009. 碳税的中国路径 . 环境经济，(9)：10-22.
孙亚男 . 2014. 碳交易市场中的碳税策略研究 . 中国人口 · 资源与环境，24（3）：32-40.
汤峰，殷彦玲，张蓬涛，等 . 2019. 基于土地利用变化的高阳县生态系统服务价值和碳排放风险研究 . 水土保持研究，26（4）：265-271.
唐建荣 . 2005. 生态经济学 . 北京：化学工业出版社 .
陶余会 . 2002. 如何构造模糊层次分析法中模糊一致判断矩阵 . 四川师范学院学报（自然科学版），23（3）：282-285.
田新 . 2016. 碳排放权交易：理论综述与启示 . 红河学院学报，14（2）：56-59，64.
汪澜 . 2009. 水泥生产企业 CO_2 排放量的计算 . 中国水泥，(11)：21-22.
汪清蓉，谢飞龙 . 2014. 城市旅游业 CO_2 排放态势及旅游业低碳化发展模式 . 旅游学刊，

29（8）：98-109.
王格，董会忠，张慧．2017. 基于ArcGIS和SD的山东省碳排放演化格局及低碳经济发展战略仿真．科技管理研究，37（1）：249-256.
王弘宇，马放，杨开，等．2004. 灰色新陈代谢GM（1，1）模型在中长期城市需水量预测中的应用研究．武汉大学学报（工学版），37（6）：32-35.
王慧，曹明德．2011. 气候变化的应对：排污权交易抑或碳税．法学论坛，26（1）：110-115.
王亮．2015. 盐城市土地利用变化碳排放效益及影响因素分解研究．生态科学，34（5）：122-128.
王璐．2014. 基于DEA方法的安徽省低碳经济发展研究．合肥：安徽大学．
王鹏．2018. 灰色关联分析方法在贵州洪灾评价中的应用研究．人民长江，49（S2）：24-26.
王其藩．1993. 系统动力学．北京：清华大学出版社．
王其藩．1995. 高级系统动力学．北京：清华大学出版社．
王松霈．1992. 认识城市生态经济系统提高城市生态经济效益．新疆社会经济，（5）：31-37.
王小伟，韩芳，王卫．2019. 基于IPAT原理的区域大气污染物排放定量研究．生态经济，35（11）：176-181.
王晓珊．2018. 内蒙古低碳经济发展绩效评价及影响因素分析．呼和浩特：内蒙古财经大学．
王晓颖．2019. 低碳经济视角下贵州省土地集约利用评价研究．贵阳：贵州财经大学．
王艳慧，李静怡．2015. 连片特困区生态环境质量与经济发展水平耦合协调性评价．应用生态学报，26（5）：1519-1530.
王怡．2012. 基于突变级数法的中国低碳经济复杂系统综合评价．长江流域资源与环境，21（5）：525-532.
王艺洁，蒲春玲，刘祥鑫，等．2016. 额敏县土地利用结构分析及优化研究．天津农业科学，22（2）：81-84.
王灼东．2015. 欧洲典型国家的碳税课征模式及对我国的启示．现代商业，（2）：67-68.
韦沁，曲建升，白静，等．2018. 我国农业碳排放的影响因素和南北区域差异分析．生态与农村环境学报，34（4）：318-325.
魏权龄．2000. 数据包络分析（DEA）．科学通报，45（17）：1793-1808.
魏媛，蔡绍洪，王名绍．2016. 贵州喀斯特山地碳足迹和植被碳承载力动态研究．生态经济，32（2）：172-176.
魏媛，王晓颖，吴长勇，等．2018. 喀斯特山区经济发展与生态环境耦合协调性评价——以贵州省为例．生态经济，34（10）：69-75.
吴祈宗．2003. 运筹学与最优化方法．北京：机械工业出版社．
吴谦．2019. 浙江省城镇土地利用碳排放影响因素及减排潜力分析．杭州：浙江大学．
吴玉鸣，张燕．2008. 中国区域经济增长与环境的耦合协调发展研究．资源科学，30（1）：25-30.
吴战勇．2015. 基于DEA的河南省发展低碳经济的效率评价．统计与决策，（5）：56-58.
夏鸣，勾寂鉴，李书书．2019. 我国第三产业碳排放的影响因素分析——基于LMDI-PDA分解法．营销界，（52）：64-65.

肖文红 . 2004. 经济控制论在社会主义市场经济中的应用 . 市场论坛，(4)：12-14.
谢鸿宇，陈贤生，林凯荣，等 . 2008. 基于碳循环的化石能源及电力生态足迹 . 生态学报，28（4）：1729-1735.
谢志祥，秦耀辰，沈威，等 . 2017. 中国低碳经济发展绩效评价及影响因素 . 经济地理，37（3）：1-9.
邢忠，朱嘉伊 . 2017. 基于耦合协调发展理论的绿地公平绩效评估 . 城市规划，41（11）：89-96.
熊国伟 . 1995. 经济控制论在企业管理中的应用 . 福建论坛（经济社会版），(8)：30-31.
熊建新，陈端吕，彭保发，等 . 2014. 洞庭湖区生态承载力系统耦合协调度时空分异 . 地理科学，34（9）：1108-1116.
徐奉臻 . 2006. 论作为新型现代化诉求的“低熵化发展模式” . 自然辩证法研究，(12)：52-55.
徐惟 . 2014. 江苏省低碳经济评价指标体系的构建 . 南通大学学报（社会科学版），30（4）：18-23.
许光 . 2011. 碳税与碳交易在中国环境规制中的比较及运用 . 北方经济，(6)：3-4.
轩党委，沈静文，胡庆芳，等 . 2019. 基于 KAYA 恒等式和 LMDI 分解法的淮安市生产用水驱动因素分析 . 水利水电技术，50（7）：40-47.
杨春平 . 2009. 循环经济与低碳经济内涵及其关系 . 中国经贸导刊，(24)：21，31.
杨峰，孙世群 . 2010. 环境与经济协调发展定量评判及实例分析 . 环境科学与管理，35（8）：140-143.
杨熠 . 2015. 武汉市土地利用碳排放核算及其影响因素分析 . 武汉：华中农业大学 .
喻葩 . 2015. 基于 DEA 模型的广东碳排放绩效静态水平与动态变化研究 . 哈尔滨：哈尔滨工业大学 .
袁宝凤，胥志文，王丽 . 2011. 加速秸秆综合利用促进现代农业发展 . 陕西农业科学，57（2）：210-213.
袁路，潘家华 . 2013. Kaya 恒等式的碳排放驱动因素分解及其政策含义的局限性 . 气候变化研究进展，9（3）：210-215.
岳超，郑志国，杨会清，等 . 2017. 灰色关联分析法在地表水水质评价中的应用 . 治淮，(12)：17-18.
臧淑英，梁欣，张思冲 . 2005. 基于 GIS 的大庆市土地利用生态风险分析 . 自然灾害学报，14（4）：141-145.
曾辉，刘国军 . 1999. 基于景观结构的区域生态风险分析 . 中国环境科学，19（5）：454-457.
张波，虞朝晖，孙强，等 . 2010. 系统动力学简介及其相关软件综述 . 环境与可持续发展，35（2）：1-4.
张厚美 . 2013. 着力推进低碳发展，打造大美生态广元 . 环境保护，41（2）：53-54.
张锦高，李忠武 . 2003. 可持续发展定量研究方法综述 . 中国地质大学学报（社会科学版），(6)：32-35.
张俊峰，张安录，董捷 . 2014. 武汉城市圈土地利用碳排放效应分析及因素分解研究 . 长江流域资源与环境，23（5）：595-602.
张雳 . 2015. 区域低碳经济评价及实证研究以湖南省为例 . 资源开发与市场，31（4）：398-400，405.
张苗，陈银蓉，程道平，等 . 2018. 土地利用结构和强度变化对碳排放影响分析 . 资源开发与市场，34（5）：624-628，675.
张明军，孙美平，周立华 . 2006. 对生态经济学若干问题的思考 . 国土与自然资源研究，（2）：49-50.
张庆宇，张雨龙，潘斌斌 . 2019. 改革开放 40 年中国经济增长与碳排放影响因素分析 . 干旱区资源与环境，33（10）：9-13.
张珍珍 . 2018. 基于神经网络和灰色模型的心血管死亡人数预测研究 . 西安：陕西科技大学 .
赵爱文，李东 . 2012. 中国碳排放灰色预测 . 数学的实践与认识，42（4）：61-69.
赵骏，吕成龙 . 2013. 气候变化治理技术方案之中国路径 . 现代法学，35（3）：95-104.
赵荣钦，刘英，郝仕龙，等 . 2010. 低碳土地利用模式研究 . 水土保持研究，17（5）：190-194.
赵媛，梁中，袁林旺，等 . 2001. 能源与社会经济环境协调发展的多目标决策——以江苏省为例 . 地理科学，21（2）：164-169.
赵治华，腾腾 . 2019. 模糊一致矩阵的权重计算方法研究 . 模糊系统与数学，33（2）：139-146.
郑传均，王子豪 . 2017. 基于区间优化模型的低碳经济发展碳排放量控制研究 . 生态经济，33（7）：19-24.
郑伟 . 2014. 低碳经济指标体系的构建及实证研究 . 仲恺农业工程学院学报，27（4）：61-65.
郑永超，文琦 . 2020. 宁夏自治区土地利用变化及碳排放效应 . 水土保持研究，27（1）：207-212.
钟霞，刘毅华 . 2012. 广东省旅游-经济-生态环境耦合协调发展分析 . 热带地理，32（5）：568-574.
周叔俊 . 1985. 经济控制论讲座——第一讲 经济控制论的由来与发展 . 经济理论与经济管理，（5）：44-51.
庄贵阳 . 2005. 中国经济低碳发展的途径与潜力分析 . 国际技术经济研究，（11）：79-87.
Andrew J，Kaidonis M A，Andrew B. 2010. Carbon tax：Challenging neoliberal solutions to climate change. Critical Perspectives on Accouting，21（7）：611-618.
Ayres R U，Ayres L W，Warr B. 2003. Energy，power and work in the US economy. Energy，28（3）：219-273.
Brannlund R，Ghalwash T. 2008. The income-pollution relationship and the role of income distribution：An analysis of Swedish household data. Resource and Energy Economics，30（3）：369-387.
Charnes A，Cooper W W，Rhodes E. 1978. Measuring the efficiency of decision making units. European Journal of Operational Research，2（6）：429-444.
Cline W R. 1992. The Economics of Global Warming. Washington D. C.：Institute for International Economics.

Cooper W W, Seiford L M, Thanassoulis E, et al. 2004. DEA and its uses in different countries. European Journal of Operational Research, 154 (2): 337-344.

Ehrlich P R, Holdren J P. 1971. Impact of population growth. Science, 171 (3977): 1212-1217.

Ferrara R. 2015. The smart city and the green economy in Europe: A critical approach. Energies, 8 (6): 4724-4734.

Foxon T J, Kohler J, Oughton C. 2008. Innovation for A Low- carbon Economic Institutional and Management Approaches. Cheltenham: Edward Elgar Publishing.

Fried H O, Schmidt S S, Yaisawarng S. 1999. Incorporating the operating environment into a nonparametric measure of technical efficiency. Journal of Productivity Analysis, 12: 249-267.

Fried H O, Lovell C A K, Schmidt S S, et al. 2002. Accounting for environmental effects and statistical noise in data envelopment analysis. Journal of Productivity Analysis, 17: 157-174.

Guo L P, Lin E. 2001. Carbon sink in cropland soils and the emission of greenhouse gases from paddy soils: A review of work in China. Chemosphere- Global Change Science, 3 (4): 413-418.

Hafeznia H, Pourfayaz F, Maleki A. 2017. An assessment of Iran's natural gas potential for transition toward low- carbon economy. Renewable and Sustainable Energy Reviews, 79: 71-81.

Houghton R A. 1999. The annual net flux of carbon to the atmosphere from changes in land use 1850-1990. Tellus B, 51 (2): 298-313.

Kaya Y. 1989. Impact of Carbon Dioxide Emission on GNP Growth: Interpretation of Proposed Scenarios. Paris: IPCC Energy and Industry Subgroup.

Omer A M. 2007. Focus on low-carbon technologies: The positive solution. Renewable and Sustainable Energy Reviews, 12 (9): 2331-2357.

Parikh J, Panda M, Ganesh- Kumar A, et al. 2009. CO_2 emissions structure of Indian economy. Energy, 34 (8): 1024-1031.

Pearce D W, Atkinson G D. 1993. Capital theory and the measurement of sustainable development: An indicator of "weak" sustainability. Ecological Economics, 8 (2): 103-108.

Richmond A K, Kaufmann R K. 2006. Energy prices and turning points: The relationship between income and energy use/carbon emissions. Energy Journal, 27 (4): 157-179.

Saaty T L. 1978. Modeling unstructured decision problems- the theory of analytical hierarchies. Mathematics and Computers in Simulation , 20 (3): 147-158.

Soytas U, Sari R. 2009. Energy consumption, economic growth, and carbon emissions: Challenges faced by an EU candidate member. Ecological Economics, 68 (6): 1667-1675.

Stigson B. 2000. Eco- efficiency: Creating More Value with Less Impact. Geneva: World Business for Sustainable Development.

Tapio P. 2005. Towards a theory of decoupling: Degrees of decoupling in the EU and the case of road traffic in Finland between 1970 and 2001. Transport Policy, 12 (2): 137-151.

Treffers D J, Faaij A P C, Sparkman J, et al. 2005. Exploring the possibilities for setting up sustainable energy systems for the long term: Two visions for the Dutch energy system in 2050. Energy policy , 33 (13): 1723-1743.

Vanolo A. 2013. Smartmentality：The smart city as disciplinary strategy. Urban Studies，51（5）：883-898.

Wang X K，Feng Z W，Ouyang Z Y. 2001. Vegetation carbon storage and density of forest ecosystem in China. The Journal of Applied Ecology，12（1）：13-6.

Weitzman M L. 1974. Prices vs. quantities. Review of Economic Studies，41（4）：477-491.

Wu R，Zhang J，Bao Y，et al. 2016. Geographical detector model for influencing factors of industrial sector carbon dioxide emissions in Inner Mongolia，China. Sustainability，8（2）：1-12.

Yigitcanlar T. 2017. Editoria：Smart cities in the making. International Journal of Knowledge- Based Development，8（3）：201-205.

后　记

本书是在贵州省科技计划项目（黔科合 SY 字［2011］3110）“贵阳城郊喀斯特山地树种多样性选择及园林化建设规划设计示范”研究成果的基础上，经过研究范围的扩展和研究理论的深入而逐渐形成的。整个研究过程历时数年，先后得到贵州省高校优秀科技创新人才支持计划（黔教合 KY 字［2012］091）“退化喀斯特生态系统恢复与重建”；2012 年度贵州省教育厅高校人文社会科学研究基地项目（12JD100）“贵州工业化、城市化与农村经济发展互动研究”；2014 年度贵州省教育厅高校人文社会科学研究基地项目（JD2014102）“贵州城市化发展、能源消费与碳排放的关系研究”；贵州省科技计划项目（软科学研究计划）（黔科合基础〔2016〕1521-1 号）“贵州经济发展与生态保护耦合响应机制研究”；国家商务部联合研究项目（2016SWBZD12）“喀斯特贫困山区低碳经济与环境系统耦合协调发展研究”；2018 年度贵州省理论创新课题（GZLCLH-2018-013）“贵州贫困山区可持续生计与生态环境耦合协调发展研究”；2020 年度贵州省理论创新课题（GZLCLH-2020-063）“基于系统动力学的贵阳市土地资源综合承载力评价与预测研究”；2021 年度贵州省理论创新课题（GZLCLH-2021-43）“贵州省土地利用碳排放压力、减排潜力和低碳绿色利用研究”；2021 年度贵州财经大学校级科研基金重点项目（2021KYZD07）“贵州省农业碳达峰、碳中和路径及对策研究”等项目的资助。研究团队以坚持不懈、团结努力、协作克难、不怕劳苦的精神，经过多次的文献查阅与梳理、实地调研、数据整理与分析、理论研讨、实证研究、思路探讨和对策分析，对书稿反复修改后定稿。在整个研究过程中，团队先后发表了相关研究论文 23 篇，其中 1 篇被 SCI 收录，17 篇被北大核心期刊收录，论文及观点被许多学者引用。

本书得到了贵州财经大学管理科学与工程学院、中国西部绿色发展战略研究院、贵州财经大学公共管理学院、贵州财经大学西部现代化研究中心、贵州省连片特困区贫困与发展协同创新中心等单位的大力支持。在本书的撰写过程中，魏媛教授负责总体设计、全书提纲的拟定与书稿的统撰工作；徐筑燕教授、吴长勇高级经济师、研究生李静静、乔清亮、简小玉、方倩、王晓颖在研究设计、资料收集、数据分析、模型处理和全书的整理出版等方面均做出了突出的贡献。在此，对上述单位给予的宝贵支持及同事们和同学们付出的辛勤劳动表示衷心感谢!

本书在写作过程中，参阅了大量的文献资料和统计数据，在书中已尽可能地进行了标注和说明，如有遗漏，我们深表歉意，在此一并致谢。由于作者的学识水平和收集的数据有限，书中难免存在需进一步深入研究和完善之处，敬请各位专家和读者批评指正。

魏　媛

二〇二一年七月